元代社会日常生活

翟禹 著

中国工人出版社

目 录

前　言

元朝实现了中国历史上第三次全国大一统，疆域之广、族群之多、文化之多元，超越以往。元代在中华民族多元一体格局历史进程中的作用，不可低估。多元文化的交融汇聚使元代社会变得异彩纷呈，成为一个让人充满想象的时代。

元代的社会日常生活内容丰富多彩，与其他时代相比充满着更多的个性、更多不同民族文化元素。通过笔者的讲述期望能够让读者看到，在元代，正是不同民族共同的努力、共同的生活和深入、持续、广泛的交往交流交融，才创造了多元并存、灿烂无比的中华文化。

元代时期，与社会日常生活关系密切的资料非常庞杂，有正史、典章政书、士人文集、笔记小说、方志地志、戏曲宗教、文物遗迹、出土文书图像、金石碑刻等，此外还有大量畏兀儿体蒙古文、八思巴字、藏文等民族文字和波斯文、阿拉伯文等外来语写成的各类文献资料，内中都保留下来各色各样的日常生活。这既使得研究人员能够更深入、全面地认识元代社会日常生活，也让研究工作变得非常困难，难在收集、梳理、解读并予以准确地讲述。

限于笔者能力和术业专攻，本书未能够做到对元代社会日常生活的诸相面面俱到。只是根据笔者能力所及和研究基础，重点选取皇家、士人、平民、经济社会生活和若干文化艺术现象予以讲述，希望抛砖引玉，引起读者朋友对元代社会的广泛关注。

皇家生活

公元1206年，蒙古部的杰出首领成吉思汗铁木真建立大蒙古国（Yeke Mongγul Ulus）。公元1271年，成吉思汗的孙子元世祖忽必烈定国号为“大元”，开启了中原王朝治理模式。公元1279年，元朝灭掉南宋，统一全国，中国历史迎来了第三次全国性大一统格局。公元1368年，元朝统治者被迫北撤草原。朱元璋建立明朝，取代元朝实现对中原地区的统治。北迁的元朝政权退居草原，曾一度沿用“大元”国号，与明朝形成对峙格局，史称“北元”（或“北元—蒙古”“明代蒙古”）。元朝存在的时间，如果从成吉思汗建立大蒙古国开始算起大概有一个半世纪，如果从元世祖实现全国大一统算起，只有不足百年。从大蒙古国到元朝时期，曾经存在过四座都城，分别是哈剌和林、上都、大都和中都。公元1229年，成吉思汗的第三个儿子窝阔台继承汗位。公元1235年，窝阔台在漠北草原深处着手建立了大蒙古国的第一个都城——哈剌和林城（故城遗址位于今蒙古国后杭爱省鄂尔浑河谷）。随着大蒙古国开疆拓地，不断南下进入中原汉地，成吉思汗的孙子忽必烈听取众多中原儒士的建议，在漠南金莲川草原上修建了第二座都城，即上都城（位于今内蒙古锡林郭勒盟正蓝旗）。公元1260年，忽必烈登基继承汗位，在“大蒙古国”称号基础上，加国号为“大元”，开启了元朝时期。随后，又在原金朝都城——中都的基础上，营建了大都城（今北京市）。忽必烈遂实行两都制度，以大都、上都作为元朝的两座都城。自忽必烈时起，每年有半年左右的时间在上都理政，其余时间在大都。大约每年二至四月从大都起程赴上都，九至十月返回大都，是为两都巡幸制。公元1308年，武宗海山即位以后，另行创建了中都城（今河北省张家口市张北县白城子遗址），武宗在位期间，中都城的营建始终没有停止。武宗去世以后，中都废止，虽然之后的皇帝仍在两都巡幸期间偶在中都城（后称为“旺兀察都”）驻留，但不再受到重视，逐渐废弃。

元代的皇室是以蒙古贵族为主体，联合汉、契丹、女真以及来自中亚的回回等人，组成的多元民族联合统治集团。以蒙古族皇帝为首的皇家集团，其主要的日常生活基本发生在这四座都城及与其相关的活动之中。由于蒙古人是来自草原的游牧民族，在建立政权进入城市生活之前，过着逐水草而迁徙的游牧生活，因此有着非常鲜明的特色。本部分拟以这四座都城为主线，对皇家生活尤其是蒙古民族各阶层的社会日常生活进行介绍，不求面面俱到，只选取一些典型生活场景和事例予以呈现。

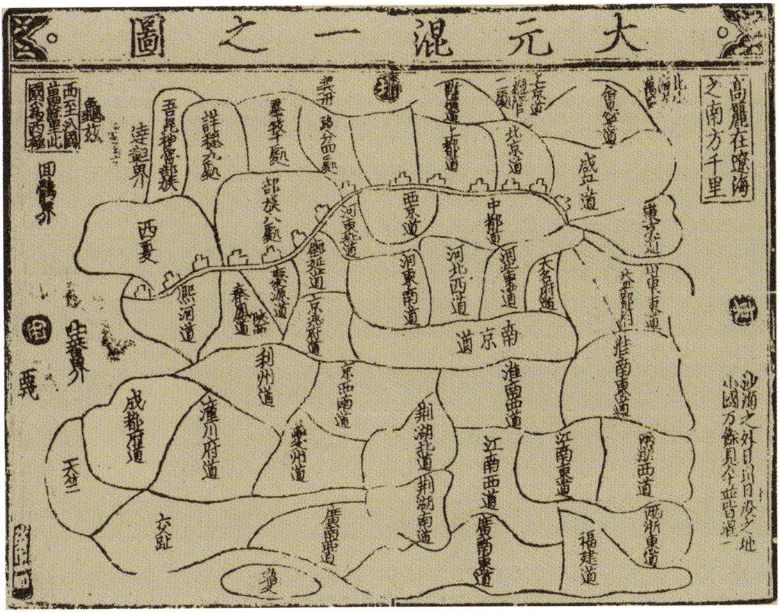
大元混一之圖
高麗在遼海之南方千里
西夏
南京道
河東南道
河北西道
中都道
西京道
盛京道
北京道
成都府道
潼川府道
荊湖北道
荊湖南道
江南西道
江南東道
淮南西道
福建道
兩浙西道
兩浙東道
廣南西道
廣南東道
交趾
利州道

大元混一之图

哈剌和林城

一望无垠的草原、广阔浩渺的大漠，是生活在此的蒙古诸部族长久以来的生活环境，各个部落在这种大体相似的环境里面繁衍生息。长期生活在这样的环境里，蒙古人早已经习惯了逐水草而迁徙的游牧生活，他们豪爽、正直，看重荣誉与承诺，生活简朴，以拥有更多的朋友、牲畜和牧场为荣。由于这样的价值观和品质，现代英国汉学家崔瑞德称蒙古人为“高贵的野蛮人”，听起来还挺贴切的！

正因为这样的生活带来了相应的价值观，在成吉思汗率领大军横扫欧亚大陆的时候，其实没有太多的大汗、贵族们追求过于豪华奢侈生活的记载，也没有森严繁缛的礼仪，更没有建立固定、庞大的都城。蒙古牧民们随水草迁徙，战士们骑上战马驰骋在草原上，即使是占领的城池、土地，最初也并没有给蒙古人更多的吸引力。早期蒙古人的生活一直没有太大的改变，贵族们只是以勇武、豪放为荣，对城市生活总保有一些顾虑与轻视，当然根本原因还是在于尚未开启中原王朝治理模式，并不需要采纳中原地区的制度。大汗和贵族们往往选择一处水草丰美、气候宜人的草地，扎下大帐，作为自己部落、部落联盟甚至游牧汗国政权的政治中心或权力中心。

在窝阔台汗时期，蒙古军队频频南下征讨金国，陆续攻占了许多城池，逐渐获取大量土地和人口，大蒙古国开始考虑如何治理中原北方的农耕地区。以耶律楚材为代表的儒士为大汗开出了许多治国理政的药方，其中就包括如何管理城市。公元 1235 年，窝阔台决定

鄂尔浑河谷（Orkhon Valley）

建立一座属于大蒙古国的都城，他选择了草原的深处——漠北鄂尔浑河谷地区的一处临河的地点作为都城。当然也有研究者认为，早在成吉思汗时期这里就存在着类似“都城”一般的城池。或者是另一种说法，即在成吉思汗时期，这一地带就被叫作“哈剌和林”（Qara Qorum，突厥语“黑色的圆砾石”）（全荣《哈剌和林城始建年代考》，《内蒙古社会科学》2022 年第 1 期）。这座城建成以后就被命名为哈剌和林城，这是蒙古人的第一座都城。

关于哈剌和林所指地点有两种说法，一是这个词原本指的是山的名字，即鄂尔浑河发源地杭爱山；二是这个词指的是河的名字，即鄂尔浑河上游。蒙古中部的鄂尔浑河流域，自古以来是北方各游牧民族驻牧的地方，许多游牧民族曾在这里建立政权并修建都城。早在大蒙古国建立之前，这里就是草原上的强大部落克烈部的活动中心，就是那个最后帮助成吉思汗成就伟业的脱斡邻勒（王罕）的部落，而在更早之前，回鹘汗国的都城也建在这附近，城址至今尚存，被称为哈拉巴拉嘎孙城。

波斯史学家拉施都丁在其著作《史集》中描述了窝阔台修建哈剌和林城的情景：

> 在一切情况下，［他］总是将自己的美意无所吝惜地用于公正仁慈的事业、消除不义和敌对、对城市和地方进行整顿以及修建各种建筑上。他从来不忽视任何一种有关建成统治世界的基础和建立繁荣的根基的意见。因为他过去就曾从汉地带回来各种工匠和各行各业的技师，所以他下令在［自己的］禹儿惕哈剌和林——他大部分时间的驻留地，修建一座有高台基和柱子，与这位君主的宏图相称的宫殿。那座宫殿的每一方面各长一箭之距。

中间有一巍峨的殿堂耸立，殿堂被加以精致的装饰，描以彩绘和图画，并被称为“合儿失”。[合罕]使它成为极美好的皇宫。接着他又下令，命[他的]兄弟、儿子以及在他身边的其他宗王们，各在皇宫的四周建立华丽的住宅。他们全都遵命照办。当那些建筑完成并彼此毗连时，[它们]就成为整整一大群建筑。他下令让著名的金银工匠用金银为沙剌卜哈纳打造象、虎、马等兽形的膳具。它们被用来代替“蒙忽儿”盛酒和盛马湩。在每一兽形器具前安置一个银盆；从那些兽形器具的口中流出酒和马湩并流入盆内。[合罕]问道：“世界上最好的城市是哪一座？”回答说：“报达。”他便下令在斡儿寒河岸修一座大城，被称为哈剌和林。从乞台国到该城，除伯颜站以外，还设置了一些站，被称为“纳邻站”。每隔五程就[有]一站。共三十七站。在每一驿程上，置一千户，以守卫那些站。他建立制度，让每天有五百辆载着食物和饮料的大车从各方到达该处[哈剌和林]；把[它们]储于仓中，以便取用。为[运送]谷物和酒建造了[一种]庞大的大车，每辆车要用八头牛运送。([波斯]拉施都丁《史集》第二卷《成吉思汗的儿子窝阔台合罕纪》)

由于保留下来的有关哈剌和林城的史料非常少，因此《史集》的细节描述是否准确，我们暂时很难求证。但是作为生活在当时那个时代的人，拉施都丁收集到的资料还是很具有说服力的。哈剌和林城位于今天蒙古国中部后杭爱省杭爱山南麓，鄂尔浑河上游右岸，始于明清时期至今仍在使用的藏传佛教寺庙——额尔德尼召就建在哈剌和林古城遗址之上，距乌兰巴托市西南365公里。13世纪中叶，大蒙古国的前四位大汗（成吉思汗、窝阔台、贵由、蒙哥）都是以哈剌和林城为都城来管理这个庞大的国家的。

哈剌和林是一座具有中原汉族建筑风格和北方游牧民族草原生活特色的城市。城南北长约四里，东西长约二里，大汗所居住的万安宫在它的西南方，有宫墙环绕，周长约二里。由于大蒙古国的强盛，哈剌和林在当时非常有吸引力，各国国王、使臣、教士、商人来访问的非常多，成为13世纪当时已知世界——欧亚大陆上的国际性中心城市。大蒙古国的军队曾走遍了大半个欧亚大陆，在这片广袤的土地上，生活着不同的部族，还有许多臣服于大蒙古国的附属地区、部族，他们都接受着来自哈剌和林城的号令。哈剌和林还集合了成吉思汗、窝阔台汗、贵由汗和蒙哥汗从中欧、东欧、西亚、中亚、东亚、东北亚、南亚等各地得来的珍禽异兽、金银珠宝，不计其数。由于大蒙古国的强盛，哈剌和林城的畜牧业、农业、商业、手工业、宗教、教育、科技和政治外交等诸方面都得到相对较好的发展，一度成为当时大蒙古国的政治、经济、文化中心。直到蒙哥汗去世之后，公元1260年，忽必烈和阿里不哥之间爆发争夺汗位的战争。四年以后，阿里不哥战败，忽必烈彻底掌握了大蒙古国的一切权力，他才有能力把统治中心南移到了漠南草原和中原的北方。从此以后，哈剌和林这座城市逐渐降为一个地区性的中心。

哈剌和林城以及城内的宫殿结合中原汉族的建筑风格和北方游牧民族的建筑风格修建而成。城池的整体设计规划，既体现了汉族传统的城市布局观念，又体现了北方民族游牧生活的草原特点。哈剌和林城由外城和宫城两个部分组成。外城平面呈不规则长方形，外城内，一条南北向大街和一条东西向大街交会在城市的中央，并通向四门。两条大街的交会处形成十字街头，十字街头的东南角有一处手工业作坊和商业店铺的遗址。此外，外城内外还有许多建筑遗址。根据

1254年到哈剌和林访问的法国传教士卢布鲁克记载，哈剌和林分两大居民区，一个是回回区（伊斯兰教徒），大多数是商人，区内有市场；一个是汉人区，居民全部是工匠。宫城，就是窝阔台汗兴建的“万安宫”（土门阿姆古朗图斡耳朵）。万安宫位于外城西南方，宫殿围墙呈不规则方形，类似唐宋宫殿的布局。

曾经出使过大蒙古国的法国传教士卢布鲁克，在他所写的游记中记录了他在这里的许多见闻，其中一件事非常有意思，值得专门列出来供读者欣赏。他写道：

> 巴黎的威廉师傅认为，由于在这座宫殿（指的是大汗皇宫）的入口处，如果摆着盛着奶和其他饮料的皮囊，那是很不好看的，因此他就为蒙哥大汗制造了一棵大银树，在这棵银树的根部有四只银狮子，每一只狮子嘴里有一根管子，喷出白色的马奶。在树干的里面，有四根管子通到树顶上，管子的末端向下弯曲。在每一根管子上面，有一条镀金的蛇，蛇的尾巴盘绕在树干上。在这四根管子中，一根管子流出葡萄酒，另一根管子流出哈剌忽迷思，即澄清了的马奶，另一根管子流出boal，也就是蜂蜜酒，另一根管子流出米酒，叫作terracina。在每根管子下面，也就是在树的根部，在四只狮子中间有四个银盆，准备各自承接一种饮料。在树顶上，他制造了一个手执喇叭的天使。在树下面，他造成一个地穴，地穴里可容一个人躲藏，有一根管子从地穴里经过树干中心通到天使那里。最初他制造了几个风箱，但是风箱发出的风力不够强。在宫殿外面有一个房间，房间里贮藏着各种饮料，仆人们站在那里，准备着，当他们听到天使吹响喇叭的时候，就把饮料倒出来。这棵树有银制的树枝、树叶和

果子。

当饮料快喝完的时候，负责管理膳食的官员就向天使喊叫，要他吹喇叭。这时，躲藏在地穴里的人听到喊叫，就使出全身力气吹那根通到天使那里的管子，天使就把喇叭放到嘴上，吹得很响。当房间里的仆人们听到喇叭声时，每一个就把他照管的饮料倒入专用的管子里，这些饮料顺着管子流到树顶上，然后又从上面流下来，流到准备承接这几种饮料的银盆里。于是负责膳食的官员们就汲取这些饮料，拿到宫殿的各个地方，供男女贵族们饮用。

仅从皇宫来看，蒙古贵族极尽奢华之能事。入驻城市的蒙古统治者们的生活，开始展现出“高贵的野蛮人”所具有的独特魅力。

大蒙古国时期，哈剌和林的建筑技术已进入十分成熟的发展阶段，涌现出一些具有高超技艺的建筑大师，他们建造了不同风格和作用的建筑群体。著名的有带有护墙、建造有六十四根圆柱的窝阔台汗的万安宫和觐见大厅，上面建造有天使像的“银树”，各类宗教教徒们的寺院、教堂等，都是哈剌和林城中建筑科学的杰出成就。金朝人刘敏、巴黎工匠威廉师傅等人是这些建筑的建造者。从文献记载和考古资料，都可以看到当时哈剌和林建筑的巍然壮观和建筑科学的卓越成就。

大蒙古国还在哈剌和林城中修建寺院、教堂等宗教建筑，为僧侣们提供进行各种宗教活动的场所。当时哈剌和林有十二座属于各种不同民族的宗教庙宇、两座伊斯兰教寺院（在寺院里公布着摩诃末的教规）以及一座基督教的教堂等宗教建筑。通过考古发掘可知，窝阔台汗万安宫遗址出土了大量的佛像雕塑、壁画和成千上万与佛教有关的遗物，显示了当时哈剌和林佛教活动和佛教艺术的发展规模。大蒙古国时期，《大藏经》《古兰经》等宗教经典著作，在哈剌和林寺院教堂内普遍被收藏、翻译。同时，各种宗教文化、哲学等，通过各类宗教人士被传播到哈剌和林城的各色居民之中。

中统元年（1260年），元世祖忽必烈在开平府（即加号“上都”之前的行政建置名称，位于内蒙古锡林郭勒盟正蓝旗元上都遗址）即位，他的幼弟阿里不哥则占据了哈剌和林地区自立为大汗。经过几年的胶着战斗，忽必烈军队打败阿里不哥，占领哈剌和林城，阿里不哥向忽必烈投降，忽必烈基本上控制了漠北地区。中统四年（1263年），忽必烈升开平府为上都，第二年（1264年）又升燕京为中都（后改称“大都”），大蒙古国的政治中心正式转移到漠南汉地。忽必烈建立元朝并迁都大都（今北京）后，哈剌和林城失去了都城的地位，仅仅设置了宣慰司都元帅府。但是，哈剌和林仍然是漠北地区首屈一指的重要城池。元朝时候派大臣镇守，并且派遣重兵防守。元朝政府还在哈剌和林地区开设屯田，设立学校。公元1277年，窝阔台汗国大汗海都（窝阔台的孙子）在与元朝中央政府的战争中曾经一度攻占了哈剌和林城，元军直到第二年才把窝阔台汗国的军队驱逐出去。不过，14世纪以来哈剌和林城得以恢复发展。皇庆元年（1312年），元朝政府将哈剌和林行中书省改名为岭北等处行中书省，并将和林路改名为和宁路，正式降到行省一级的行政区划建置的地位。

哈剌和林城不再作为都城以后，地位下降，后来还成为罪臣发配远徙之地。周密《癸辛杂识》记载了一个“解厄咒”：

> 行御史台监察御史周维卿以言事忤权臣得罪，远流西北方名哈剌和林，去燕京八千里。周知不免，日夕持诵《高王观世

明清时期建立在哈剌和林城遗址之上的藏传佛教寺庙——额尔德尼召

哈剌和林城遗址地表保留的石制品残件

音经》。一夕，梦有僧问之曰："汝曾诵《高王观世音经》否？"曰："然。"僧于是口授一咒与之，此观世音菩萨应现解厄神咒也，持诵一万二千遍，可以免难。梦中熟诵，及觉即书之纸，自是持诵不辍，无何得还燕京。而权臣怒犹未已，复系刑部狱。周在狱持诵益勤，未几遣使云南以自赎。至彼合蕃僧加瓦八遍阅《大藏经》，得梵本咒，比梦中惟欠三字。未几权臣诛，遂除刑部郎中，还其妻子财物，人以为诵呪之力云。咒曰：荅侄他侄音只他音唵呿啰哦哆呿哦音他唁呿啰哦哆呿呵哦哆　啰呿哦哆啰呿哦哆娑呵。（周密《癸辛杂识·续集上》"解厄咒"条，吴企明点校本，中华书局 1988 年，第 161 页）

公元 1368 年，元朝大都城被明军攻占。明洪武三年（1370 年），元朝末帝妥懽帖睦尔（顺帝，亦称"惠宗"）在应昌城（今内蒙古赤峰市克什克腾旗达里诺尔湖畔应昌古城）去世，太子爱猷识理达腊继位，是为元昭宗。元昭宗率领朝廷宫室退往哈剌和林城，仍然使用"大元"国号，史称北元（学术界也有的称为"北元—蒙古"或"明代蒙古"），意图以此为根据地，寻机南下收复中原，恢复元世祖忽必烈的"故事"。北元政权仍然以哈剌和林城为首都。公元 1387 年，明朝派遣北征军，攻克哈剌和林城，哈剌和林城被彻底毁灭。之后虽然数次重建，但 15 世纪初期蒙古各个部落分崩离析，鞑靼和瓦剌两个部落的蒙古贵族相互攻伐，哈剌和林城也逐渐没落。

上都城

上都城的遗址现在位于内蒙古自治区锡林郭勒盟正蓝旗旗政府所在地以东 25 公里，是闪电河（滦河、上都河）北岸 1 公里，“五一”牧场南 4 公里处。上都城被认定为中原农耕文化与草原游牧文化奇妙结合的产物，历史学家称赞它能与意大利的庞贝古城相媲美。2012 年，第 36 届世界遗产委员会会议讨论并通过将“元上都遗址”（Site of Xanadu）列入《世界遗产名录》。

忽必烈建立大一统元朝进程中的上都城

元上都遗址所在地的金莲川草原一带，历史上曾是匈奴、鲜卑、契丹、女真、蒙古等古代游牧民族活动的地区。上都城在兴建之前，在金代属于桓州。12 世纪，金朝世宗皇帝完颜雍命名此地为“金莲川”。成吉思汗南下攻金的时候曾经在这里驻扎避暑。公元 1251 年，成吉思汗的孙子蒙哥成为蒙古大汗。随后，蒙哥汗命他的弟弟忽必烈统领漠南汉地的军国事务。于是，忽必烈驻足金莲川，广泛招募天下的名士与俊杰，建立了元朝历史上著名的“金莲川幕府”。在忽必烈的帐下集聚着许多战功卓著、满腹经纶、精通治国的才俊之士。这些士人为忽必烈迈向帝位、治国安邦奠定了坚实的基础。

如果说哈剌和林城仅仅是为统治者享用巨额财富而建造的乐园，那开平城（今内蒙古锡林郭勒盟正蓝旗上都古城）就一定是大蒙古国

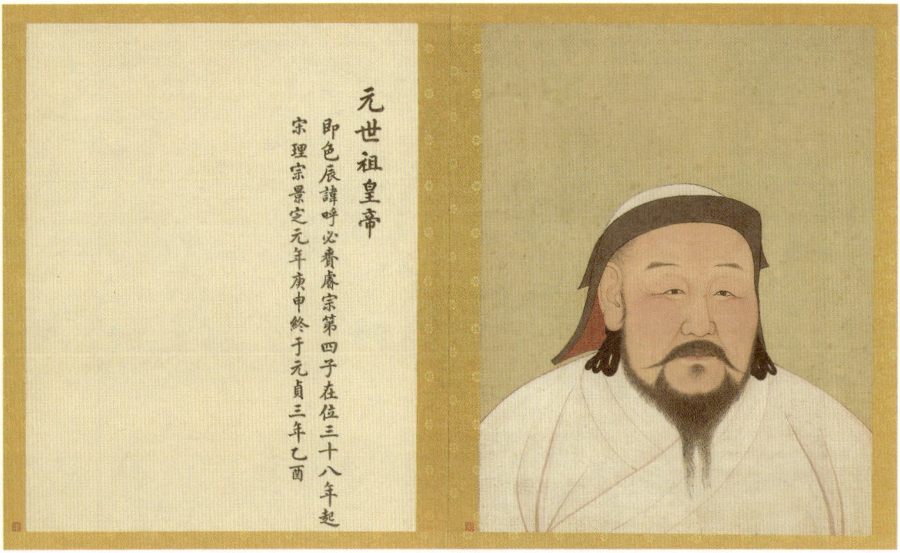

元世祖忽必烈画像，现收藏于台北故宫博物院

元世祖画像，选自清代丁善长绘制《历代画像传》（清光绪二十二年刊本）

真正按照中原王朝治理模式经营城市的开始。公元1256年，忽必烈遵照蒙哥汗的旨意，命令刘秉忠在这里建筑城池与宫殿。刘秉忠奉命建城，经过三年的建设，终于公元1259年新城建成。城市背靠山峦，南邻滦河，放眼一望无垠的草原，气势恢宏，忽必烈将其命名曰“开平”。开平是一座具有游牧文化特色的草原都城，同时也融合了中国传统建筑的许多特征。有一通关于创建开平府的碑刻《创建开平府祭告济渎记》，碑文如下：

> 皇帝光嗣天下，六年于兹，凡东夷西戎，莫不砥属。惟南方未服，故外略未遑息，而内治备谨，补偏救弊，以治安。虽帝德广运，亦皇太弟忽必烈有以启导之也，上深惟亲亲尊贤之义。岁丙辰，诏开府于岭北滦水之阳，筑城壁，营宫室焉。王恭承明命，乃经界疆理，申画郊圻。将树板干之日，乃下教曰：兴是大役，天地神祇宁无触冒者乎。遂命上清大洞法师王一清作醮五昼夜，昭告上帝。复命一清及府僚李宗杰以金镂盒持香，导以宝幡，藉以重币，于五岳四渎投金龙玉册焉，礼也。秋七月乙卯，甫及覃怀境，时方旱，即甘澍优渥。老稚马首捧舞欣忭，皆曰：此贤王惠我之雨也。丙辰，抵清源王之祠。翌日质明，一清等盛服端肃，以入即事，庶官济济，各中其度。三献礼成，阴云解驳，冷风清驶，神其悦喜，来格，次即龙池捧献如礼。已而获赐履之贶，以答贤王之诚。感应之理，灼然可信。昔者周公以介弟之亲，作新大邑于洛，肇称殷礼，成秩无文。是则今日贤王之举，其亦法周公之遗意也。夫噫，开平既立矣。而今而后，土地腴沃，风雨时若，民不夭瘥，物无疵疠，贤俊坌集，翊赞皇朝，享亿万年金城之安，其肇本于此矣。

是所以有望于明神者也。王府士东鲁王博文记并书篆额从行礼者长春宫提点曹志滨宣授怀孟长官冯汝戢立石。

日本明治大学的樱井智美教授在《北京图书馆藏历代石刻拓本汇编》（第48册）中发现了这份碑刻录文，首次公布并考释了这篇碑文（樱井智美《〈创建开平府祭告济渎记〉考释》，李治安主编《元史论丛》第十辑，中国广播电视出版社2005年）。《创建开平府祭告济渎记》碑高约106厘米，宽约61厘米。这篇碑文的时间为蒙哥汗六年（1256年），是忽必烈在即皇位之前，为了纪念开平府的建立而立之碑。碑文不仅记载了1256年建立开平府初期的情况，而且也反映了当时与忽必烈继位前后有密切关系的政治问题。这是迄今所知最早的记载上都城前身——开平府的碑刻资料。公元1256年，蒙哥汗的皇太弟忽必烈在滦水之阳（即今内蒙古正蓝旗滦河的北面），使用版筑泥土建城墙的方式兴建了"皇太弟府"，并命名为"开平府"。此事与《元史》卷4《世祖本纪一》"岁丙辰春三月，命僧子聪卜地于桓州东、滦水北，城开平府，经营宫室"的记载一致。

在碑文中对蒙哥汗的称谓是"皇帝"或"帝"，碑中忽必烈被称为"皇太弟"和"王"。因此，撰写碑文的时间肯定是属于蒙哥时代的，就是说是在元世祖忽必烈即位之前。据碑文说，忽必烈按照蒙哥的命令而开府建成开平府。忽必烈在建成开平府后很快命人按照唐、宋旧礼，派员到"五岳四渎投金龙玉册"祭告"天地神祇"。此碑是忽必烈派员来到山东的清源王庙（即济渎神庙）祭告岳镇海渎神时所立。在中国，古代天子凡遇有重要大事时，会派员到"五岳四渎投金龙玉册"祭告"天地神祇"。济渎河神在唐玄宗天宝三年（744年）被封为清源公，北宋仁宗康定元年诏封为清源王，金代依唐、宋之旧礼仪封其为岳镇海渎神。但是，按照古礼“投金龙玉册”的祭祀礼仪只有皇帝才能做。忽必烈在1256年还没继承皇位，至少从中国传统的礼法来看，忽必烈的行动或许是一次“违规”之举。蒙哥汗曾对忽必烈在漠南开平府的一些行为起过疑心，就在第二年（1257年）春，便对忽必烈所管辖的京兆和河南“大加钩考”。《元史》卷4《世祖本纪一》记载有：“岁丁巳春，宪宗命阿蓝答儿、刘太平会计京兆、河南财赋，大加钩考，其贫不能输者，帝为代偿之。”或许，忽必烈的这次举动也是增加蒙哥疑心的因素之一。

公元1259年，蒙哥汗率领军队讨伐南宋，在四川钓鱼山去世。忽必烈果断地与南宋议和，从鄂州前线向北撤回。第二年三月，忽必烈以开平为根据地，联络蒙古各支宗王。十月，忽必烈在开平即汗位。忽必烈随即率军北上，夺取了阿里不哥占据的都城哈剌和林，迫使阿里不哥投降。开平从此以后升级为府，一跃而成了大蒙古国的权力中心，忽必烈在这里设置中书省，总理全国政务。开平城奠定了忽必烈取得汗位、建立元朝的宏伟基业。

美国学者莫里斯·罗沙比《忽必烈和他的世界帝国》一书在“忽必烈对领地的管理”一节中叙述忽必烈兴建上都城的历史：

> 在跟随忽必烈远征大理以后，刘秉忠开始把注意力集中在更长远的计划上。汉文文献记载说，刘秉忠与姚枢一起，对制止滥杀和掳掠当地居民发挥了作用。我在前面已经对这个说法表示了怀疑。无论如何，现在忽必烈和他的幕僚们得到了几年的战后休整时间，因此，他们可以启动一个规模宏大的工程，以显示忽必烈对汉地属民的依赖和关心，那就是，在他位于农耕世界的新领地建设一个都城。一些汉文文献把这个计划归功于刘秉

忠，但其他史料则根本没有提到他曾经参与制定这个计划。在此，忽必烈的贡献不应该被忽略。他并不需要通过别人劝说才能认识到建设这样一个中心所具有的象征意义。也许忽必烈和刘秉忠都曾为此作出过贡献。

他们选择的都城位置在滦河之北，在后来的清朝（1644—1911年）多伦诺尔（七湖）镇以西约六十公里处。从北京骑马，沿着汉地农业区和蒙古草原的边界地带，大约要走十天才能到达此地。传统的蒙古人没有什么理由指责忽必烈抛弃传统，站在汉人一边，因为事实上，已经有一些蒙古亲王在大草原上建造了一些城镇。然而，当忽必烈在1256年命令刘秉忠按照中国传统的“风水”原理选址建城时，他实际上是在发出一个信号，即他将把注意力更多地放在汉地属民身上。我们不太清楚忽必烈是否把这个新城看作一个首都，还是仅仅作为一个避暑之地。他本来把它命名为开平，但是在1263年又改为上都，以与中都相对。

对忽必烈的汉地属民来说，开平还有另外一重意义，它是按照传统中国都城的模式建造的。除了一大片狩猎苑囿还保留着蒙古生活方式之外，一些忽必烈的新定位所激起的反对声浪让支持传统价值观的蒙古人对忽必烈表面上讨好汉人的态度感到不安，而且从这个时候起，他们开始反对他的政策。这种分歧削弱了蒙古人的力量，破坏了他们统治广大被征服地区的势力。忽必烈似乎已经被中原文明所吸引。蒙古保守主义者把他可能“转向”认同汉人价值看作是对他们自己生活方式的威胁，其中一些人决心把他除掉，以免他颠覆他们传统的游牧经济。

蒙哥当然有理由听信别人对他弟弟的指控，有人告忽必烈亲近汉人，说他甚至有可能采取叛逆的态度和政策。蒙哥可能对忽必烈在大理所取得的完全彻底的胜利感到不满。忽必烈青年时代的大部分时间里一直生活在别人的阴影下，而现在却正变得越来越显要。蒙哥也可能是嫉妒他弟弟突然蹿升的声望。他对忽必烈在开平所建的华丽住宅恐怕也不会感到很舒服，因为其宫殿足以与大汗在哈剌和林的豪华宫殿媲美，甚至有过之而无不及。他认为，建在蒙古心脏地带的首都才应该是帝国的真正代表。忽必烈用他新造的开平城掠美是不应该的。（[美]莫里斯·罗沙比《忽必烈和他的世界帝国》，重庆出版社 2008 年，第 31—34 页）

作者认为，上都城的兴建主要还是忽必烈的战略决策，并非像有些汉文文献所说归功于刘秉忠。据作者的分析，建造上都城，可能在当时对蒙古统治内部产生了一些影响，激起蒙汉政策之争，后来的阿里不哥之乱也许根源于此。忽必烈从总领漠南汉地开始，先兴建上都城，后定都大都，这一系列活动，可能都伴随着蒙汉之争。作者没有确切地说上都是元朝的首都之一，认为最多只是一处避暑胜地。建造城市是为了更好地统治汉地，但是城市的建造也促使他更加“不可避免地滑向他的定居属民的价值观和生活方式”。根据作者的研究，当时从大都骑马到上都的时间是 10 天。作者认为上都的物资供应只能养活 10 万人。

这座城池不但有蒙古族风格的宫殿，还有供商人做生意的市场，还有道观、礼拜寺、佛寺。这座位于今天内蒙古锡林郭勒盟金莲川草原上的美丽城市，它的风格在格局上以中原汉地的京城营造制度为主，但是因为其地理位置在草原和内地之间，这决定了它在沟通草原与汉地方面能够发挥非常重要的作用。

宫室城郭都已经具备了，但典章制度还不完善，缺了很多。蒙古大汗们最初就像是原始社会的部落联盟主，比如在窝阔台大汗的汗帐中，人们都平等地坐在一起商议军国大事，将领们不拘小节畅所欲言，打天下的君臣一心、有话直说，但是到了元朝的时候，如果还是这个样子，就会让大汗们多少感到自己的权威不太够了。于是，在 1260 年即大汗位之后，忽必烈就将闻名天下的儒学大师许衡召到身边，任命他为集贤大学士，并兼任国子祭酒。这样的职务主要工作是什么呢？是教书，许衡要亲自教书。忽必烈选了一批蒙古族的年轻子弟跟着他学习，而许衡将自己的汉族学生一起召来，与蒙古贵族子弟一起学习。儒家经典是许家班的主要课程，除此以外，还要求他们学习拜跪、揖让、进退、应对等礼仪，这也是这些贵族子弟的必修课。其间有蒙古贵族给许衡教学捣乱，并向忽必烈指控许衡破坏

许衡画像

祖宗制度，而忽必烈在与大臣商议并亲自考察教学成果后，他坚定地支持许衡的工作。想必坐在皇位上，受到族人恭敬的朝拜，让忽必烈感到这才是需要的文化吧！在汉式的城郭皇宫里，行汉式的礼仪制度，虽然身上仍是蒙古服饰，但蒙古贵族们的心思已从草原移到了汉地。在上都城中，忽必烈感受到的是中原王朝仪礼、制度、法令和思想对加强稳固自身统治的有效作用，这让他对未来充满期待和想象。

上都城的重要地位

公元 1263 年，经过扩建改造的开平府正式加号为上都，设置上都路总管府。第二年，忽必烈改燕京为中都。公元 1267 年，又在中都东北建造了新城。公元 1272 年，改中都为大都。从此以后，元朝实行两都制，大都为首都，上都为夏都，又称为上京、滦京、滦都。每年夏历二、三月至八、九月，元朝皇帝都要率领重要大臣来上都。皇帝每年有半年以上时间在这里避暑游猎，同时处理军国大事，随同皇帝巡幸的文武百官继续辅佐皇帝议办朝政，因而在上都专门建有各中央机构的分支机构，如中书省上都分省、御史台上都分台、翰林国史院上都分院等，体现了上都城作为全国重要政治中心的地位和作用。这种两都巡幸制度，适应了当时管理草原与中原、管理多民族事务的需要，也适应了蒙古民俗的传统，便于元帝与蒙古各部宗王联系，还适应了游牧民族设置冬营盘与夏营盘的传统习惯。

上都城地理位置特殊，西面可以控制西北，东面可以控制辽海，南面能够控制天下大局，“形势尤重于大都”。（虞集《贺丞相墓志铭》）上都距离原来大蒙古国的政治、经济、军事中心哈剌和林城也比较近，是沟通南北东西的重要枢纽。在上都理政，有助于忽必烈联络、控制拥有强大势力的漠北蒙古宗亲贵族。因此，在这一点上来说，上都城在政治和军事上都有着举足轻重的地位。它是稳固、控制蒙古宗王势力的前沿阵地，也是运筹帷幄的最高决策场所。因而元朝前几位皇帝，如世祖忽必烈、成宗铁穆耳、武宗海山等即位的忽里勒台大会（蒙古部落传统的贵族大会，决定重大军事、政治事件）都在上都城举行。

“一座元上都，半部元朝史”。在元上都曾经发生过许多重大的历史事件，包括著名的“佛道辩论”、元朝宣布建立、征伐南宋、颁行《授时历》、马可·波罗来华、元朝在上都发行纸币、创立影响至今的行省制度等。元朝中期以来在这里发生的“南坡之变”“两都之战”“上都兵变”等宫廷斗争、流血冲突，都证明了上都城具有的极其重要的政治、军事地位。

见证中西文化交流

元上都遗址地处蒙古高原南端的大兴安岭、燕山山脉与草原结合地带，地理位置极为重要。正是这种特殊的地理位置，使得元上都在东西文化的交流上占有重要的历史地位。经过历年的营建，元上都成为当时中国北方草原地带最大的都市，在上都城内居住着宫廷显贵、普通手工业者与商人，有蒙古人、汉人、契丹人、回鹘人、高丽人、尼泊尔人等，多民族人民和睦相处，常住居民人口达到十一万人，被称为北方“巨镇”。元代中外交往频繁，上都常常有阿拉伯、波斯、突厥等地的商人往来，被称作“色目商贾”或“回回商人”。意大利威尼斯商人尼古剌兄弟带着马可·波罗到中国，在上都受到忽必烈极高的待遇。著名的《马可·波罗行纪》详细记述了上都的宫殿、寺院、宫廷礼仪、民情风俗，第一次向世界介绍了上都城，让当时的已知世界——欧亚大陆各国各地更多地了解了中国。

元上都作为13—14世纪的国际性大都市，众多外国使者、旅行家、商人、传教士都曾到达此地，使中国出现了历史上罕见的，欧亚大陆的各种民族、语言和宗教共存的多元文化现象，并把中国传统文化的发展推到一个更为广阔的中西交流的层次。元上都遗址留存的各种遗迹和出土的各种文物，加之大量的宗教、民族与语言等文化交流文献史料，是这一国际多元文化兼容并蓄的奇迹般盛况的有力见证。元上都成为蒙古高原游牧民族与中原农耕民族进行政治、经济、文化交流的枢纽。元上都的建立，其地处农牧结合带的特殊位置，城市都城的政治功用，使其成为多元文化的交流辐辏之地。

“四大发明”之印刷术、指南针和火药的西传与欧洲文明的东传。元上都是13—14世纪世界上少有的草原文明、亚洲文明、欧洲文明汇聚一地的多元文化国际大都会。元朝的建立，开通了欧、亚、非三洲之间的交通，以元上都为中心，元朝与四大汗国之间的频繁往来，带动了欧亚大陆之间经济联系与文化交流。元朝的驿路最为主要的“帖里干道”与“木怜道”都以元上都为重要起点，向西北方延伸辐射，成为欧亚大陆文化交流的大通道。所以说元上都在13世纪下半叶与14世纪上半叶，在东西文化交流的过程中起着至关重要的作用。元上都是蒙元时期草原丝绸之路的起始点。在大航海时代到来之前，东西方世界的交流从未像蒙元时期那样广泛、密切。中国“四大发明”中的三大内容——活字印刷术、指南针、火药，以及元代创制的火铳（最早的火炮）等在这一时期传播到欧洲，西亚、欧洲的数学、天文学、宗教、艺术、医药学也传到了中国。意大利佛罗伦萨的方济各派教士马黎诺里（Marignolli），于1338年，奉罗马教皇命令，率专使使团来元朝报聘。马黎诺里先抵达钦察汗国都城萨莱城，经玉龙杰赤、阿力麻里等地，于至正二年（1342年）抵达上都，受到元顺帝的接见。他向元顺帝进呈了教皇信件。使团所献礼物中有一匹骏马获得元朝君臣的赞赏，即“拂郎国贡天马”事件，这成为14世纪中西交通史上的大事。马黎诺里后来又去了大都，生活了约四年。至正六年（1346年）他来到泉州，第二年由海路返回。后奉命修订波西米亚编年史，将其奉使元朝的见闻编入书中。

拂郎国贡天马图

公元1271年11月，17岁的马可·波罗随从他父亲、叔父从家乡启程，于1275年5月到达元上都。此后，他们留居中国17年，于1295年回到威尼斯。之后，由于作战被俘，马可·波罗在热那亚监狱中口述了在中国和东方诸国的见闻，由同狱难友鲁思悌谦（Rusticiano）笔录成书，这就是《马可·波罗行纪》。这部书第一次把中国上都介绍给欧洲人，让中世纪的欧洲人产生了对上都的羡慕和向往。这部书也成为欧洲人了解东方世界的重要读物。马可·波罗在书中对上都城的各种景象作了详尽而充满诗意的描述，例如对于城内的宫殿，他这样写道：

内有一大理石宫殿，甚美，其房舍内皆涂金，绘种种鸟兽花木，工巧之极，技术之佳，见之足以娱人心目……

此草原中尚有别一宫殿，纯以竹茎结之，内涂以金，装饰颇为工巧。宫顶之茎，上涂以漆，涂之甚密，雨水不能腐之。茎粗三掌，长十或十五掌，逐节断之。此宫盖用此种竹茎结成。竹之为用不仅此也，尚可作屋顶及其他不少功用。此宫建筑之善，结成或拆卸，为时甚短，可以完全拆成散片，运之他所，惟汗所命。结成时则用丝绳二百余系之。

据其描述之情状，推断此用竹茎制成之宫殿应为建于西内的棕榈殿（失剌斡耳朵，sira ordo）。此外，马可·波罗还对上都城内的寺院、各种奇花异草进行了描述，同时还记载了蒙古皇帝在上都城内的各种节庆礼仪、祭祀等活动。

马可·波罗画像

《马可·波罗行纪》（蒙古文版）

忽必烈皇帝在开平府（上都城）接见马可·波罗父子

《马可·波罗行纪》问世后，扩大了欧洲人对东方世界的认识，并在 15 世纪激起西方航海家对东方的向往，进而推动了欧洲人由海路来东方的探险活动。几百年来，随着《马可·波罗行纪》的广泛传播，上都的英文译名“Xanadu”在欧美等国知者甚众。

发行纸币

元朝政府在上都城向全国发行纸币，建立了纸币制度。纸币最早出现在中国唐代，称“飞钱”，宋代称“交子”，金代称“交钞”。公元 1260 年 3 月，忽必烈决定在上都向全国发行纸币，7 月，发行“中统元宝交钞”。此后，受到元流通纸币影响的波斯、印度、日本等国，也陆续开始发行纸币，促进了世界货币的变革。

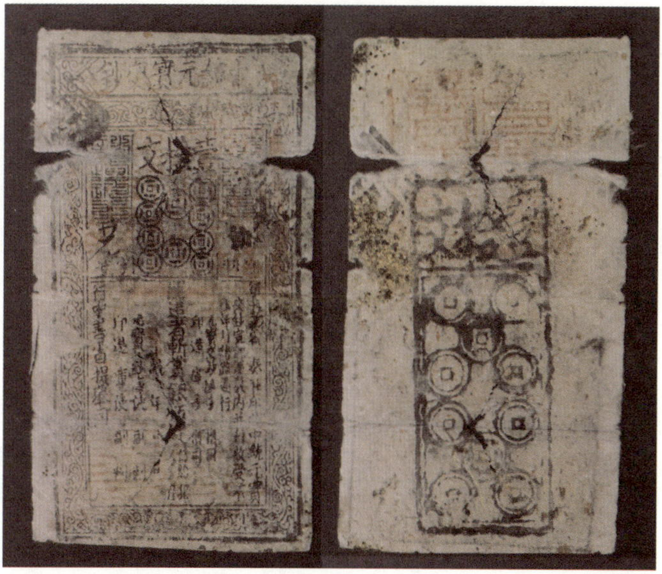

中统元宝交钞，现收藏于内蒙古博物院

南坡之变

南坡，又名南坡店，距上都以南 30 里，是离上都最近的一个驿站。元朝皇帝往返于大都和上都之间，上都留守司的官员，都要在南坡店迎送，此即“南坡迎送”之礼。至治三年（1323 年）八月初五，元英宗硕德八剌由上都返回大都时，于当日驻扎于南坡，当晚英宗遭到暗杀。这是发生在元上都地区的重大政变，史称“南坡之变”。南坡之变是元代政治史上的一次重大事件，也是元代皇权纷争的结果。皇位继承问题，一直是元朝中后期政治史上十分突出和难以解决的问题。从 1307 年元成宗去世，到 1333 年元惠宗妥懽帖睦尔即位，短短二十四年间，九位皇帝的即位几乎都充满了激烈的斗争。“南坡之变”的故事将在后文中详细讲述。

在上都即位的蒙古皇帝

在元朝历代皇帝中，共有六位在元上都登上帝位，他们在位的时间，超过了元朝历史的一半。在他们中，元世祖、元成宗两朝，为元代最强盛的时期。现将这六位皇帝在上都即位的时间列表如下：

皇帝名讳	庙号	年号	在位年代	在上都登基的时间
忽必烈	世祖	中统、至元	1260—1294 年	1260 年
铁穆耳	成宗	元贞、大德	1294—1307 年	1294 年
海山	武宗	至大	1307—1311 年	1307 年
阿剌吉八		天顺	1328—1328 年	1328 年

元成宗铁穆耳画像，现收藏于台北故宫博物院

元文宗图帖睦尔画像，现收藏于台北故宫博物院

续表

皇帝名讳	庙号	年号	在位年代	在上都登基的时间
图帖睦尔	文宗	天历、至顺	1328—1332年	1329年
妥懽帖睦尔	惠宗	元统、至元、至正	1333—1368年	1333年

上都城的建筑布局

上都城由外城、皇城、宫城和外苑部分组成。外城周长十八九里。内城是皇城，外城是市区和居民区，城内有宫殿和衙署约六十所，各种寺庙一百六十余处。宫城是全城的核心，有东华、西华、御天三门，城墙用砖包镶，其中南边的御天门最为重要，它与皇城南门明德门在一条中轴线上，是出入的主道。皇帝所下达的诏旨，都要在御天门上发布，再送往大都，然后转发全国各行省。胡助《滦阳杂咏十首》其一写道："御天门前闻诏书，御马如飞到大都。九州四海服训诰，万年天子固皇图。"主要宫殿楼阁和官署、宫学建在宫城内。宫城建有水晶、大明、鸿禧等殿，大安、延春等阁，华严、乾元等寺庙。上都城的宫城建筑具有园林式离宫别馆的特征，皇帝非常注意防御和对宫城的防护。把居民区设在城外，突出了这座城市整体的宫殿性质。

宫城内还有泉池穿涌其间，园林特色十分明显。大安阁是宫城内最主要的建筑，也是上都城的象征。它是元世祖忽必烈移取汴梁（开封）的金朝南京熙春阁的建筑材料建造而成，建于公元1266年。皇城在全城的东南角，城墙外砌砖石，寺庙、国学和部分大型建筑在皇城内。外城北部是皇家苑囿和金顶大帐"棕毛殿"的建筑所在地。

每年春夏秋三季，上都城的城外比城内更繁华，流动人口数十万，乃至上百万，城区方圆数十公里。上都地区元朝时商贾工匠云集，繁荣兴盛，不但有从中原来的商人，也有从中亚和欧洲来的商人，他们促进了以元上都为中心的蒙古地区的经济繁荣。据记载，元上都曾拥有 11 万人口，驿道四通八达，是漠北与中原的交通枢纽。

上都在元代科技史上的地位更不容忽视。早在蒙哥汗时期，开平就设有天文观测所——承应阙，经过考古调查和勘探认为，上都城内的阙式建筑——穆清阁顶部就是司天台的所在地。波斯科学家札马鲁丁曾受蒙哥汗委托筹建天文台。公元 1271 年，上都回回天文台正式成立（也称北司天文台）。忽必烈令札马鲁丁为提点，为元朝国家任命的第一任天文台台长。札马鲁丁研制了许多大型天文仪器并制定了“万年历”，为上都天文台的建立和发展奠定了基础。公元 1262 年，忽必烈在上都召见了著名科学家郭守敬，并采纳了他对北方水利资源和华北平原水利灌溉建设的六条建议。为保障上都城的安全，公元 1298 年，郭守敬在上都亲自勘查、测量、设计，并组织施工完成铁幡竿渠，将山洪导入滦河。

上都城的宗教活动十分兴盛。由于忽必烈对宗教兼收并蓄的政策，使元上都成为当时世界宗教的中心，中国传统信仰的佛、道、儒三教，在此交融。在上都城内，有佛教、道教、伊斯兰教、基督教的教堂，其地位是平等的。宗教建筑除道观、佛寺外，还有回回寺、十字寺，此外还有西方传教士、景教、萨满教的文化遗存。蒙哥汗时期，大蒙古国内佛教与道教之间的竞争、矛盾日趋激烈，蒙古王室不得不出面调停佛、道二教之争端。公元 1255 年，在哈剌和林举行了佛、道二教第一次辩论会，佛教占了上风。公元 1258 年，蒙哥汗委托忽必烈在开平召集佛、道二教代表数百人，进行第二次辩

穆清阁遗址

穆清阁柱础

论。藏传佛教在八思巴的激辩下，战胜道教，忽必烈判定佛胜道败，佛教获得蒙古统治者的推崇。忽必烈在上都即位后，封藏传佛教萨迦派高僧八思巴（1235—1280 年）为“大元帝师”，命他在上都建立寺院。自此，藏传佛教在整个中国，包括漠北的哈剌和林都获得广泛传播，产生了极为显著的信仰影响。公元 1260 年，忽必烈册封八思巴为帝师，在上都城西南建有八思巴帝师寺。道教在上都也有很大势力，各宗派都建有道宫。上都常有色目商贾往来，很早就建有回回寺。上都居民中也有信仰伊斯兰教、景教等的信徒。上都是北方宗教兴盛的中心，同时也是多元文化交流的中心。

元代藏传佛教帝师八思巴玉雕坐像

羊群庙祭祀遗址一号、三号地点及其石人雕像

上都城的没落

至正十八年（1358 年）十二月，由农民组成的红巾起义军攻陷上都，焚烧宫殿，七日后撤离，掠走玉玺、仪仗、珠宝等，上都逐渐衰落。至正二十八年（1368 年）正月，朱元璋建立明朝，同年 7 月，元顺帝从大都逃往上都。公元 1369 年 8 月，明将常遇春、徐达率领的中路大军攻克上都，上都逐渐废弃。公元 1396 年，明朝在元上都正式设开平卫指挥使司，其后大力经营，加强屯守，并修缮城垣。明成祖以后，明朝防卫内撤，公元 1430 年，开平卫移至长城以内的独石口（今河北赤城县独石口古城），改隶万全都指挥使司，元上都至此彻底废弃。16 世纪初期，蒙古达延汗重新统一蒙古各部，将蒙古各部划分为六个万户，元上都地区属于应绍卜万户的封地。清初，蒙古右翼诸部之察哈尔部在此驻牧。

上都文化遗产的保护

中华人民共和国成立以来，元上都遗址得到国家的有效保护和管理。1956 年将原来的明安太仆寺右翼联合旗改设为正蓝旗，元上都遗址归正蓝旗管辖。1964 年，元上都遗址被列为内蒙古自治区第一批文物保护单位；1988 年，元上都遗址被国务院公布为第三批全国重点文物保护单位。从 2000 年起，在正蓝旗全面推行禁牧、围封、水土保持、防沙固沙、环境保护等工程，在地方人民的支持与参与下，元上都遗址保护取得了很好的效果。1996 年，元上都遗址被列入我国向联合国申报世界遗产的预备名单，经过多年的努力，“元上都遗

御天门出土的石弹

址”终于在2012年被成功列入世界遗产名单，得到了全世界的承认。

作为世界遗产的“元上都遗址”（Site of Xanadu）

联合国教科文组织世界遗产委员会对作为世界遗产的“元上都遗址”（Site of Xanadu）有一个最终的官方评价，摘录如下：

> “元上都遗址”位于中华人民共和国内蒙古自治区锡林郭勒盟正蓝旗与多伦县交界处。它是13—14世纪亚洲北方游牧与农耕两大文明在百年碰撞与融合中形成的具有文化融合典范价值的草原都城遗址，位于蒙古高原的东南边缘，曾是忽必烈汗的第一座都城（1263—1273年）和其后元代各帝的“夏都”（1274—1368年）。它是元代都城系列中，创建最早、历史最久、格局完整、保存最好的都城遗址。其遗产区面积25131.27公顷，

包括整体格局清晰、保存完好的上都城、关厢、泄洪渠、墓葬群等遗址遗迹；缓冲区面积150721.96公顷，涵盖了敖包群和保留至今的蒙古族“敖包祭祀”等传统人文景观以及湿地、典型草原、森林草原和沙地等蒙古高原草原特色景观在内的遗址环境。

从元上都开始，忽必烈汗带着马背上的勇士统一了中原的农耕文明，并在一定程度上吸收了中原的农耕文化，从而极大地扩展了元帝国的版图。作为忽必烈可汗的龙兴之地，元上都是宗教大辩论的发生场所及外国旅行者的造访地，在世界其他地区已经成为一个传奇。

18世纪英国有一位伟大的浪漫主义诗人萨缪尔·泰勒·柯勒律治（Samuel Taylor Coleridge）。公元1797年，他阅读了《马可·波罗行纪》之后，在悠然神往之中写下了著名诗篇《忽必烈汗》。这首诗成为当时的西方人描绘上都城的代表作品。诗人以西方的眼光审视了东方的意象，表达了对东方“彼岸世界”的无限向往。笔者通过对《忽必烈汗》一诗的题材和创作背景等方面的分析，探求诗人创作该诗的深层目的。

《忽必烈汗》

忽必烈汗在上都曾经
下令造一座堂皇的安乐殿堂；
这地方有圣河亚佛流奔，
穿过深不可测的洞门，
直流入不见阳光的海洋。
有方圆五英里肥沃的土壤，
四周给围上楼塔和城墙；

那里有花园，蜿蜒的溪河在其间闪耀，
园里树枝上鲜花盛开，一片芬芳；
这里有森林，跟山峦同样古老，
围住了洒满阳光的一块块青草草场。
但是，啊！那深沉而奇异的巨壑
沿青山斜裂，横过伞盖的柏树！
野蛮的地方，既神圣而又着了魔——
好像有女人在衰落的月色里出没，
为她的魔鬼情郎而凄声号哭！
巨壑下，不绝的喧嚣在沸腾汹涌，
似乎这土地正喘息在快速而猛烈的悸动中，
从这巨壑里，不断迸出股猛烈的地泉；
在它那时断时续的涌迸之间，
巨大的石块飞跃着像反跳的冰雹，
或者像打稻人连枷下一撮撮新稻；
从这些舞蹈的岩石中，时时刻刻
迸发出那条神圣的溪河。
迷乱地移动着，蜿蜒了五英里地方，
那神圣的溪河流过了峡谷和森林，
于是到达了深不可测的洞门，
在喧嚣中沉入了没有生命的海洋；
从那喧嚣中忽必烈远远听到
祖先的喊声预言着战争的凶兆！
安乐的宫殿有倒影
宛在水波的中央漂动；

这儿能听见和谐的音韵
来自那地泉和那岩洞。
这是个奇迹呀，算得是稀有的技巧，
阳光灿烂的安乐宫，连同那雪窟冰窖！
有一回我在幻象中见到
一个手拿德西马琴的姑娘：
那是个阿比西尼亚少女，
在她的琴上她奏出乐曲，
歌唱着阿伯若山。
如果我心中能再度产生
她的音乐和歌唱，
我将被引入如此深切的欢欣，
以至于我要用音乐高朗而又长久
在空中建造那安乐宫廷，
那阳光照临的宫廷，那雪窟冰窖！
谁都能见到这宫殿，只要听见了乐音。
他们全都会喊叫：当心！当心！
他飘动的头发，他闪光的眼睛！
织一个圆圈，把他三道围住，
闭下你两眼，带着神圣的恐惧，
因为他一直吃着蜜样甘露，
一直饮着天堂的琼浆仙乳。

（柯勒律治）

公元 1816 年，这首诗首次发表，随即盛极一时，引起了欧美人

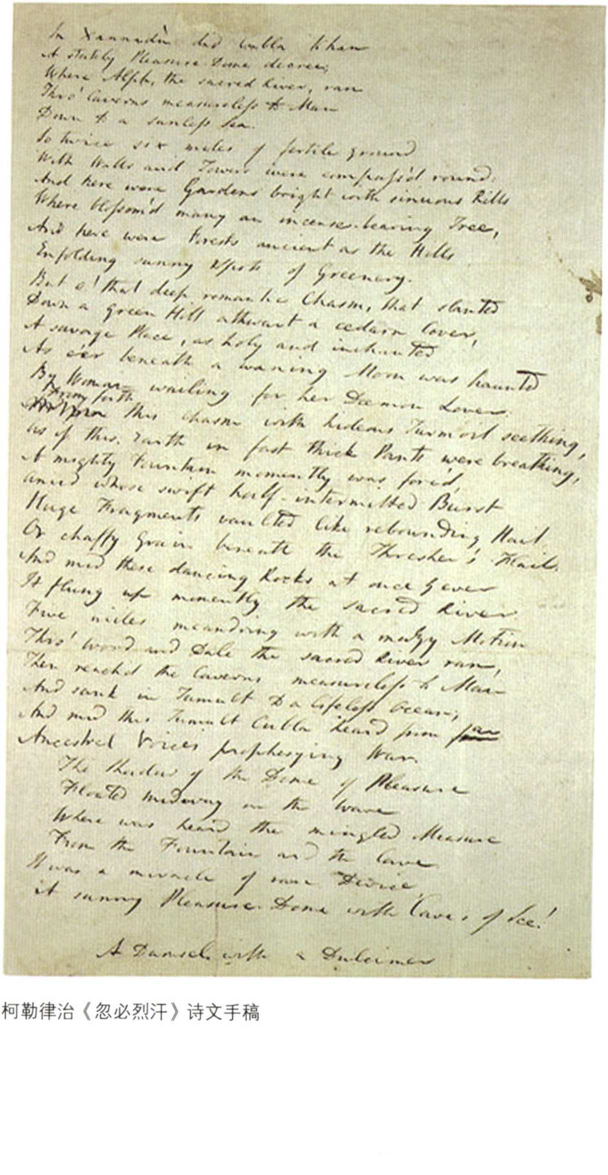
In Xannadù did Cubla Khan
A stately Pleasure-Dome decree;
Where Alph, the sacred River, ran
Thro' Caverns measureless to Man
Down to a sunless Sea.
So twice six miles of fertile ground
With Walls and Towers were compass'd round:
And here were Gardens bright with sinuous Rills
Where blossom'd many an incense-bearing Tree,
And here were Forests ancient as the Hills
Enfolding sunny Spots of Greenery.
But o! that deep romantic Chasm, that slanted
Down a green Hill athwart a cedarn Cover,
A savage Place, as holy and inchanted
As e'er beneath a waning Moon was haunted
By Woman wailing for her Daemon Lover:
From forth this Chasm with hideous Turmoil seething,
As if this Earth in fast thick Pants were breathing,
A mighty Fountain momently was forc'd,
Amid whose swift half-intermitted Burst
Huge Fragments vaulted like rebounding Hail,
Or chaffy Grain beneath the Thresher's Flail:
And mid these dancing Rocks at once & ever
It flung up momently the sacred River.
Five miles meandring with a mazy Motion
Thro' Wood and Dale the sacred River ran,
Then reach'd the Caverns measureless to Man
And sank in Tumult to a lifeless Ocean;
And mid this Tumult Cubla heard from far
Ancestral Voices prophesying War.
The Shadow of the Dome of Pleasure
Floated midway on the Wave
Where was heard the mingled Measure
From the Fountain and the Cave
It was a miracle of rare Device,
A sunny Pleasure-Dome with Caves of Ice!
A Damsel with a Dulcimer

柯勒律治《忽必烈汗》诗文手稿

士对上都的向往。这座由宫殿、草原、森林、溪流构成的梦境中的上都，名字叫 Xanadu，在英、美的《韦伯英语大辞典》中，被单独列为词条。欧洲的天文学家还用它命名土星的第六颗卫星。几百年来，Xanadu 这个名字已成为欧美人士用来形容神秘魅力的地方，亦有宛如仙境之意。

实际上，我们可以根据诗中的意象性描述，找到元上都中的景象原型。例如，“一座堂皇的安乐殿堂”应是上都城中心的大安阁。大安阁是上都的主要宫殿，非常壮丽宏伟，元朝皇帝在这里处理重大事务。再比如，“有方圆五英里肥沃的土壤，四周给围上楼塔和城墙”描绘了上都城的三重城墙垣，并有角楼、马面、城楼等设施，高大巍峨，辉煌雄伟。至于“那里有花园”“蜿蜒的溪河”“这里有森林，跟山峦同样古老”“围住了洒满阳光的一块块青草草场”分别对应的无疑是北苑、上都河（滦河）及其流经的湿地、周边的森林景观和北面的龙岗山，以及上都所在的广阔草原。

由于西方旅行家和文人们的描绘，元上都进一步具有了“梦幻花园”的美好形象，在诗歌、小说、戏剧领域以及天文、建筑、音乐、色彩、植物等的命名上，获得广泛运用和传播，并表现出持续的文化艺术影响力。

大都城

元大都，也称大都，突厥语称为“汗八里”，意思是“大汗居住的地方”。从元世祖忽必烈至元四年（1267年）到元顺帝至正二十八年（1368年），大都城都是元朝的国都。元大都的城址位于今天北京市市区，北至元大都土城遗址，南至长安街，东西至二环路。

公元1260年，忽必烈与弟弟阿里不哥展开了争夺汗位的战争，成吉思汗建立的大蒙古国出现了分裂，演变成为忽必烈的元朝以及位于其西部的四大汗国。忽必烈即位后，曾一度以上都为活动中心。公元1264年，忽必烈在解决了与他的弟弟阿里不哥的汗位之争后，开始营建大都，逐步建立了两都制度。中统五年，忽必烈颁布了《建国都诏》，正式确立了大都、上都这两座城池的“国都”地位：

> 中统五年八月□日，钦奉圣旨：
>
> 中书省奏“开平府阙庭所在，加号上都。外，燕京修营宫室，分立省部，四方会同，乞亦正名”事。准奏。可称中都路，其府号大兴。布告中外，咸使闻知。（《元典章》卷1《诏令一·世祖皇帝圣德神功文武皇帝·建国都诏》）

忽必烈把大都、上都同时在《建国都诏》中予以颁布，确立了两座都城同等的政治地位。

元朝初年的燕京地区在各个方面，都具有十分优越的条件。首先，燕京地区有着十分优越的地理条件。北面群山环抱，形势险要，

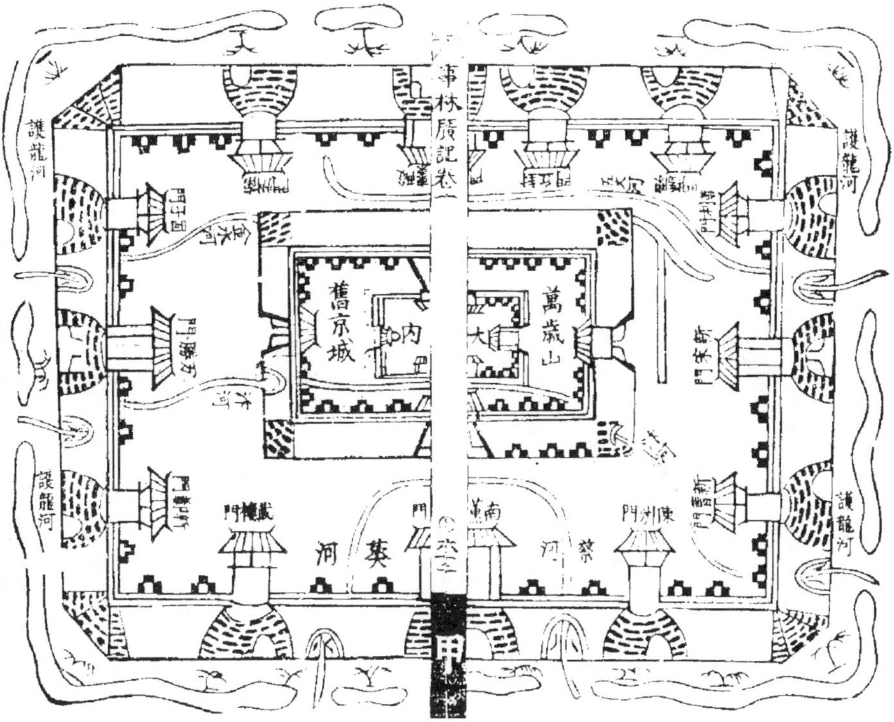

《事林广记》中保留的元大都布局图

元大都遗址出土的龙纹石栏板，现收藏于首都博物馆

元大都遗址出土的石狮，现收藏于首都博物馆

易守难攻。这里四通八达，水陆交通都很便利。而从这里到上都和漠北草原，比其他中原城镇都更为便利。其次，燕京地区有着十分悠久的历史基础。早在数千年前的周朝，燕国就曾经在这里立国。此后，历经秦汉至隋唐的多次朝代更替，这里始终是北方最重要的军事重镇。到了辽金时期，燕京的地位更加重要。辽朝把这里作为四大陪都之一的南京，金朝更是在这里大力经营，扩建城池和宫殿，将燕京作为中都，是统治中国北方的中心。辽金时期的基础，是元朝决定在这里建都的重要因素。再次，燕京地区还有着举足轻重的政治地位。忽必烈在跟阿里不哥争夺权力的时候，除了依靠一部分蒙古贵族以外，还得到中原汉族地主武装的大力支持，并且以从北方汉地得到大量的战争物资来维持战争。此外，燕京作为忽必烈向南进一步开疆拓土的大本营比塞外的上都也更加理想，更加便利。最后，燕京地区有着十分优越的经济环境，这里的物产资源相对大漠草原自然是更加丰富。

燕京地区当时还有金朝的中都旧城，然而历经金朝末年的战争，尤其是1215年被成吉思汗的蒙古军队攻陷之后，城内的宫殿多被拆毁或被焚毁。公元1264年，忽必烈下令改燕京为中都。公元1272年，把中都改名为大都。忽必烈迁都燕京后命令大臣在金中都旧城之外营造新城。大约在1267年开始动工，中书省官员刘秉忠为营建都城的总负责人，阿拉伯人也黑迭儿负责设计新宫殿。郭守敬担任都水监，修建元大都到通州的运河。历时二十余年完成，形成新一代的帝都。

大都新城的平面呈长方形，面积相当于唐朝长安城面积的五分之三，接近北宋东京城的面积。元大都道路规划整齐、泾渭分明。由于城市轮廓整齐划一，街道笔直规则，城市格局显得格外壮观。在营建大都时，先在全城的几何中心位置建“中心之阁”，然后以这个中心为基点来建设。中心之阁南面是皇城。皇城四周建红墙，又称“萧墙”。萧墙的东墙外是漕运河道。皇城以太液池为中心，四周布置三座宫殿，这是元大都新城规划最有特色的地方，这种布局反映了蒙古人“逐水草而居”的特征。皇城外，南面和东南是官署区，北面是积水潭一带的闹市，东面是太庙。在中心之阁的西面，是鼓楼、钟楼，是全城的报时机构。钟鼓楼的西面是积水潭，因为郭守敬开通通惠河，使得积水潭成为元代漕运的终点，是全城最繁华的商业区，各种歌台酒馆和生活必需品的商市都汇集在这里。元大都的城防体系包括城墙、城门、护城河。城墙是夯土筑成。共有十一座城门。每座城门的命名都与《周易》的卦象有关。比如丽正门，就是《周易》中“日月丽乎天”引申出来的。大都的万岁山，是城中一处具有鲜明特色的皇家园林，历经辽金元三代修筑、扩建和完善。元代时期的万岁山如下：

> 万岁山在大内西北太液池之阳，金人名琼花岛。中统三年，修缮之。其山皆以玲珑石迭垒，峰峦隐映，松桧隆郁，秀若天成。引金水河至其后，转机运㪺，汲水至山顶。山石龙口，注方池，伏流至仁智殿后，有石刻蟠龙，昂首喷水仰出，然后东西流入于太液池。山上有广寒殿七间，仁智殿则在山半，为屋三间。山前白玉石桥，长二百尺。直仪天殿后，殿在太液池中之圆坻上，十一楹，正对万岁山。山之东为灵囿，奇兽珍禽在焉。车驾岁巡上都，先宴百官于此。浙省参政赫德尔尝云：“向任留守司都事时，闻故老言，国家起朔漠日，塞上有一山，形势雄伟。金人望气者，谓此山有王气，非我之利。”金人谋欲厌

胜之，计无所出，时国已多事，乃求通好入贡，既而曰："他无所冀，愿得某山以镇压我土耳。"众皆鄙笑而许之。金人乃大发卒，凿掘辇运至幽州城北，积累成山，因开挑海子，栽植花木，营构宫殿，以为游幸之所。未几，金亡。世皇徙都之。至元四年，兴筑宫城，山适在禁中，遂赐今名云。留守司在宫城西南角楼之南，专掌宫禁工役者。（陶宗仪撰《南村辍耕录》卷1"万岁山"，中华书局1959年，第15—16页）

北海及团城于1961年被政府公布为第一批全国重点文物保护单位。北海公园也成为国家AAAA级旅游景区。

元大都是在金中都之外新建的，城市规划不受旧的格局约束，所以大都的居民区和金中都新旧坊制的混合形式不同，全部是开放式的街巷。按照方位，元朝将大都街道分为49坊。元大都的坊都是以街道为界线，有坊门但无坊墙。大都城内相对的城门之间一般都有大道相通。大都城街道的布局，奠定了今日北京城市的基本格局。

由于元代统治者崇信佛教，尤其是藏传佛教，因此在大都城中建有多处佛寺。首先是大圣寿万安寺，位于大都白塔前（旧址在今北京阜成门内大街）。万安寺始建于世祖至元九年（1272年），至元二十五年（1288年）建成，仁宗时续建。设置有万安规运提点所（后改总管府，升寿福院）以管理，后来改为寿福总管府，下辖万安营缮司。寺内置世祖帝后、裕宗帝后影堂。至正二十八年（1368年）夏，寺毁于雷火。其次有大护国仁王寺，世祖至元七年（1270年）至十年（1273年）建于大都高良河北。设置大护国仁王寺及昭应宫财运规运所统领，后改总管府、都总管府、会福院、会福总管府，下辖仁王营缮司和会福财用所。成宗时，寺中供祭世祖察必皇后御容。还有大承天护圣寺，是文宗时期为了祭祀太皇太后答己（武宗的母亲）而建。位置在大都西北玉泉山南。天历二年（1329 年）着手营建，至顺三年（1332 年）建成。寺内供奉释迦、弥勒等佛及答己影像。文宗时，寺院屡获赏赐，先后得故宋太后全氏田及籍没大臣田、宅、资产为永业。设置护圣营缮司，掌营造工匠、寺僧衣粮、收征房课等事。顺帝时，又以文宗帝后影像入祀。大承华普庆寺，大德四年（1300 年），成宗母裕圣后伯蓝也怯赤去世之后，他的孙子爱育黎拔力八达（仁宗）为其建佛殿于大都。至大元年（1308 年），爱育黎拔力八达为皇太子，将佛殿扩建为佛寺，赐名“大承华普庆寺”，设立大承华普庆寺都总管府（后历改为崇祥监、院、总管府）领之。占地二百亩，给田地、民、匠、碓硙、房廊等。寺内设置有顺宗、仁宗帝后影堂。大崇恩福元寺，武宗至大元年（1308 年）始建于大都城南。最初，设置规运提点所（改都总管府，升隆禧院），后改隆禧总管府以管辖。下辖福元营缮司及平松等处福元田赋提举司。内设武宗及二后影堂。

作为元朝都城之一的大都城，在元朝实现全国大一统之后，成为全国的政治、经济和文化中心。大都城内人来人往，商业经济十分繁荣，市场上出售的商品来自全国各地。当时，海运发达，河运通畅，为大都城提供了丰富商品，成为元朝时期陆路、海路和河运的交通枢纽。

大都建成以后，使这座城市在中国历史上第一次成为全国大一统国家用来管理全国政治、经济、文化的中心。这个中心地位在元朝一经确立，之后历经明清两朝数百年而始终没有变，并且一直延续到今天。新建的大都城，还是我国历史上第一个少数民族入主中原、统一全国所建立的都城。大都城的兴建，标志着少数民族在中国历史发展的过程中发挥着越来越重要的作用，同时也促进了中国各少数民族

始建于元代的白塔寺

和汉族的交融汇聚。在新建的大都城，迁移来了大量的蒙古、回、畏兀儿等民族，他们在和汉族人民长期的共同生活中相互认识，相互融合。大都城作为元朝的首都，也是当时的国际大都会之一。大都城在中国乃至世界都城发展史上都占据着非常重要的地位。

大都城中的生活非常丰富，比如《南村辍耕录》记载，在上都和大都都会开展蒙古族传统的长跑运动项目——“贵由赤”：

> 贵由赤者，快行是也。每岁一试之，名曰“放走”，以脚力便捷者膺上赏。故监临之官，齐其名数而约之以绳，使无后先参差之争，然后去绳放行。在大都者，则自河西务起程，在上都则自泥河儿起程。越三时，走一百八十里，直抵御前，俯伏呼万岁。先至者赐银一饼，余则缎匹有差。（陶宗仪《南村辍耕录》卷1“贵由赤”）

元惠宗至正二十八年（明太祖洪武元年，公元1368年），朱元璋派遣徐达、常遇春率领军队北征，元惠宗逃出大都，前往上都避难。随后，明军攻陷大都城。明太祖把大都改名为北平。此后，北平作为燕王朱棣驻地，城市格局在明初的五十余年中没有变化。永乐四年（1406年）朱棣迁都后，在元大都的基础上继续向南修建，形成了明清北京城的基本格局。

中都城

元中都是元朝的四座都城之一。元代历史上有两个中都。其中之一是燕京，公元 1264 年，忽必烈下令改燕京为中都，定为陪都。1267 年决定将都城迁到中都，1272 年把中都改名为大都，与上都并称为元朝两都。这里所说的中都，则是由元世祖忽必烈的曾孙武宗海山所建。元中都遗址位于河北省张家口市张北县馒头营乡，现为白城子古城，始建于元大德十一年（1307 年）。

元武宗海山，是忽必烈的曾孙，他的父亲答剌麻八剌是元成宗铁穆耳的哥哥，去世得比较早。成宗大德三年（1299 年），海山奉命以宗王的身份镇守漠北，抵御北部的窝阔台汗国海都的势力，战功赫赫。元成宗去世后没有儿子，成宗的皇后想要立安西王阿难答为皇帝。海山的母亲答己太后和海山的兄弟爱育黎拔力八达联合一批宗王、大臣，采取行动，废成宗皇后，海山又以武力迫使答己将自己立为皇帝。公元 1308 年海山即位，是为元武宗，并将弟弟爱育黎拔力八达立为皇太子（元朝将中原王朝使用的“皇太子”一词，用来泛称继承皇位的储君，不论储君是现任皇帝的儿子还是兄弟）。同年六月，海山下令在旺兀察都（当时把中都城所在的坝上草原称作“旺兀察都”）建行宫，并立为中都。

元武宗海山曾经长期居住在漠北，身边大多数是蒙古人和色目人，元武宗长期接受的是游牧文化传统，所以元武宗具有很浓重的草原贵族色彩，他不喜欢汉文化氛围浓重的大都城。元武宗是从弟弟

元中都遗址航拍图

爱育黎拔力八达（元仁宗）手中夺取的皇位，虽然即位后立仁宗为皇太子，但是元武宗与母亲、弟弟的关系并不和睦，而海山的母亲与元仁宗在大都的势力比较强。为了排除异己势力，也是为了安排亲信势力，海山选择建设新都以避锋芒。此外，武宗海山刚愎自用、好大喜功的个性也是建造中都的直接原因。元中都的设计思路也是大都的布局，武宗要借新建立的中都城来削弱大都的地位。辽金时代就实行多都制，大蒙古国建立以来，先后有建于窝阔台汗七年（1235 年）的哈剌和林城，忽必烈建于蒙哥汗六年（1256 年）的上都、建于至元四年（1267 年）的大都三个都城，武宗兴建中都，也是对这种多都制的继承。与辽金时期的五至六座都城相比，蒙元时期的都城数量还算是少的。

此外，元中都所处的地理位置也十分关键。中都城所在的地区处于农耕地区与游牧地区的分界线上，因此具有不容忽视的军事地位。元中都遗址所在地——坝上草原，属于锡林郭勒草原的南部边缘地带，实质上也是广义的上都地区，是与整个欧亚草原相连接的南部边缘地带。元中都向北连接内蒙古大草原，向南控制中原地区，是辽、金、元时代向北连接漠北、向南通往中原的交通枢纽和军事重地。这里处于河北、内蒙古、山西的交界处，曾经长期属于少数民族的互动地区，从春秋战国时期开始，张北地区就是游牧地区。到北魏时期，这里是鲜卑人活动的地方。到辽金元时期，成了契丹、女真、蒙古等游牧部族活动的地区。

元中都建在元朝的隆兴路建置范围之内。隆兴路原来是金朝时的抚州（州治所在今河北张北县），元世祖中统三年（1262 年）十一月，将抚州升为隆兴府。至元四年（1267 年）正月，又将隆兴府从上都分离，单独升为一路，行使路级总管府的权限。中都城所在地气候凉爽，水草丰美，野兽很多，在历史上一直是避暑胜地。最晚从辽代开始，这一带就建有避暑行宫。而且这里地势非常平坦，三面都是草原，还有湖泊和山脉环绕。武宗在这里建立都城，有很大的地理优势，北可以控制大漠，南可以治理中原，而且离上都、大都很近，最重要的是可以联系漠北的势力，是在上都与大都之间建立都城的理想地方。

至大元年（1308 年），行宫基本建成。至此，元朝的都城变成了三个，即上都、大都和中都。中都城是在各方的阻力之下建成的。从公元 1307 年海山下令开始建造，到中都行宫建成，刚好为一年的时间，工期十分短暂。修筑期间天寒地冻，加上坝上草原气候又非常恶劣，施工难度很大。除了两万多卫军充当劳役以外，元朝政府还从民间抽调了大量的徭役百姓。在行宫初步建成之时，武宗在当年对官员大加赏赐，并建立了中都万亿库。中都行宫建成后，元朝政府又调拨大批军人和百姓修建中都城。随着中都宫城的建成，中都的一整套管理机构也相应地设置起来。

从现存的遗址来看，元中都由内、中、外依次相套的三重城组成，即宫城、皇城、外城。内城平面呈长方形，周长 2360 米。中城套在内城之外，面积约 80 万平方米。元中都的宫室建筑按中轴线布局设计，主体宫殿群位于内城的中北部。元中都这个介于中原汉地与草原之间的都城，兼具草原文化和中原传统文化的双重特色。中都城内像中原地区一样的宫城建设以通过南、北门的轴线对称分布，同时还保留着可放置具有蒙古人传统的毡帐的空地。

元武宗海山在位期间，为了建造中都城耗费了大量的人力和财力。至大四年（1311 年）正月，武宗海山病逝，他的弟弟爱育黎拔力八达即位，是为仁宗。仁宗一上台便改变了武宗的许多做法，下达

《元人秋猎图》（局部）——毡帐

《元人秋猎图》（局部）——驻帐停留休憩

诏书废除中都，并撤销了中都的一系列机构建制。罢免中都工役的命令就随着仁宗即位诏书一同下发：

> 至大四年三月十八日，钦奉登宝位诏书内一款：
>
> 土木之工，病民为甚，其营筑中都，已令住罢，自余不急之役，截日停罢。（《元典章》卷3《圣政二·息徭役［四］》，陈高华等点校本，天津古籍出版社、中华书局2011年，第89页）

这实际上意味着中都不再是一座都城。但是中都的宫殿建筑仍然存在，后代的皇帝偶尔仍会到这里驻留，尤其是在两都巡幸期间的中途，中都城仍不啻为一处较好的驻留休憩之所。元中都的修建，实际上只有两年零十个月。并且随着元武宗的去世而逐渐地没落。至正十八年（1358年），宫室被红巾军烧毁，只留下城墙遗迹。

成吉思汗、窝阔台汗的画像

元太祖成吉思汗及其子窝阔台汗是蒙古族杰出的领袖，他们缔造了蒙古帝国，他们既是蒙古民族崇拜、尊敬的祖先，也是中国历史上重要的皇帝。但是，关于成吉思汗和窝阔台汗的真容或许尚未为人所熟知。

成吉思汗画像

公元 1221 年，当时大蒙古国与女真人建立的金国和南宋还并列存在，南宋赵珙曾经奉命出使蒙古，他见到了成吉思汗。回去以后，赵珙写了一本有关蒙古地区风物的考察记，叫作《蒙鞑备录》。这本书中对成吉思汗的长相作了一个简单的描述。他这样描写成吉思汗的外貌：

> 惟今鞑主忒没真（即铁木真）者，其身魁伟而广颡，长髯。人物雄壮，所以异也。

意思就是成吉思汗身材魁梧、伟岸，“颡”的意思是脑门儿，“广颡”就是说成吉思汗拥有一个宽大的脑门，即“宽额”，加上长长的胡子，总体给人一种非常雄壮的感觉，赵珙认为这样的面容是异于常人的。因为这是作者当时亲眼所见，所以比较可信。当然，这也许是南宋人当时的一种夸张描述，不过结合《元史 · 太祖本纪》

结尾对成吉思汗的简短评价，或许能够想象一下这位驰骋在欧亚大陆上的传奇英雄的一生：

> 帝深沉有大略，用兵如神，故能灭国四十，遂平西夏。其奇勋伟迹甚众，惜乎当时史官不备，或多失于记载云。

下页图所示的就是传世至今的成吉思汗画像。在图中，成吉思汗长有一副宽额方圆的脸型，他的目光深沉、敏锐，看上去像是一位表情慈祥的老者。从这个外貌上看，似乎与其“深沉有大略”的性格有些相配。他头戴外白内黑的皮冠，身上穿着浅米色毛绒衫，下巴和脸上长有连鬓的胡须，由于画像显示的年纪很老，能看到黑白相间的胡须，他的额头前面稍微露出了点头发，分别往左、右两边披散过去，头上戴着的皮冠帽子下面露出了耳朵后面的头发，也是向下垂直的。可以很确定，画像是成吉思汗晚年时的真实写照。南宋使者赵珙是在 1221 年见到成吉思汗的，我们知道成吉思汗是 1162 年出生，1227 年去世的，那么 1221 年的时候他已经 59 岁了。因此，画像所描绘的大汗真容显然与赵珙的记载相差无几。这幅画的左侧还题写着竖行的汉字：“元太祖皇帝即青吉思汗讳特穆津”。画像也是现今各地的博物馆、陈列馆、各种历史图书普遍展示和刊印的成吉思汗画像，使用非常广泛。

根据《元史》卷六十七《祭祀志》记载，至元三年（1266 年），身为皇帝的忽必烈开始兴建太庙，用来供奉他的先祖、先帝和已经去世的那些至亲的神位。他们依次是：也速该（烈祖、成吉思汗的父亲）、成吉思汗（太祖）、窝阔台（太宗）、朮赤（皇伯）、察合台（皇伯）、拖雷（睿宗，忽必烈的父亲）、贵由（定宗）、蒙哥（宪宗）。1278 年，当时的画家和礼霍孙受到朝廷的诏命绘成了成吉思汗的画像。

元太祖成吉思汗画像，现收藏于台北故宫博物院

时隔700多年之后的今天，现今保存的成吉思汗画像真迹总共只有两幅。一幅收藏在中国国家博物馆，其规格为长58.3厘米，宽40.8厘米；另一幅收藏在台北故宫博物院，其规格为长59.4厘米，宽47厘米，经过专家鉴定属于明代的临摹作品。通过研究发现，收藏在中国国家博物馆的这幅成吉思汗画像时代最早，也最为珍贵。这幅画的材质为白笺纸质地，所画的成吉思汗为淡色的半身像，据说这幅画像是1953年9月前北京历史博物馆从民间征集到的。1962年，由国家文化部书画鉴定专家组三位专家鉴定，从这幅像的质地、墨色、人物形象、题签文字和用笔等方面考察，一致认为这是一幅元代作品，画像作者是元代的蒙古族画家和礼霍孙，也就是前文提到的1278年和礼霍孙受命作画这件事。我们通过观察这两幅画可知，其构图和穿搭等基本上是一致的。

和礼霍孙，又译成火鲁火孙、和鲁火孙（蒙古语“黑水”之意），他是元代时期的一位蒙古族画家。他曾经当过元世祖忽必烈的宿卫，后来又升任了翰林待制兼起居注，后很快又升任翰林学士承旨，可谓是仕途顺利。由于这个人的文化素质很高，因此受到忽必烈的赏识。

1278年，和礼霍孙受命画了成吉思汗的画像。第二年，又画了拖雷和窝阔台汗的画像。当时画这些先祖大汗的画像并非为了挂在墙上展示，而是放在翰林院，要求各级官员按时祭拜，这是一件很严肃的事情，与今天随处可见这些画像的情形大相径庭。

窝阔台汗画像

后面的图就是和礼霍孙所绘的窝阔台汗画像，根据目前市面流行的情况和专家们的考证，认为这很可能是目前唯一一幅关于窝阔台汗的存世画像。画中的窝阔台汗身上穿着浅黄色的毛绒袍，头上戴着皮暖帽，暖帽用黑色的丝绦系在颈部，有少许的头发从暖帽后面露出来，左右两绺胡须呈八字状，左眼下部有黑痣，据说这是窝阔台汗晚年健康状况不佳时的画像。窝阔台是一位好酒之人，成天酗酒，这样的人身体状况自然是不佳的，因此这幅画像显得十分真实生动。

窝阔台酗酒过度，可以从《南村辍耕录》中的一条材料窥见：

> 太宗素嗜酒，晚年尤甚，日与大臣酣饮。耶律文正公数言之，不听。一日，持酒槽之金口以进，曰："此乃铁耳，为酒所蚀，尚致如此，况人之五脏，有不损邪？"上说，赐以金帛。仍敕左右曰："惟日进三钟而止。"夫以王之切谏不已，而上终纳之，可谓君明臣良者矣。(《南村辍耕录》卷2《切谏》)

在大蒙古国时期曾经长期出仕朝中的汉族士人王恽，曾经对太宗窝阔台有过一个总体的描述：

> 太宗英文皇帝，天容睟表，一类释迦真像，仁厚有余，言辞极寡，服御俭素，不尚华饰。委任大臣，略无疑贰。性颇乐饮，及御下听政，不易常度。当时政归台阁，朝野欢娱，前后十年，号称廓廓无事。(《秋涧集》卷44《杂著》)

王恽提到窝阔台的面容特征，用的词汇是"睟表"，这个意思是"温和慈祥的仪容"，是一个敬词，在古代多用来形容皇帝、佛陀，比如苏轼《西京奉安神宗御容赦文》："睟表一临，陪京增重。"苏轼形容的是神宗御容。陆游《会庆节明庆寺丞相率百僚启建道场疏·满散》："天大佛尊，睟表长临于黼扆"，这里形容的是佛尊的面容。王

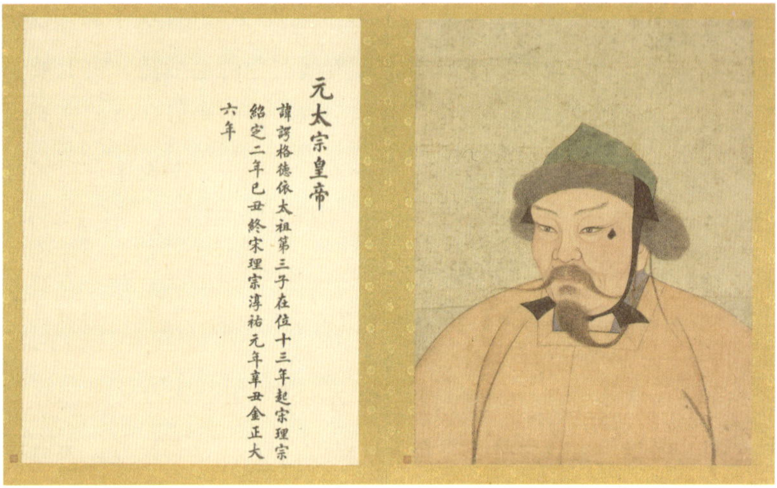

元太宗窝阔台画像，现收藏于台北故宫博物院

恽也说窝阔台的“睟表”面容，与“释迦真像”很相似。之所以有如此面容，是因为窝阔台其人，无论是施政还是为人，都如同王恽所说“仁厚有余”，这也是成吉思汗在选任继承者的时候，在几个儿子当中倾向于他的原因，尤其是能力很强的第二子察合台对汗位的竞争很激烈。但是，施政为人重在仁厚、中和，俗话说“相由心生”，窝阔台的面容与内心的一致性，被王恽比较传神地描绘出来。恰如《元史·太宗本纪》在结尾的评价：“帝（太宗窝阔台）有宽宏之量，忠恕之心，量时度力，举无过事”，通过我们的分析可知，这是一句对窝阔台极为中肯的评价，因为他当政期间，真正做到了“华夏富庶，羊马成群，旅不赍粮，时称治平”。此外，王恽还提到窝阔台“性颇乐饮”，这与其他文献的描述和记载颇为一致。窝阔台去世的直接原因，也应当与过度饮酒有关，《元史·太宗本纪》记载：太宗十三年（1241年）的十一月庚寅，“奥都剌合蛮进酒，帝（窝阔台）欢饮，极夜乃罢。辛卯迟明，帝崩于行殿”。十一月庚寅是初七，辛卯则是第二天初八。可见，当时窝阔台与奥都剌合蛮一整晚都在喝酒，结果第二天窝阔台突然去世。去世的时候，只有五十六岁。窝阔台的去世，与这位来自中亚的回回人奥都剌合蛮有很大关系。窝阔台晚年，开始重用一些回回人如牙老瓦赤、奥都剌合蛮主管汉地事务，任命奥都剌合蛮担任提领诸路课税所官，奥都剌合蛮常向窝阔台进酒，又为窝阔台征收赋税，从而取得窝阔台高度信任。刘敏中《少中大夫同知南京路总管府事赵公墓道碑铭》记载了一件奥都剌合蛮为窝阔台尝“毒酒”的事迹：

（赵公）从领省奥都鲁哈蛮觐和林。一日，太宗方宴，缚领省出锢，直庐中，莫测所以罪。从者皆散匿，独公在侧。领省勉

> 使去，竟弗动。翌日，内出酒一碗，敕领省饮。酒墨色，知赐死，领省伏饮，公从旁亦取饮。既移晷，静无所觉。敕使视之问曰："向酒汝所进，果何酒也？"领省悟，对曰："臣所进尊白金，新制药淬，未久涉远，故酒败色渝，斯诚臣罪当死。"帝悉其诚，释之。(《中庵集》卷7)

刘敏中所记载的这位"赵公"，跟随奥都剌合蛮来哈剌和林觐见窝阔台。由于奥都剌合蛮所进的酒颜色变黑，窝阔台遂生气地把奥都剌合蛮绑起来并让他自己尝，奥都剌合蛮以为是大汗用毒酒赐其死，便一饮而尽。这个举动居然"感动"了窝阔台，认为奥都剌合蛮如此忠诚，于是在奥都剌合蛮解释了"变色酒"的缘由以后，就把他放了。虽然这件事讲的是君臣关系，但也可从中窥见窝阔台嗜酒、爱酒的特点。因为酒颜色变黑，觉得酒不好，所以很生气，皆因喜爱之故。

稍晚一些的波斯史学家拉施都丁编写的《史集》"窝阔台合罕纪"记载了窝阔台喝酒以及其去世的事迹，与《元史》所载稍有不同：

> 合罕很喜欢喝酒，经常喝得酩酊大醉，并且在这方面无所节制。[这]使得他身体日益虚弱；无论近臣们和好心肠的人们如何阻拦他，[都]未能成功。相反地，他喝得[更]多了。察合台指派一个异密掌管酒食，不让[他]喝过一定的数量。因为他不能违背兄长之命，便不用小杯而用大杯来喝，使得[杯]数保持一定。而这个监护官也[自动]给他酒，并经常举行宴会，以便[取得合罕的欢心]有机会成为倚纳（即"亲信"，作者注）。他的效劳未带给合罕丝毫利益。合罕有一个宝儿赤，是被成吉思汗赐给怯台那颜的唆儿忽黑塔尼别吉的姊妹亦巴合别吉的

儿子。每年，亦巴合别吉都要按唆儿忽黑塔尼别吉的吩咐，从她在乞台国的禹儿惕来侍奉［合罕］，并且举行宴会款待［他］。在他即位后的第十三年，她照例来了，并且和自己的儿子，即合罕的宝儿赤一起，给合罕送上了［酒］饭。夜间，在睡梦中，合罕由于饮酒过［多］去世了。在哈敦和异密的协同下，开始恶言恶语，说亦巴合别吉和她的儿子送上一杯［酒］，大概给了合罕毒药。合罕的乳兄弟、札剌亦儿氏的一个有势力的异密额勒只带那颜说道："为什么要胡说？亦巴合别吉的儿子是宝儿赤，他本来就已经给合罕送上杯子，合罕也经常饮酒过多。为什么［我们］要污辱自己的合罕，［说］他死于别人的谋害呢？他的死时来到了。不许任何人再说这种话。"

随后，拉施都丁记载了窝阔台的一位医师寄给朋友的一首诗歌：

诗

在哈剌特年，他的痰增加得比［任何］其他一年都多，
一天又一夜，［甚至］使门外汉也学会了豪饮，
［这］彻底毁灭了他的健康。
愿［人们］知道此事以及酒对此的作用。

这段话是以诗歌形式保留下来的，这位医师是在通过讲述窝阔台去世的事，告诫他的朋友要注意身体健康，不要过度饮酒，否则会损害健康。

和礼霍孙是忽必烈时代的人，自然是没有见过成吉思汗、窝阔台汗这些先祖，但他在作画时必然得到亲眼见过上述人物的忽必烈皇帝的具体提示和要求，因此他所绘出的这两幅画像，应当说基本上达

到了形神兼备的程度，不然也不会通过朝廷的审查，将其放在翰林院并由院官春秋祭祀。而且这在当时应当是一件大事，否则也不会被史家记录在《元史》之中。

成吉思汗、窝阔台画像是非常珍贵的图像资料，不仅具有极高的绘画艺术价值，而且与浩如烟海的文献资料一样，具有重要的史料价值，值得后人珍惜和研究。

元朝混乱的帝位继承制度

在元朝时期，当时元朝的宗藩国之一——伊利汗国统治下的波斯地区有一个历史学家叫作拉施都丁，他写了一部当时的世界历史著作《史集》，这本著作里记录了这样一件事：

大蒙古国第五任大汗也是元朝的皇帝——世祖忽必烈，生前按照中原传统王朝的做法，指定了他的儿子真金为皇太子。但是很不幸，真金因为身体不好的原因早于忽必烈而去世，忽必烈只有把希望寄托在真金的第三子铁穆耳身上。公元 1294 年，忽必烈去世之后，他的孙子铁穆耳从漠北草原返回元朝首都大都城。就在这个时候，真金的长子晋王甘麻剌听到祖父忽必烈去世的消息，也飞快地从漠北赶了回来，他要与弟弟争夺皇位！就在这剑拔弩张的时候，阔阔真哈敦出了个主意，她说："我们的薛禅合罕，也就是忽必烈皇帝曾经说过，要让那些精通成吉思汗的必里克（法律条文）的人登上帝位做皇帝。既然你们俩争执不下，那你们就每个人来讲一下必里克吧，让我们在场的达官贵人们都听听，看看谁更精通必里克。"结果，口齿伶俐的铁穆耳讲得头头是道，众人觉得他的陈述非常精彩，而甘麻剌呢，由于稍微有点口吃，加上他又确实不太熟悉必里克的内容，明显落了下风。于是全体会议一致决定，铁穆耳精通必里克，他较为漂亮地讲述了必里克，应该取得皇帝的宝座。于是，铁穆耳就这样当了皇帝，是为元成宗。

实际上，帝位继承制度是一个帝国非常重要的关键制度，权力能平稳地交接到英明而又合适的继承人手里，有利于国家的稳定。中国历来主要实行嫡长子继承制，这个制度可以减少权力交接的纷争。但是在元代，蒙古统治者并没有完全接受中原王朝的传统，也没有建立自己有效的继承制度，所以才导致拉施都丁所见到的“背书决定皇帝”的奇怪事情。

蒙古族实行的是“幼子守产”的草原游牧继承制，也就是说父亲的几位儿子都可以得到一份家业，但父亲的大部分财产主要是由最小的那个小儿子继承。成吉思汗打天下的初期，大概是没想到到底可以有多大的天下。或许他曾一度想过，既然儿子们太多的话，那么多打一些天下土地分给儿子们就是！但是大蒙古国加上几个宗藩国，国土面积实在是太大了，如果就这么分了必然会引起混乱，而如果给幼子，成吉思汗感到他最小的儿子拖雷并没有治国之才，也难以真正让其他兄弟和贵族们听从他的指挥。

成吉思汗在慎重考虑之后，选定了第三个儿子窝阔台作为汗位的继承人。幼子拖雷忠孝厚道，听从了成吉思汗的要求。在成吉思汗去世以后，拖雷一直监国，负责处理国家大事，但是始终没有继承大汗之位，一直等待着他的哥哥窝阔台回来继承。这样大蒙古国平稳地完成了第一次汗位交接，然而帝国的隐患却由此刚刚埋下。成吉思汗选择有才者接位，这个传统如果不是成吉思汗这样的人来维持，大概是挑战不断的，何况后面还有汉地的传统。

窝阔台死后，有意将汗位按照传统传给儿子窝出，但是很可惜窝出天不假年，提前于公元1236年蒙宋战争的时候战死了，于是窝阔台便指定他的孙子、窝出的儿子失烈门为大汗的继承人。皇后脱列哥那要立贵由为大汗，而宗王、朝臣们的意见并不统一。为了取得汗位，贵由停止西征返回草原参加库里勒台大会，这个大会是蒙古统治者们集体商议大事的会议，相当于现在的人民代表大会。这个决定救了欧洲一命，蒙古的兵锋止步于布达佩斯多瑙河畔。在库里勒台大会上，蒙古贵族们取得统一意见一致拥护贵由为大汗，并发誓说：“只要你的家族中还留下哪怕是裹在油脂和草中的，连牛、狗都不会吃的一块肉，我们都不会把汗位交给别人！”这个誓言看起来还真挺独特，意思是我们宁可把汗位交给“这块肉”也不给别人！看来贵由可以世代保持汗位了，可惜这只是一个不靠谱的誓言。

贵由死后，拖雷的儿子蒙哥就立即夺取了汗位，蒙哥之后，忽必烈用实力说话，战胜了自己的弟弟、拖雷的幼子阿里不哥。而后兄弟相争、叔侄相向，每个人都有自己的理由，嫡长子、幼子、兄弟誓约等，每个帝位争夺者都援引不同的习俗声称自己是正义的，有资格当皇帝，但归根结底还是力量才是话语权的来源。

混乱的继承制给元朝带来了严重的恶果。自忽必烈以后，元朝共有十帝，其中时间最短的元宁宗在位才仅仅 53 天，你方唱罢我方登场，纷纷扰扰的帝位争夺引发了大量战争，更彻底分裂了元朝皇室，最终使帝国耗尽了元气。

后面的一些故事都会涉及元朝帝位争夺的事件，可以从中了解元朝的政治制度、宫廷斗争和蒙古统治者的各种社会日常活动，因为这些内容构成了元朝历史的主要线索。

武仁授受

历代王朝里面的许多皇子、贵族都会对皇位开展各种各样的争夺，而元朝时期更是不例外，甚至是有过之而无不及，把争权夺位的斗争发展到了极致，除了那充满血腥的“南坡之变”和弥漫着战火硝烟的“两都之战”，还有一次较为和平的事件，名曰“武仁授受”。

大德九年（1305年），元成宗铁穆耳得了重病，他担心自己命不久矣，人固有一死，可是帝位不能空下，因此在病重之际他册立了自己的独生子德寿为皇太子，可没承想这唯一的独子命不好，刚过半年就一命呜呼。结果本来顺理成章的事，现在又出现了继承者空缺的局面。大德十一年（1307年）正月，元成宗终于撑不住了，卧床不起，不久与世长辞。他一死，元朝统治集团内部很快就发生了争夺帝位的冲突。当时有很多非常有实力的蒙古贵族王公活动在大漠草原的不同地域。其中，贵族之中以皇侄怀宁王海山最有实力，他长期坐镇大蒙古国的龙兴之地、窝阔台汗时期建立的最早的都城——哈剌和林城一带，手里掌握着大量的军队，而且他还是支系最近的皇族，从血缘关系上来说，跟成宗和他那早夭的儿子关系最近。血缘如果很近，往往很容易惦记这个皇位。

但是，有觊觎者就必然有反对者。这觊觎者和反对者中自然也不乏女流之辈，在游牧特色鲜明的蒙古贵族统治者阶层中，这种争夺皇位的“伟大”事业同样是火热地进行。对怀宁王海山继承皇位反对最为激烈的就是元成宗的皇后伯要真氏。她显然是一个权力欲很强的女人，在中书左丞相阿忽台、平章八都马辛、赛典赤伯颜、诸王阿南达、明理铁木尔等一帮大臣们的帮助下，伯要真氏打算阻止海山南下争夺皇位，因为她想垂帘听政，在当时这种形式叫作“称制”，这可能是效法当年的蒙古王妃乃马真氏称制吧？同时，还要拥立忽必烈第三子忙哥剌之子安西王阿难答辅政，进而再推举阿难答为皇帝。这个阿难答当时镇守河西，拥兵15万，势力也是不小。

于是，左丞相阿忽台召集大臣商议皇后伯要真氏和阿难答摄政的事，本来以为这么庞大的一个势力集团，干这件事应该没什么问题，结果却遭到太常卿田忠良、御史中丞何玮等人的激烈反对，最终未能通过。中书右丞相哈剌哈孙也反对这一做法，但由于元代崇尚右边，因此右丞相的权力要大于左丞相，所以右丞相实际上相当于第一丞相。皇后一日连下数旨，要求实施自己的这个施政计划，但是哈剌哈孙要么阳奉阴违，不去执行，要么就置之不理，坚决不给办。与此同时，哈剌哈孙还派康里脱脱迅速返回漠北，向怀宁王海山报告，要求他快速率军返回大都城（今北京）以争夺皇位，再派人去怀州（今河南沁阳）通知海山的母亲弘吉剌氏和海山的弟弟爱育黎拔力八达，要他们快速返回大都城。这个弘吉剌氏母子的政治嗅觉非常敏锐，瞬间仿佛看到那荣耀的皇帝之位在向他们招手。于是，他们迅速收拾行装，很快就赶到大都。阿难答等人本来计划于三月三日发动政变，结果被爱育黎拔力八达、哈剌哈孙等探听到了消息。于是，他们决定提前动手，在三月二日率领卫士入宫，杀掉了左丞相阿忽台等人。爱育黎拔力八达以监国的名义执政，然后通知海山赶紧前来即皇帝位。五月初二，海山兄弟、弘吉剌氏在上都召集宗室诸王会议，决议废黜成宗皇后伯要真氏，把她赶出了宫廷，让她去东安州（今河北安次西）居住，不久又找了个理由把她残忍地赐死。然后他们又处死了阿难答、明理铁木尔等人，这样阻碍海山兄弟俩执掌大权的势力都被一一铲除。二十一日，海山即皇帝位，是为元武宗，蒙古语称他为曲律皇帝。

上文已说，这个元武宗海山即皇帝位的时候，是依靠杀了不少大臣才铺平道路的，大臣们有的死了有的被罢免了，这就造成中书省里面没多少人。中书省没人，国家机构不能运转。武宗便任命知院朵儿朵海为太傅，右丞相哈剌哈孙为太保，并参与管理军国重事。任命塔剌海为中书左丞相，床兀儿、阿沙布华、明里布华等人为中书平章，以床兀儿兼任知枢密院事，塔思布华、康里脱脱为御史大夫。就这样，武宗把成宗铁穆耳时期的那些大臣都给换掉了，任用了帮助自己镇守哈剌和林城的那些官员，正所谓“一朝天子一朝臣”！

海山之所以能够继承皇位，与他的弟弟爱育黎拔力八达的大力支持和帮助有重大关系，他弟弟可是出了大力的。因此，海山为了表达感激之情，于当年的六月初一，封皇弟爱育黎拔力八达为皇太子。下面是武宗海山颁布的《建储诏》：

> 大德十一年六月□日，钦奉皇帝圣旨：
>
> 朕承列圣之贻谋，协宗王之翊戴，必谨亲贤之托，共成继述之功。母弟爱育黎拔力八达，性禀温文，行全孝敬。夙著忠勤之节，素明治理之方。载惟靖乱之殊勋，式副元良之渥命。乃遵裕皇居东宫旧制，于六月朔旦，授以皇太子金宝，俾领中书之务，仍兼宥密之司。匪特敦兄弟友爱之情，寔以衍宗社隆昌之祚。咨尔多方，体予至意。故兹诏示，想宜知悉。（《元典章》卷1《诏令一·武宗统天继圣钦文英武大章孝皇帝·建储诏》）

这里面有一点需要给读者们解释：就是海山立弟弟爱育黎拔力八

达为“皇太子”，可能有人觉得奇怪，按照中原传统王朝的皇帝继承制度来说，皇太子一般指的不是皇帝的儿子吗？这哥哥怎么能立弟弟为皇太子呢？要有称呼也得叫皇太弟呀？这就是出身于草原游牧社会的蒙古贵族统治中国时期出现的一个奇怪的政治用语。蒙古人进入中原以后，要以王朝治理模式建章立制，就要按照中原王朝的制度来统治，包括学习中原的汉语汉字和官制，而中原历代王朝的皇位继承制度是父子相传，继承皇位的皇帝的儿子都被称为太子、皇太子，因此蒙古统治者并没有深刻理解这种制度，便误以为只要是继承皇位的人都要叫作皇太子，可是按照北方游牧民族的传统，不只有“父死子继”这种传统，也有“兄终弟及”或者是远亲来继承。因此，他们将所有要继承皇位的所谓的储君一概称为皇太子，所以把原本是皇帝儿子专称的“皇太子”硬是变成了一个特定的职位，这也是元朝的独特之处。后来建立清朝的满洲贵族皇太极这个名字，其实就是“皇太子”这个发音。

后来，海山又前前后后给爱育黎拔力八达设置了官署、兵卫等等一系列高端配置，还让他负责中书省、枢密院的工作，给他提供了至高的权力和荣誉，还和他做了个约定：“兄终弟及，叔侄相传”，意思就是哥哥当完皇帝，弟弟接着当；叔叔当完皇帝，侄子来当，具体来说其实就是等海山当完皇帝就让给他弟弟爱育黎拔力八达，等爱育黎拔力八达当完了皇帝，再让给海山的儿子当，然后再让爱育黎拔力八达的孙子当……可是，真的只是兄弟之间的礼让和恩情吗？实际上不仅仅是这样的。因为在这次政变当中，爱育黎拔力八达表现了很强大的实力，其实他在朝廷大臣们的心目中拥有非常强大的影响力。他自己也确实是拥有很大的势力，否则不会轻而易举地就能够铲除掉皇后伯要真氏和她的同伙们。爱育黎拔力八达如此轻易地帮助海

元武宗海山画像，现收藏于台北故宫博物院

元仁宗爱育黎拔力八达画像，现收藏于台北故宫博物院

山登上了皇位，说明他是绝对不被人小看的，而且海山也很明白这一点。因此，这个皇位将来必须由他的弟弟继承，而不能传给自己的儿子，否则自己的儿子下场可能会很惨。

至大四年（1311年）正月，元武宗海山去世。五月，爱育黎拔力八达按照约定，顺利地于大都城即位，是为元仁宗。于是，有些史籍便将武宗和仁宗兄弟的相继统治，称作“武仁授受”。

元仁宗爱育黎拔力八达是一位很有儒家文化修养的皇帝，刚刚即位就开始着手改革朝政和吏治，例如禁止在皇帝身边伺候的内臣们整天乱传圣旨，帮助蒙古贵族们管理分封地的达鲁花赤必须由朝廷中央派遣，等等，这样就能加强皇帝对贵族们的管理。仁宗做过的最重要最漂亮的事情是，恢复了自宋朝灭亡以后中断了几十年的科举考试制度，这是一个挺有作为的皇帝。陶宗仪就是这样评价仁宗皇帝的：

> 皇庆癸丑冬十一月，诏曰：“其以皇庆三年八月，天下郡县，兴其贤者能者，充赋有司。明年二月，会试京师，中选者，朕将亲策焉。”按遗山元公好问所撰《廉访使杨文宪公奂墓碑》云：“太宗即位之十年戊戌，开举选，特诏宣德课税使刘公用之，试诸道进士。公试东平两中赋论第一，奏授河南路征收课税所长官，兼廉访使。则国朝科举之设，已肇于此。”寥寥七十余年，而普颜笃皇帝克不坠祖宗之令典。尊号曰“仁”，不亦宜乎？初焉试论赋，盖又宋金余习。后则一以经学为本，非复向时比矣。（《南村辍耕录》卷1“科举”，中华书局1959年，第17—18页）

陶宗仪认为，普颜笃皇帝（即仁宗爱育黎拔力八达，“普颜笃”为蒙古语尊号）被尊号为“仁”，单从恢复中断了七十余年的科举这一举措来说，就已经足够了。但是，元仁宗却对他的母后弘吉剌氏太听话了，说什么都信都听，他还对那些贵族很软弱，结果导致他的许多改革措施都没能明显见效和持续久远。延祐七年（1320年）正月，元仁宗也病死了。三月，他的儿子硕德八剌即皇帝位，是为元英宗。问题来了，按照约定不是应该海山的儿子即位吗？是的，原本应该是这样。但是，爱育黎拔力八达破坏了与哥哥海山立下的约定，选择了自己的儿子继承帝位。按照约定，他的确应当将皇位传给海山的儿子，这才符合“兄终弟及、叔侄相传”的原则！但是，亲不过儿子，谁又能舍得将自己辛苦得来的宝贵财富让给外人呢？就是因为爱育黎拔力八达的这种私心，给自己的儿子硕德八剌带来了灭顶之灾。

南坡之变

伟大的帝国创建者元世祖忽必烈去世以后，元朝不可避免地走入了治乱兴衰不断更替的历史怪圈，朝政日益变得混乱，宗室内乱、宫廷政变、后妃干政、权臣用事等问题层出不穷。不过好在总有一些忧国忧民的大臣，更有一些力图振兴朝纲的皇帝在艰难地维持着这个庞大的帝国，就这样到了元英宗当皇帝的时候。英宗叫作硕德八剌，按照蒙古大汗的习俗，他又被称作格坚皇帝，格坚在蒙古语中是光明、广大、明亮的意思，此外还有活佛的意思，现在写作“格根”，当代蒙古族还有以此作为人名的。

英宗虽然出身于蒙古贵族，但是他从小就受到良好的儒家教育，熟读儒家文化的经典，对佛学也很精通。他表面上看起来很柔顺，内心却非常有主见，而且早已埋下了振兴朝政的种子。延祐三年（1316年），年仅13岁的硕德八剌就被立为了皇太子。1320年，17岁的硕德八剌当了皇帝。当时他的老祖母答己太后掌握大权，权力欲很大，且极度膨胀，每天都要干预朝政，像极了后来的慈禧太后。不仅如此，她还重用过去曾经被元仁宗罢免不用的权臣铁木迭儿为右丞相，这两个人相互勾结，排除异己，谁不听他们的话就赶走谁。这让刚刚执掌大权、尝到皇帝味儿的硕德八剌很是恼火。一方面是自己的祖母和混乱不堪的朝纲，另一方面又是身为皇帝的他抱有一颗兴复大元王朝统治的雄心。硕德八剌深深地知道，即使是他的亲祖母，如果被权力蒙蔽了心智，也是会变成可怕的母狼呀！为此，他必须

元代时期的錾花铜重甲

要有所决策和动作。

答己太后要求提拔听命于她的那些亲信，硕德八剌坚决拒绝，认为上一任老皇帝的旧臣，是不可以轻举妄动的，因此说什么也不肯撤掉那些他想重用的旧臣，而任用听命于她的那些亲信。答己太后气得火冒三丈，常在后宫大骂硕德八剌。结果，因为长期没法控制硕德八剌，郁郁而不得志，终于在1322年去世，同时死的还有她最大的亲信铁木迭儿。19岁的硕德八剌排除了他的第一个大障碍，但是仍然不能够松懈。

他为了巩固自己的地位，提拔成吉思汗的功臣木华黎的后裔拜住为左丞相，极力地抑制答己和铁木迭儿这些人的势力，并且与他们抗衡。同时，硕德八剌还采取了一些改革性的措施，比如大规模起用汉族地主官员和儒士，如张珪、吴元珪、王约、吴澄等名人；发布《振举台纲制》，要求推举和选拔贤能的人才；罢免徽政院和冗官冗职，精简机构，节制财用，行助役法并且减轻徭役；颁行《大元通制》，以加强法制，推行汉法；清除铁木迭儿的余党，查处他们的贪赃枉法事件。这些措施遭到一部分保守的蒙古贵族反对，但也使那些贪官污吏感到不寒而栗。尽管英宗硕德八剌清除了答己太后、铁木迭儿的部分余党，但是由于他心里总是有一种妇人之仁，没有对所有余党斩草除根，竟然连铁木迭儿的义子、御史大夫铁失都忽略了，这个失误直接导致了他在1323年的厄运。

铁木迭儿余党、御史大夫铁失看到硕德八剌的一系列举措，全都是针对他们这一帮人的，感到很快就会有对自己不利的事情发生。因此，他决定铤而走险。他私下里暗自琢磨，即使自己成功了，也会因为他不是蒙古黄金家族的成员，不可能成为皇帝，反而落得个不忠不孝、弑君叛国的罪名。因此，要选个头领，才能办成此事。很快铁失想到，忽必烈的儿子里有一个过早去世的太子真金，他有一个长孙，叫作也孙铁木儿，后来被封为晋王，他与武宗、仁宗是叔伯兄弟的关系，现在正在漠北哈剌和林城地区驻守。这个也孙铁木儿很早就垂涎皇帝宝座，虽然有做皇帝的资格，但苦于一直没有机会，尤其是又被派到漠北，远离朝廷，鞭长莫及！可是这次，他的机会来了。

铁失定好计策之后，便开始与也孙铁木儿的晋王府内史倒剌沙联系，并秘密商议此事。双方一拍即合，很快一个惊天的宫廷政变计划就此形成。之后，铁失秘密派遣使者赴漠北向也孙铁木儿汇报行动计划，并说明在事成之后让晋王即位当皇帝。

元朝实行两都巡幸制度，皇帝每年有大半年的时间，都在上都城度过。由于夏季大都城太热，蒙古人不耐酷暑，因此夏季去上都城避暑乘凉，同时处理朝政，等到冬季的时候再回到大都。元朝皇帝从大都城到上都城的路线是固定的，途中经过哪些地方，在哪些驿站停留，这都是事先定好的，早都已经成为定例。同时，皇帝出行的时间、携带的物资和人员，也都是事先定好的。因此，身为皇亲国戚的铁失就能够很容易地掌握皇帝出行的一切动向。

至治三年（1323 年）八月五日，元英宗硕德八剌、丞相拜住在上都城理政完毕，由上都城启程返回大都城，途中宿营于上都南 30 里的南坡店，铁失纠集了一批对硕德八剌不满的蒙古宗王，率军冲进了硕德八剌和拜住的临时宫帐，将其全部杀死。可怜的硕德八剌当时年仅 20 岁，正满怀中兴元朝的宏图伟志，却不慎成为叛臣的刀下之鬼，这一事件历史上称为“南坡之变”。晋王也孙铁木儿闻讯后，已经来不及赶回大都，便立刻在漠北称帝，是为泰定帝。

虽然也孙铁木儿没有亲自参与杀害英宗的行动，但他同样有着极

《元人秋猎图》(局部)——猎队出行场面

《元人秋猎图》（局部）——持矛捕猎

深的城府和狠辣的手段。也孙铁木儿担心铁失这些叛臣，既然他们能够杀死硕德八剌，将来也很有可能会杀死自己。于是，他在还没有到达上都之前，就派人将铁失及参与“南坡之变”的那些人全部杀死。实际上，也孙铁木儿与铁失根本就是一丘之貉，都是那种为了达到目的什么事都做得出来的人。

士人生活

蒙元时期是中国历史上一个典型的多族士人会聚一堂的时代，著名蒙元史学者萧启庆先生曾经专门对元代各族士人交往现象进行了系统研究，并称其为“多族士人圈”。在这个圈子中，蒙古、汉、契丹、女真、回回、唐兀以及从中亚乃至遥远的海外前来的各民族、各地士人，他们之间发生着多种多样的交往，构成了士人社会生活的主要内容。

契丹人先于蒙古人出现在中国古代历史尤其是北方民族的历史舞台上，他们经过了部落联盟阶段并建立政权，繁荣发展了几百年。到了蒙元时代，契丹人总体具有较高的文化水平，他们当中的许多上层士人都纷纷加入统治阶层，与蒙古、汉、色目等人共同执掌政权，在元朝政治中发挥了重要的作用，其中较早在蒙古统治者中受到重用的就是一代名臣耶律楚材。他先后历经成吉思汗、窝阔台两朝，这一时期正值大蒙古国早期，一切政事制度均处于草创阶段，耶律楚材以其深厚的儒家学养，为大蒙古国典章制度的创立做出了突出的贡献。

色目人并不是一个民族，而是蒙古人对来自天山南北及中亚、西亚地区人群的统称。色目的概念，更多的是依据政治、法律以及社会地位等因素将相似的一些部族或群体放在一起的合称。蒙元时代，由于色目人与统治者蒙古贵族关系密切，因此具有较高的社会地位。色目人文化程度较高，且善于经商理财。另外，他们多来自中亚、西亚等远离中土之地，来到中原地区，不易结党营私、犯上作乱，易于为蒙古统治者所控制。因此，在征服东西方的过程中，蒙古在政治、经济、文化等各方面多倚仗色目人。本部分重点讲述了色目人中的一些典型群体，比如“回回人”，这个群体在元朝时期大量来华并散居在中国各地，逐渐过上稳定的社会生活，回回人群体慢慢地形成了一个新的民族——回族，并延续发展至今。典型的色目群体还有畏兀儿人、阿儿浑人、钦察、康里、阿速、汪古诸部民等，反映了元朝时期多民族共处杂居、多元文化交融汇聚的典型特征。

本部分还重点关注了元代时期的江南人，他们来自不同的阶层，上到南宋皇室群体中的太皇太后谢道清、恭帝赵㬎，下到士人阶层如抗元名相文天祥、绝食明志的谢枋得，还有本为皇室贵胄的才子赵孟頫，一生努力向上攀登、著述等身的文人虞集，以及江浙地区的诗僧代表楚石梵琦。

笔者拟通过选取不同身份、不同阶层的士人形象，对蒙元时代多元文化交融汇聚的诸面相进行论述，从多种不同的层面展现元代的士人生活。

入仕元朝的契丹士人

契丹族首领耶律阿保机建立的辽朝统治北部中国长达二百多年。公元 1125 年，辽被金灭亡以后，契丹人仍活跃于北方地区。契丹族先于蒙古族发展了几百年，在此期间广泛吸取了中原传统文化，而入仕元朝政府的多为契丹上层人士，他们具有较高的文化水平和从政能力，在治国理念和施政策略上均有独到之处，对蒙古统一全国和北方民族关系的交融以及元朝政权的建设都做出了杰出的贡献。

成吉思汗建立大蒙古国以后，于公元 1211 年亲统大军开始了灭金、西征和攻宋的战争。一些契丹人参加了征战，在蒙古军队中担任要职，成为其中的一支重要力量。他们拥有较高的智谋和才学，在蒙古统一全国的进程中发挥了重要的作用。

金朝的桓州地区（今内蒙古锡林郭勒盟正蓝旗）生活着较多的契丹人，这些人较早地投靠了蒙古。最早在蒙古任职的契丹家族是耶律阿海和其弟耶律秃花。早在金朝时期，耶律阿海因“通诸国语”作为使者赴蒙古，见到了尚未称汗的铁木真，萌生为其效劳之心，遂留其弟耶律秃花为质。不久，耶律阿海正式投附铁木真，从此“得参预机谋，出入战阵，常在左右”。（《元史》卷 150《耶律阿海传》，第 3549 页）公元 1202 年，铁木真败于克烈部王罕并向东撤退，至班朱尼河时，仅剩 19 人跟随并与其同饮班朱尼河之水，其中就有耶律阿海兄弟。公元 1206 年以后，蒙古将领哲别率军攻取金朝领土，耶律阿海为先锋，一路攻城略地，进展顺利。他曾向蒙古统治者进谏，应体上天好生之德，禁止杀戮降附民众。耶律阿海通晓多种语言，在长春真人丘处机谒见成吉思汗时，他曾担任翻译，为成吉思汗所赏识。其弟耶律秃花同样在攻金过程中功劳卓著，后授封为太傅、濮国公，命其统领降蒙的契丹汉军。

桓州另一契丹家族石抹明安早年在金朝军队中任职。公元1211年，成吉思汗率军进入金朝境内，先后攻占昌州、桓州、抚州等地，石抹明安受命为使者赴蒙古谈判，遂投附成吉思汗。石抹明安向其进谏："金有天下一十七路，今我所得，惟云中东、西两路而已，若置不问，待彼成谋，并力而来，则难敌矣。且山前民庶，久不知兵，今以重兵临之，传檄可定，兵贵神速，岂宜犹豫。"（《元史》卷150《石抹明安传》，第3556页）成吉思汗纳其言，遂命其率领蒙古军南进，抚定云中东、西两路，所到之处百姓皆箪食壶浆以迎，于是很快占有河北诸郡。公元1215年，石抹明安与三木合把秃儿带兵行经金中都（今北京）地区，金朝丞相完颜福兴绝望服毒自杀，援军战败，中都军民开门请降。石抹明安抚谕："负固不服，以至此极，非汝等罪，守者之责也。"（《元史》卷150《石抹明安传》，第3557页）随后命令居民安业，"仍以粟贩之"，民众均感其恩德，石抹明安也因攻克金中都，而被加封太傅、邵国公，并兼掌蒙古汉军兵马都元帅。其长子石抹咸得不，袭职为燕京行省。次子石抹忽笃华，窝阔台汗时任金紫光禄大夫、燕京等处行尚书省事，兼掌蒙古汉军兵马都元帅。

著名的契丹家族还有石抹也先、石抹高奴等。石抹也先听闻成吉思汗率领蒙古大军攻金，单枪匹马来归，并向成吉思汗建议：首先攻取金朝"开基之地"东京，再定中原。随后他被任命为木华黎的先锋，率千骑用计袭取东京，使金朝丧失"根本之地"，继而石抹也先率军包围北京，旋破城，木华黎欲屠城，石抹也先极力阻止，城乃得免。石抹也先拜为御史大夫，管领北京达鲁花赤。不久，石抹也先招募精锐之士一万二千多人，号称黑军，随木华黎转战各地，后拜为上将军，以御史大夫提控诸路元帅府事，管领“辽水之西、滦水之东”地区。后从木华黎攻蠡州城阵亡，时年仅四十一岁。其后人世代袭职为官，多有贡献。《元史》所记石抹也先有四子，分别为查剌、咸锡、博罗和侃。查剌袭其父御史大夫之职，继续率领黑军，为蒙古征战。其后代世代袭职，从查剌之子库禄满、咸锡之子度剌始，历经良辅、继祖、亦剌马丹、仓赤等几代，直至元代中后期，其事迹有从征李璮、管领石抹也先所创立之黑军，攻取金宋城池、官至各行省平章政事、左丞相等职，为元朝政治做出很大的贡献。元代后期，石抹继祖曾为沿海上副万户，先后镇守台、婺、处等州。他“驭军严肃，平宁都寇，有战功；且明达政事，讲究盐策，多合时宜”（《元史》卷188《石抹宜孙传》，第4309页），其子石抹宜孙袭父职，以军功升浙东宣慰副使，刘基、叶深等名士均为其僚佐。

公元1211年，成吉思汗率军至威宁（今内蒙古乌兰察布市兴和县台基庙古城）时，石抹高奴与刘伯林、夹谷常哥等人举城投附，受封为千户，后随窝阔台汗征金，“为征行千户，卒于军”。（《元史》卷166《石抹狗狗传》，第3906页）石抹高奴之子常山和其孙石抹乞儿均先后袭父职，率领蒙古军东征西讨，“数有战功”，并卒于军中。石抹乞儿之子石抹狗狗秉承家族遗志，继续在元朝政府任职。

在蒙古军南进、金朝即将陷于崩溃之时，各地的契丹豪族也纷纷组织武装，据地自守以配合蒙古军的行动。例如，义州耶律氏世族王珣在木华黎攻取辽东时投靠蒙古军，“召集遗民至十余万……承制以珣为元帅，兼领义、川二州事”。（《元史》卷149《王珣传》，第

3534 页）据守辽东地区的契丹贵族耶律留哥归属成吉思汗时，其部属号称六十余万。耶律留哥去世后，其妻姚里氏“权领其众者七年”，成吉思汗称赞说：“健鹰飞不到之地，尔妇人乃能来耶”。（《元史》卷149《耶律留哥传》，第 3514 页）

最初投靠蒙古的契丹将领的后代，在蒙哥、忽必烈时期也都被委以重任。至元十二年（1275 年），移剌涅儿的孙子元臣从丞相伯颜平宋，进阶武义将军、中卫亲军总管，佩金虎符，平乱之后被忽必烈晋为昭勇大将军。耶律秃花曾孙忙古带，“世祖时，赐金符，袭文职，为随路新军总管，统领山西两路新军”，元成宗即位以后，忙古带被“授乌撒乌蒙等处宣慰使，兼管军万户。迁大理金齿等处宣慰使都元帅”。（《元史》卷 149《耶律秃花传》，第 3533 页）世居太原的契丹人石抹按只归附蒙古后，攻打叙州、泸州，屡立战功。至元十三年（1276 年），其子石抹不老乘夜袭击宋军，围攻重庆，战功卓著，“命袭父职，为怀远大将军、船桥军马总管，更赐金虎符，兼夔路副万户”。（《元史》卷 154《石抹按只传》，第 3642 页）

蒙古军队大举南下，攻城略地。按蒙古人的征战习俗，“凡城邑以兵得者，悉阬之”。（姚燧《姚燧集》卷 4《序江汉先生事实》，查洪德编辑点校，人民文学出版社 2011 年，第 63 页）对此，契丹将领们劝诫说：“国朝经略中夏，宜以恩信结人，若降者则杀，后宁复有至者乎”（《元史》卷 149《王珣传》，第 3535 页），石抹也先曰：“王师拯人水火，彼既降而复屠之，则未下者，人将死守，天下何时定乎”（《元史》卷 150《石抹也先传》，第 3542 页），成吉思汗最终采纳了他们的建议，这对于保护中原地区的生产力，推动社会的发展起到了积极的作用。

有较高文化素养的契丹人在力所能及的情况下，强调教化，举办学校，加强教育。耶律楚材说：“制器者必用良工，守成者必用儒臣。儒臣之事业，非积数十年，殆未易成也。”（《元史》卷 146《耶律楚材传》，第 3461 页）因此，他非常重视科举事业。在他的努力下，通过举行以经义、词赋、论为三科的科举考试，招募了大批文士，奠定了元朝文治的基础。

成吉思汗南下攻金时，得知耶律楚材是个有学问的人，就在公元 1218 年下诏派人寻访。耶律楚材面对蒙古入主中原的形势，并没有拒绝合作，而是应召前往，受到重用。公元 1218 年，耶律楚材跟随成吉思汗西征，在中亚地区停留了六七年，后回到漠北。成吉思汗去世以后，耶律楚材继续受到拖雷、窝阔台汗的信任和重用。他充分发挥治国才干，积极倡言于蒙古最高统治者，提出了一系列符合当时形势的方针政策，奠定了王朝治理的政治基础。

耶律楚材思想的核心是“以儒治国”。政治上他极力修正“裂土分民，各分土地，共享富贵”等传统的蒙古草原习俗，而主张加强中央集权，以中原传统政治方式实行统治。他劝诫窝阔台汗逐渐改变屠城杀掠的惯例，完善法制，稳定社会秩序。他在《便宜一十八事》中规定：“州县非奉上命，敢擅行科差者罪之，贸易借贷官物者罪之。蒙古、回鹘、河西诸人，种地不纳税者死。监主自盗官物者死。应犯死罪者，具由申奏待报，然后行刑”（《元史》卷 146《耶律楚材传》，第 3457 页），这些法令的推行，对于社会恢复生产、人民的安定都是有利的。在经济上，耶律楚材很重视农业，认为中原的耕地是财赋的源泉。他每每向窝阔台汗等蒙古统治者痛陈国家弊病，生民休戚，并据理力争，反复申述。他曾多次力谏，阻止窝阔台的一些扰民做法，并身体力行，曾整理天下九年之赋。他的这些主张逐渐为蒙古统治者所接受，窝阔台汗也开始重视中原的农业生产，认识到其中的巨大利益。在文化上，耶律楚材注重保护、任用中原汉族儒士，为蒙古统治者引荐了众多人才。成吉思汗晚年嘱其后继者窝阔台说："此人天生我家，尔后军国庶政，当悉委之"，窝阔台赞扬耶律楚材说："非卿，则中原无今日"。（《元史》卷146《耶律楚材传》，第3460页）

耶律楚材的儿子耶律铸，在窝阔台和忽必烈时期，继承其父的思想，继续践行"以儒治国"的方略。耶律楚材去世以后，耶律铸嗣领中书省事，当时年仅二十三岁，他"上言宜疏禁纲，遂采历时德政合于时宜者八十一章以进……朝廷有大事，必咨访焉"。（《元史》卷146《耶律楚材传》，第3465页）中统二年（1261年），耶律铸拜左丞相。至元初期，耶律铸制定法令三十七章，使官府处理政事有法可循。至元十三年（1276年），负责监修国史。耶律铸为政多有建树，凡有利于安邦定国的主张，大都得到窝阔台和忽必烈的采纳。

至元十三年（1276年），忽必烈意欲讨伐日本，因此征询朝臣意见，耶律铸之子耶律希亮劝止："宋与辽、金攻战且三百年，干戈甫定，人得息肩，俟数年，兴师未晚"（《元史》卷180《耶律希亮传》，第4161页），忽必烈听其劝告止之。至大二年（1309年），"武宗访求先朝旧臣，特除翰林学士承旨、资善大夫，寻改授翰林学士承旨、知制诰兼修国史"（《元史》卷180《耶律希亮传》，第4162页），耶律希亮以其史官的职责，对元世祖忽必烈的"嘉言善行"进行分类编次整理，呈递英宗，英宗对此很重视，将其置于宫中。

耶律有尚是辽代东丹王耶律倍的十世孙，曾受业于儒学名士许衡。元世祖至元年间及成宗朝，通过耶律有尚的努力，元朝政府开始大建学舍，立国子监，设监官，增广弟子生员，为培养治国人才做出了贡献。耶律有尚"前后五居国学，其立教以义理为本，而省察必真切"，他的教法承自许衡，非常勤谨。在他的教导和管理下，

“诸生知趋正学，崇正道，以经术为尊，以躬行为务，悉为成德达材之士”。（《元史》卷174《耶律有尚传》，第4065页）

蒙元时期的契丹人，在大蒙古国时期多受到蒙古统治者的重用，任职于各重要部门，或担任军事将领，屡立战功，成为蒙古统一进程中一支重要的力量。入仕蒙古的契丹人多是以家族的形式世代袭职，为蒙古统治者服务。蒙古初入中原，为了尽快稳定局势，实现全国的统一，必然会吸纳契丹人进入统治阶层，以助其实现一统大业。因此，起初的契丹贵族多能够得到蒙古皇帝的重用，统治者对其封以高官，赐以厚禄，例如耶律阿海、耶律秃花兄弟，石抹也先、石抹明安、耶律楚材等，都成为蒙古的重臣。但随着元朝建立、全国一统局面的形成，享受世袭高官厚禄的契丹人逐渐受到蒙古统治者的猜疑，契丹后裔便被降低世袭官职的职位，并被分散在各地，多是在南方地区，如石抹也先的后代赴浙江台州任职，耶律秃花的后代赴四川、云南，原居山西的石抹按只之子赴四川任职，等等。此外，耶律秃花后人忙古带，在元世祖忽必烈时被任命为“随路新军总管，统领山西两路新军”，进驻云南，其后人火保赤成为契丹人在云南的始祖。据研究，这一支契丹贵族统领的以契丹人为主的军队在云南长期生活下来，与周围民族充分杂居，逐渐同化于当地的诸族之中。陈述先生说：“投奔西北的契丹，以后多数结合于蒙古”，他认为“现在青海土族地区有乞塔坪、乞塔堡、乞塔城，可能在这地方有过契丹人，当然他们已经融合在土族里了”。（陈述《契丹政治史稿》，人民出版社1986年，第165页）土族起源中有一部分是蒙古族，按此，契丹人当是融合在蒙古族之中，当然也有相当一部分人融合于汉族等其他民族之中。

耶律楚材的政治理想和施政策略

耶律楚材是中国古代历史上一位优秀的少数民族政治家，他秉持以儒治国的政治理想，积极入仕大蒙古国（元朝的前身）政权，提出了一系列改革举措。在元朝一统全国以前，服务于大蒙古国的耶律楚材，始终致力于稳定中原汉地的社会秩序，拯救战乱中的百姓，建立赋税制度，保护儒家传统文化，为蒙元时代中国大一统局面做出了突出的贡献。

耶律楚材生于1190年，卒于1244年，字晋卿，号湛然居士。耶律楚材是辽朝开国皇帝耶律阿保机的九世孙，属于契丹贵族，是皇室后裔。他的前半生生活在金朝，后半生为大蒙古国汗廷效力。当时的中国有金朝、蒙古、西夏、南宋和大理、吐蕃等多个政权（并立），耶律楚材以其雄才大略，施展个人才能和抱负，展现了不俗的政治才能。

胸怀天下与禁止嗜杀

耶律楚材具有胸怀天下的政治理想。公元1215年，蒙古大军进攻金朝的中都城（今北京），当时耶律楚材正担任中都城的左右司员外郎。中都城被围困，长期与外界隔绝，城内生活困苦，一片混乱。耶律楚材虽然“执菜根蘸油盐，饭脱粟”，却仍然是“守职如恒，人无知者”（耶律楚材《湛然居士文集》卷首“万松行秀序”），从这一点能够看出耶律楚材是一名尽职尽责的官员，在金朝政权面临危难时刻仍然能恪尽职守。在金中都（今北京）被围困直至蒙古军破城前后，耶律楚材全程见证了金朝国运衰败、山河破碎的景象，作为刚刚走入仕途的知识分子，他产生了极大的困惑。因此，他曾一度转而去向佛教禅宗思想靠拢，去思考更深层次的哲学问题。

耶律楚材有“致主泽民”的愿望，这一点在他任职金朝中都期间，与佛道名人的交游交谈当中就表露无遗。他曾在中都陷落的第二年与寓居中都贫乐庵的三休道人说：“夫君子之学道也，非为己也。吾君尧舜之道，吾民尧舜之民，此其志也”（耶律楚材《湛然居士文集》卷9《贫乐庵记》），体现了耶律楚材胸怀天下的气质和情怀。

大蒙古国兴起以后，成吉思汗统率的蒙古军队东征西讨，这与腐朽败坏的金朝政权形成了鲜明的对比，耶律楚材认定未来真正能够实现大一统局面的主导者一定是蒙古方面，因此，他毅然投奔了大蒙古国。作为契丹皇室贵族的后裔，耶律楚材对于自己的显赫身世和先祖的丰功伟绩十分自豪，这种出身对他的政治治理、改革事业是有影响的，也是他胸怀天下的家庭渊源。

为禁止嗜杀所做的努力

公元1218年，耶律楚材被成吉思汗征召，这成为他仕途上的一个重要转折点。他随即从中都（今北京）向漠北进发，赶赴至成吉思汗的大帐。耶律楚材刚刚被成吉思汗征召不久，大蒙古国就发动了第一次西征，由此震惊欧亚大陆的蒙古征服活动开始了。耶律楚材此时跟随成吉思汗远赴中亚、东欧，这一去长达十年之久。在蒙古征服战争中有一条规则，即“凡敌人拒命，矢石一发，则杀无赦”。（苏天爵辑撰《国朝文类》卷57《中书令耶律公神道碑》）在蒙古西征军中，耶律楚材的主要政治理想的具体实践就是主张禁止残酷的屠杀政策，他认为应当以教化的手段使百姓顺从。

耶律楚材主要入仕于成吉思汗和窝阔台统治时期，尤其是耶律楚材在跟随窝阔台汗进攻金朝的时候，一路上见到的都是大大小小的战争场面，有杀戮、攻城、退却、投降和反叛，不一而足。在蒙古军队南下的过程中，耶律楚材曾经为了保护民众、延揽人才和维护社会稳定做了大量的努力。汴京城被攻陷以后，窝阔台下令屠城，耶律楚材立即进言说，我们进行战争几十年，就是为了得到土地和人民，如果占领了土地以后没有了人民，还有什么用呢？而且城中有很多擅长制作弓矢甲仗的工匠以及官吏、富贵人家，如果都杀掉的话，这座城池里面就一无所获了，这是徒劳的。他最终说服窝阔台停止了屠杀政策，从而避免了汴京城的一场浩劫，而且“其后攻取淮汉诸城，因为定例”。（苏天爵辑撰《国朝文类》卷57《中书令耶律公神道碑》）公元1232年，窝阔台率军南下渡过黄河之时，曾下令逃匿山林的民众前来归顺者，可免于杀戮。当时有人提出这些百姓急则来降，缓则逃跑，不如全部抓来杀掉。耶律楚材听说后，立即制作了数百面旗帜，发给投降的百姓，使其归于乡里，使得归顺之人免于再次遭到屠杀。耶律楚材还曾建议将一些原本要被蒙古军队屠杀的百姓作为迁徙民户，拨给蒙古贵族用作劳役，还可以充实草原地区的人口，此举既能保全中原金朝治下的百姓生命，又减轻了原本应该承担蒙古贵族劳役的民户负担，还能够解决蒙古贵族的需求，可谓用心良苦。

以儒治国的施政方略

耶律楚材被誉为“治天下匠”，他的政治思想和实践中最典型的特征就是“以儒治国”思想。耶律楚材在金朝期间，曾求学受教于当时的佛教名僧万松行秀，学到了“以儒治国，以佛治心”哲理，这对他后来的政治思想影响很大。耶律楚材曰：“治弓尚须用弓匠，为天下者岂可不用治天下匠耶！”（《元史》卷146《耶律楚材传》）

耶律楚材最初能够得到成吉思汗的赏识和任用，他在两件事上的表现起到了关键作用。一是成吉思汗原本以为耶律楚材与其他投附蒙古的契丹人一样，也是为了投靠蒙古攻打金朝，以报金朝灭亡契丹的家国之仇，但是耶律楚材的回答却让成吉思汗大出意外：“臣父祖以来皆尝北面事之，既为臣子，岂敢复怀贰心，伊君父耶！”（《国朝文类》卷57《中书令耶律公神道碑》）以成吉思汗为代表的蒙古贵族，在其传统文化观念中，背叛主人是不可饶恕的大罪，他最为赏识忠心事主、从一而终的臣子，讲究主从关系。成吉思汗对于耶律楚材的回答感到非常满意，遂使得耶律楚材成为他非常信任和尊重的人，被称为“长胡子”（蒙古语“吾图撒合里”，Urtu-Saqal）。二是耶律楚材不仅仅是一位单纯的儒士，他充分发挥了多才多艺的特点，史载他“通天文、地理、律、历、术数及释、老、医、卜之说”。（《国朝文类》卷57《中书令耶律公神道碑》）成吉思汗时代的蒙古草原民族都信奉萨满教，因此耶律楚材恰好可以利用这些来取得成吉思汗的信任，这使得成吉思汗非常重用他，其实是希望他能够留下来为其作占卜，以便预测军国大事的吉凶。

太宗窝阔台时期，耶律楚材制定了册立仪礼，使得皇族尊长有了礼仪：“己丑秋八月，太宗即皇帝位，耶律文正王时为中书令，定册立仪礼，皇族尊长，皆令就班列拜。尊长之有拜礼，盖自此始。”（陶宗仪《南村辍耕录》卷1“皇族列拜”，中华书局1959年，第18页）这是耶律楚材帮助大蒙古国制定的大汗（皇帝）即位时的册立仪礼制度，而在此之前是没有的，都是草原游牧政权的传统习俗。

蒙古统治者联合汉族和其他民族统治者，始终在积极地思考如何治理这个全新的国家。早在窝阔台灭金之后就开始了这种政治上的实践。这时候的窝阔台统治集团中，大多是成吉思汗时代遗留下来的蒙古勋贵旧臣，此外只有以耶律楚材为代表的少数熟悉儒家文化和中原汉地政治传统的大臣位列其中，得到窝阔台的信任，而从草原南下中原的蒙古统治者要想治理好拥有众多人口的中原汉地则非需要耶律楚材式的儒士不可。

整顿北方社会秩序

耶律楚材在成吉思汗去世以后，曾作为蒙古宫廷的使臣来到燕京（今北京）负责处理北方地区的政治事务，耶律楚材开始按照他的政治理想来执行。首先是整顿社会秩序，因为当时正处在蒙金作战期间，北方大部分地区为大蒙古国所占领，但是由于成吉思汗忙于西征，未能抽出时间管理汉地，因此驻守汉地的蒙古官僚肆意贪暴，造成社会极度混乱。于是耶律楚材下令除非有朝廷的圣旨下达，否则禁止各州郡肆意征发赋税和劳役，同时对于犯重罪者的处理，一定要上报并通过朝廷的允许方可执行。在整顿燕京社会秩序期间，燕京行政长官石抹咸得不纵容其亲戚和世家子弟为盗匪，到处抢劫、杀掠。耶律楚材与蒙古宗王塔察儿一同缉拿了众盗贼，查明其身份之后，鉴于这些盗贼与石抹咸得不的关系，塔察儿想上报蒙古大汗并为其开脱，遭到耶律楚材的坚决反对，认为如果不严惩恐怕会造成社会动荡、军心动摇，最终危及大蒙古国在汉地的统治。最后塔察儿听从了耶律楚材的意见，将首恶十六人处死，从而迅速稳定了燕京的社会秩序。

窝阔台时期，大蒙古国在北方原金朝统治区建立的典章制度，多出于耶律楚材之手。在窝阔台即位之初，耶律楚材就不失时机地向蒙古统治者上书“便宜十八事”，内容主要是主张在已被征服的各州郡县设置官吏管理百姓，设立万户统领军队，以此来稳定地方社会秩序；主张存恤中原百姓，禁止地方官吏未经允许就擅行科差征敛赋税劳役；尤其限制蒙古、回回和党项（河西）人，对其种地却不纳税者处以极刑；监守自盗者也要处以死刑，禁止向朝廷贡献各地方物；等等。

存续儒家士人，开启汉地治理

蒙古军在进攻金朝首都汴京城时，曾派遣使者进城招降，并向金朝索取翰林学士赵秉文、衍圣公孔元措等二十七家，此外还有梁陟、刘汝翼等名士，这份名单就是耶律楚材所拟，是他延揽人才的一个重要举措。公元 1233 年，元好问给耶律楚材写了一封信，信中请求耶律楚材采取措施保护中原儒士，并开列了一个写有 54 位儒士姓名的名单。由于文献阙载，耶律楚材是如何实施保护的现在不得而知，但是从现存文献中可知，这些人中的绝大部分后来都被收入北方汉人世侯麾下，得到了很好的保护和周全，这些人中就有后来非常著名的王鹗、李治、高鸣、杨果、商挺、李昶、张德辉、徐世隆等，成为后来元朝文治繁兴的文臣基础。

蒙古统治者占领中国北方地区以后，最初他们认为，“汉人无补于国”，窝阔台汗的近侍别迭建议：“虽得汉人亦无所用，不若尽去之，使草木畅茂，以为牧地。”耶律楚材对此表示坚决反对，他说："夫以天下之广，四海之富，何求而不得，但不为耳，何名无用哉！"（《国朝文类》卷57《中书令耶律公神道碑》）随后，耶律楚材向窝阔台汗介绍了有关汉地统治的一些重要措施，如地税商税以及酒醋盐铁山泽之利，并向大汗表示，一年之内能够得到"银五十万两、绢八万匹、粟四十万石"。耶律楚材的言说终于促使窝阔台下令在被征服的北方汉地开始实行征收赋税等工作，耶律楚材负责华北地区赋税征收制度的建设工作，于太宗二年（1230年）设置了十路征收课税所，课税所的长官大都由耶律楚材选定，或为其旧友，或为其志同道合的儒士，或为其在金朝同朝为官的旧同僚，他们基本上与耶律楚材有着相似的政治理念和处事方式，与耶律楚材一道组成了一支高素质的为大蒙古国管领中国北方的官僚队伍，为大蒙古国开启了汉地治理的新模式。

抑制地方割据，重建经济社会秩序

在蒙古征服金朝的过程中，蒙古统治者最初出于战争和实际控制的需要，将被征服地区的土地、百姓和军政大权全部交于征服将领管理，于是这些征服将领在向蒙古统治者履行了基本义务（贡赋、纳质子、从征）以后，就得到了被征服地区的财政权、军权和行政权，形成事实上独霸一方的诸侯，这一点在北方汉人地主武装身上表现尤为明显。耶律楚材便据此制定了一系列措施，其中最主要的一条就是让地方的行政权、军权和财政权分开，由不同的长官管领，且互不统属。这自然触及了权贵们的利益，为此耶律楚材遭到了一系列打击报复。而且，事实上在战争年代，大蒙古国正在进行着一统全国的重大任务，正需要依靠那些投靠的北方地主武装，因此耶律楚材的很多政策很难执行。但是，他提出的这些政治举措，与在20年后忽必烈建立元朝以后所采取的一系列巩固统治的措施有着异曲同工之妙，两者的政治目标是完全一致的。

蒙古灭金以后，开始对北方地区进行有效治理，其首要的就是进行户口统计工作，元代称为“括户”。公元1234年灭金以后，大蒙古国命大断事官失吉忽秃忽开展括户工作，由于这次工作主要是在公元1235年（乙未年）进行的，故后人多称为“乙未括户”。起初，蒙古勋贵旧臣均欲以“丁”为单位来统计户口、编定户籍，耶律楚材认为如此仅能收取一年的赋税，一年以后人口均四处逃散，便再难以实施。此后，经多方争取，确定了以中原汉地早已实行的以“户”为标准编定户籍的办法。此外，耶律楚材还主张各蒙古贵族在战争中俘获的驱口（被俘获驱使之人），应将其按照现在所居州县收为国家的编户，这样使得这些因战争被掠之人摆脱了奴隶身份，稳定了社会秩序，限制了勋贵将领们对百姓的控制，加强了中央集权的统治。而且更重要的是，乙未括户中耶律楚材的这些切实可行的措施都被作为后来元朝的基本政治原则执行下去了。

大蒙古国在继乙未括户之后实行的是1236年的丙申分封，其目的是把括清的编民分封给诸蒙古贵族。这种分封制度是草原民族的传统，耶律楚材也在其中扮演了重要的角色。他为了保证大蒙古国中央集权制度，维护社会的稳定，对蒙古草原分封制度的传统内容进行了改造。他一改以往裂土分封的旧制，主张在各封建主领地内设置达鲁花赤（监临官、镇守者），还要经过中央政府的批准，这一制度后来被元朝继承了下来。此外，还保障了各封地内汉人世侯原本享有的权利，各封地内由朝廷统一派遣官员征税，再根据应得数额颁给分封诸王贵族封建主，各封建主不得擅自征收赋税。这一制度可以说是耶律楚材为了调和蒙古草原旧制和汉地王朝治理的一种综合型二元政治的创举，是其对在蒙元时代形成的大一统中国格局的重大贡献。

耶律楚材在乙未括户、丙申分封的基础上，对大蒙古国政治统治中各个领域都进行了改革，如在耶律楚材的主持下，开始制定详细的赋税制度，还根据农作物收成、灾荒年景等情况酌情处理；发行纸币方面，耶律楚材提出要审慎对待，控制纸币的发行量是至关重要的；在成吉思汗、窝阔台时期大蒙古国已经开始设立驿站制度，针对驿站制度存在的一些弊端，耶律楚材也提供了一些很好的建议予以整顿；文化建设方面，耶律楚材极力主张恢复孔庙，重新确立儒学的地位，他曾亲自参加在燕京举行的宣圣庙祭祀典礼。为了进一步提高儒士的地位，能够使儒士在大蒙古国时期发挥治国理政的作用，耶律楚材进言主张："制器者必用良工，守成者必用儒臣。儒臣之事业，非积数十年，殆未易成也"(《元史》卷146《耶律楚材传》)，耶律楚材建议采用考试的办法选拔人才，1238年举行的有名的戊戌选试就是耶律楚材一力促成，取得了良好的成效。这次仅仅是选拔士人，而非科举考试。尽管如此也有学者认为耶律楚材很可能是计划以此为契机，逐渐在全国推广科举考试制度，但此计划终因蒙古统治者自身的统治政策和政治文化观念问题而搁置，直至元朝中期的皇庆年间才又开始科举选拔。

耶律楚材生于乱世，那是一个互争雄长的时代，南宋、大理、金朝、西夏和北方逐渐强大起来的蒙古，都是割据一方的政权势力，这种分裂割据的局面自唐末五代以来持续了三百多年，当时的中国大地急需实现全国性的大一统，耶律楚材顺应了时代，他把个人使命和时代需求结合起来，挺身而出，以一个身负儒家政治理想的知识分子身份积极入世。耶律楚材在窝阔台汗去世之后，在六皇后乃马真氏称制的第三年（1244 年）去世，所以耶律楚材基本上是与成吉思汗、窝阔台两任蒙古大汗同时代之人。因此，他见证了大蒙古国早期的发展历程。

在元代，朝廷每年都会对功勋之臣进行岁赐，其中就列有耶律楚材，《元史》中将其写作“曳剌中书兀图撒罕里”。（《元史》卷95《食货志·岁赐》）作为蒙古官方重要历史记录（脱必赤颜）的汉文译本，《圣武亲征录》中也有耶律楚材的记载，写作“兀都·撒罕”，意为长胡子，也就是有学问有知识的人，足见蒙古统治者对耶律楚材的尊重。蒙古统治者虽然没有全部认同耶律楚材的政治主张，对他所执着追求的以儒治国也没有全部信任和施行，但是耶律楚材在大蒙古国时期的功勋是被统治集团所承认的。耶律楚材去世以后，当时就引起了不小的震动，尤其是一些支持他的群体和受惠于他的政治改革策略的人，“蒙古诸人哭之如丧其亲戚。和林为之罢市，绝音乐者数日。天下士大夫莫不茹泣相吊”。（《国朝文类》卷57《中书令耶律公神道碑》）有学者总结认为，对于当时北方汉地的士大夫来说，耶律楚材的逝去使他们丧失了一位蒙古宫廷中的强有力的庇护者，也丧失了一位中原文化的坚定推行者，故他们尤其感到震惊与悲痛。（刘晓《耶律楚材评传》）耶律楚材作为一位少数民族政治家，在中国历史上的地位是比较高的。他去世以后直至今日，受到诸多的赞扬和褒奖能够证明这一点，例如明代士人何乔新《蒙古前中书耶律楚材卒》论曰：

楚材文武兼资，兴国之良佐也。观其经制、财赋，盖刘晏、韩滉之流，推步、占候，则崔浩、裴行俭未能远过。为相二十年，家之所藏，惟琴、书、金石、遗文而已，杨绾、赵抃之清俭盖庶几焉。至于汴京之破，极谏力争，活生灵百四十万户，则汉唐宋之贤相，其功未有加于此者。惜夫，蒙古氏起自荒裔，楚材以一书生，日与豺狼为伍。言之，见用者十无一二，故其功业所就者止于此。使其生于华夏而遇汉光武、唐太宗为之宣力，则其嘉猷伟绩垂于竹帛者，岂在寇、邓、房、杜之下哉？呜呼，抱佐王之器而不遇兴王之君，岂非命耶！（何乔新《椒邱文集》卷7《蒙古前中书耶律楚材卒》，文渊阁四库全书影印本）

色目人群体

色目人并不是一个民族，而是蒙古人对来自天山南北及中亚、西亚地区人群的统称。有学者这样概括："色目人是元朝对除蒙古以外的西北各族、西域以至欧洲各族人的概称。"（张沛之《元代色目人家族及其文化倾向研究》，天津古籍出版社2009年，第1页）陶宗仪《南村辍耕录》中将色目人分为三十一种，主要包括畏兀儿、哈剌鲁、钦察、唐兀、阿速、回回、康里、雍古歹（汪古）、阿儿浑等，其中以回回人居多。色目的概念，更多的是依据政治、法律以及社会地位等因素将相似的一些部族或群体放在一起的统称。

元朝时期，色目人具有较高的社会地位，是因为色目人和蒙古人同属北方少数民族，交往关系比较亲密。色目人文化程度较高，且善于经商理财。另外，他们多来自中亚、西亚等远离中土之地，来到中原地区，不易结党营私、犯上作乱，易于为蒙古统治者所控制。因此，在征服东西方的过程中，蒙古在政治、经济、文化等各方面多倚仗色目人。至元二年（1265年），忽必烈正式颁布："以蒙古人充各路达鲁花赤，汉人充总管，回回人充同知，永为定制"（《元史》卷6《世祖本纪》，第106页），以汉人负责具体的行政事务，色目人名为辅助，实为牵制汉人势力。有元一代，蒙古统治者曾多次禁止或罢黜女真、契丹、汉人担任达鲁花赤，而色目人仍然允许充任，表明色目人所受待遇仅次于蒙古人。蒙古人数本来就少，又缺乏治国辅政之才，对于人数众多的汉人、南人很不放心，重用色目人便成为必然。

“回回”群体

蒙元时期民族关系史中一个引人注目的现象是形成了新的民族群体——回回。对回族正式形成的时间，学界多有研究，看法不一。邱树森等学者认为回回形成于明代中后期，见邱树森主编《中国回族史》（宁夏人民出版社 2012 年修订本）。秦永章先生认为回回形成于明代中期，见氏著《甘宁青地区多民族格局形成史研究》（民族出版社 2005 年）。杨志玖先生认为回回大约形成于元代中后期，见氏著《元代回族史稿》（南开大学出版社 2003 年）。蒙古民族的西征，打通了西域的通道，极大地沟通了中西交通，使大批信仰伊斯兰教的中亚、西亚人来到中国，通过长期的演变和发展形成了一个新的民族群体——回回。元代时期奠定了回族“大分散，小集中”的居住格局，主要与汉族交错杂居，生活在一起。回回民族的形成，除了元朝所缔造的大一统局面以外，还得益于元代的民族政策，统治者重用回回人，对其给予了很高的社会地位。经过长期的发展，在元代形成了“元时回回遍天下”（《明史》卷 332《西域传》，第 8598 页）的局面。回回民族的形成经历了一个漫长的历史过程，自唐宋时期入居中国的伊斯兰教徒是回回民族的先人，至元代大批东来的穆斯林构成了回回民族的主体。秦永章先生认为，“回回民族是在我国本土上形成的一个‘内外结合’的新型民族共同体”（秦永章《甘宁青地区多民族格局形成史研究》，第 99 页），而蒙元时期的民族关系发展大势最终促成了回回民族的形成。直至今天，回族仍然是我国一个人口众多、分布广泛的民族，呈现出“大杂居、小聚居”的分布格局，而其肇端即蒙元时期。

“回回”一词在金宋时代的汉人观念中，与隋唐时期的“回鹘”“回纥”经常是同义语。到了蒙元时代，“回回”词义发生变化，其所指的是畏兀儿以及中亚诸人群的集体称谓，与畏兀儿（回鹘、回纥）分离开来而各有所指。（姚大力《北方民族史十论》，广西师范大学出版社 2007 年，第 68—69 页）回回一词既是民族名，又有伊斯兰教徒的含义。元代时期，回回人具体包括来到中国的阿拉伯人、波斯人以及中亚的突厥各族，这个人群的共同特征包括较高的社会政治地位，属于外国移民及其后裔，同时信仰伊斯兰教等。此外，元代时期，还有一些蒙古人和汉人也加入到回回民族的行列中。部分蒙古人起初受到来自中、西亚地区穆斯林的影响，加之忽必烈的孙子安西王阿难答等蒙古贵族的提倡，信奉了伊斯兰教，从而归入回回。而一部分汉人由于各种原因，成为回回人收养的奴仆，或称驱口，或发生族际交往，如通婚等，也加入回回行列。此外，随着回回民族的发展壮大，到了元朝后期，部分畏兀儿人和阿儿浑人也被称为回回。

蒙古与回回人的关系由来已久。早在成吉思汗统一蒙古高原的过程中，蒙古就吸收了一些回回人，文献记载的有阿三、札八儿火者和哈散纳等。《元朝秘史》记载，“又有阿三名字的回回。自汪古惕种的阿剌忽失的吉惕忽里处来。有羯羊一千，白驼一个。顺着额洏古涅河易换貂鼠青鼠，来至巴泐渚纳海子”。（《元朝秘史》“总译”卷 6 第 182 节）回回人阿三是在成吉思汗被克烈部打败以后，退至班朱尼河之时，加入蒙古军行列之中。札八儿火者和哈散纳则是早就跟随在成吉思汗身边，《元史》中均有其传。札八儿火者，赛夷人。“赛夷”意为贵族，“火者”意为师长、先生，因此札八儿火者是信奉伊斯兰教并出身高贵的穆斯林。当时，这三名回回人在与成吉思汗同饮班朱尼河之水的十九人行列之中，地位非比寻常。由此看到，蒙古部在兴起之初就与不同部族民众有着广泛的联系。

大蒙古国建立以后，成吉思汗有意与中亚的花剌子模建立联系，进行通商往来，遂派遣了一支五百人的商队和使团，其首领均是回回人，他们充当了蒙古人的商业代办和外交代表。当他们到达花剌子模边境城市讹答剌时，被诬为间谍，几乎被全部杀掉，仅剩一人得脱。成吉思汗得知后，派回回使臣责难，使臣又被杀，这才开始率领蒙古军西征。到达中亚地区时，掳掠了很多回回人，包括士兵、工匠和普通的平民，然后将他们带回草原。后来的两次西征，第二次是在 1235—1241 年，由拔都率领，建立了钦察汗国，蒙古军向西最远到达了奥、匈、波兰等地。第三次是 1252—1258 年，由蒙哥之弟旭烈兀率领，建立了伊利汗国，兵锋直指西亚阿拉伯地区。几次西征途中，西征军多次将大量回回人带回蒙古本部。同时，这几次西征，沟通了中西亚与蒙古草原的联系，大批回回人因此源源不断地来到中国北方草原地区。这些人当中有商人、教士、知识型人才等，他们纷纷入仕大蒙古国。回回人多信奉伊斯兰教，来中国的一些专职教士，称为“答失蛮”。忽必烈建立元朝统一全国之时，回回人已经遍布北方草原和中原汉地，为在元代中后期最终形成回回民族奠定了基础。

当时来华的著名回回人有赛典赤·赡思丁。“太祖西征，赡思丁率千骑以文豹白鹘迎降，命入宿卫，从征伐”（《元史》卷 125《赛典赤·赡思丁传》，第 3063 页），他后来成为元代著名的政治家。此外，还有阿剌瓦而思、察罕父伯德那、牙老瓦赤等人。西征时，蒙古军攻破中亚的城市，便掳掠了大批回回工匠，为蒙古制作器械。如攻破撒马尔罕以后，掳获工匠 3 万余人；攻破玉龙杰赤时，掳获 10 万工匠。至元八年（1271年），忽必烈从伊利汗国请来两位著名回回工匠阿老瓦丁、亦思马因，到大都制作“回回炮”。两年以后，将这种回回炮用于攻击南宋的襄樊之战，威力巨大，最终迫使襄樊守军投降。此事在《元史》《史集》等文献中均有记载。降附的回回士兵，被编入蒙古军队之中，称为回回军。

元代时期，蒙古统治者非常重视回回人，主要是因为相对于广大中原地区来说，蒙古民族是少数民族，其作为统治者，对中原地区诸族百姓很不放心，因此要利用回回等色目人的管理才能予以更好的管辖和治理。同时，回回人善于理财，能够为蒙古统治者聚敛财富，因此适合担任财政要职。回回商人除了从事一般的贩运生意以外，多为蒙古贵族放款收利，其利息极高，称“羊羔利”“羊羔息”或“回回债”“斡脱钱”。其中“斡脱”是突厥语“伙伴”“商业组合”的意思，实际上意指回回商业团伙或回回商人。回回人常常通过将国外的各种珍宝或珍禽异兽献给蒙古统治者，以求得赏赐，这被称为“中卖宝物”。元成宗时，曾有一回回富商将一块重一两三钱的红剌（波斯文la'l，意为红宝石）献给成宗，这块宝石估价大约值中统钞十四万锭，成宗将其镶嵌于帽顶作为装饰品。由于蒙古统治者十分喜爱外国珠宝，因此，回回人得以以此作为进身之阶，同时使各种珍奇异宝迅速传入中国，回回人所经营的珠宝行业也兴盛起来，他们由此也被称为“识宝的回回”。

在蒙古西征之前，回回商人早已活跃在蒙古高原地区。西征以后，中西交通便利，回回商人大量涌入。元朝回回人多以商入仕，元末的回族诗人丁鹤年的曾祖父阿老丁及阿老丁之弟乌马儿都是元朝初年的著名商人，因资助蒙古征讨西北诸国、招降吐蕃等功绩，擢升其为甘肃行省左丞。窝阔台时期的回回人奥都剌合蛮因扑买（即

“承包”）中原课税，官至提领诸路课税所官。

回回人初来中土之时，还不会汉语、蒙古语，但经过与蒙汉民族交往和学习以后，他们及其后代都已学会了蒙古、汉等语言。尤其是在汉化方面，许多回回人掌握了较高的汉文化，一些原本目不识丁的武人也“舍弓马而事诗书”，变成了文人。陈垣先生在《元西域人华化考》一文中对元代西域人的“华化”问题进行了精密的考证。元代著名诗人萨都剌就自称“答失蛮氏”。由于回回人与蒙古等族接触时日渐多，受中国文化濡染深厚，元末农民战争时期，回回人除少数参加到反元战争中，绝大部分都是与蒙古统治者一道，共同维护元朝统治。典型的有回回阿儿浑人迭理弥实、哈剌鲁人伯颜以及获独步丁、纳速剌丁等人。回回人在汉化的同时，受到蒙古的影响也很深。西征时归附蒙古的回回人伯德那，其子取名察罕，为蒙古名。

回回人多科技人才，著名天文学家札马鲁丁曾为元朝编制《万年历》，制作了一些观测天象的仪器。阿拉伯医学发达，经由回回人传入中国。蒙古人西征时，曾掳掠了一些回回医生，元朝政府机构中设置有“回回药物院”“广惠司”等机构，《元史》中还有一些“回回太医”“回回医官”的记事。此外，约成书于元末的《回回药方》更是证明了回回人的医术传入蒙古、汉等各族生活区域之中。

畏兀儿人

畏兀儿基本上是隋唐时期的回鹘人，蒙元时期主要信奉佛教和景教（聂思脱里）。大蒙古国建国之初的畏兀儿人中，较为重要的有塔塔统阿，《元史》称其“性聪慧，善言论，深通本国文字”（《元史》卷124《塔塔统阿传》，第3048页），他曾在乃蛮部任职，职掌金印及钱谷等事。公元 1204 年，铁木真灭乃蛮部时，将塔塔统阿俘获。铁木真知印用处后，乃命凡有制旨，要用“印章”，命其为掌印官。塔塔统阿遂以畏兀儿文字书写蒙古语，创制了畏兀儿体蒙古文，并教授太子、诸王等。窝阔台汗时期，命其掌管内府玉玺金帛。塔塔统阿为蒙古做出了巨大的贡献，备受蒙古统治者礼遇。

畏兀儿亦都护政权首领巴而术阿而忒的斤曾帮助成吉思汗进行过对中亚、伊朗、西夏的征服，立有战功，因此其家族长期享受着蒙古统治者的优厚待遇。畏兀儿人在归附蒙古之初，就追随蒙古统治者，并广泛参与到蒙古的政治、军事、经济、文化等各个领域。此前提到，畏兀儿亦都护巴而术阿而忒的斤率部加入蒙古西征军，此外还有一些其他头领也带领本部加入了蒙古军队。《元史·昔班传》载昔班父阙里别斡赤，“身长八尺，智勇过人，闻太祖北征，领兵来归。从征回回国，数立功”。（《元史》卷 134《昔班传》，第 3246 页）

《新元史》卷二十九《氏族表》列出的入仕元朝的畏兀儿大族有 29 家之多，如高昌王亦都护、孟速思、洁实弥尔、小云石脱忽怜、贯氏、廉氏、全氏、鲁氏、大乘都、小乘都等，他们多担任蒙古皇帝、皇室成员的师傅，如岳璘帖穆尔“精伟兀书（畏兀儿文），慷慨以功名自许……皇弟斡真奏求师傅。上命公往。公训导诸王子，以孝弟敦睦、仁厚不杀为第一义。上闻嘉之，中原诸路悉命统治”。（欧阳玄著，杨锐校点整理《欧阳玄全集》卷 11《高昌偰氏家传》，四川大学出版社 2010 年，第 324 页）孟速思“幼有奇质，年十五，尽通本国书”，曾以治国之道教授拖雷。此外，畏兀儿人哈剌亦失哈北鲁、撒吉思、昔班等也都教授过蒙古诸王。

元代藏传佛教盛行全国以后，畏兀儿人中也有一大批士人修习藏传佛教。有的畏兀儿人，如安藏、阿鲁浑萨理、迦鲁纳答思、舍蓝蓝、必兰纳识里等人还曾担任皇帝与西藏喇嘛帝师之间的翻译，传播藏传佛教义理，受到蒙古统治者的赏识。他们供职于蒙古宫廷之内，有不少是名重一时的翻译家，他们所译语种有蒙汉互译、蒙古与畏兀儿互译，还有藏、梵译蒙古文等。

大量的畏兀儿人在蒙古宫廷或地方政权中担任各种官职，畏兀儿人为大蒙古国的统一，元朝的建立、巩固与发展，做出很大的贡献。清人屠寄对元代畏兀儿体蒙古文作了高度的评价，畏兀儿蒙古文字的创制与推广，使畏兀儿文化在蒙古人中得到广泛传播，极大地影响了蒙古民族的传统文化，对于蒙古民族共同体的形成起到了促进作用。

阿儿浑人

钱大昕《元史氏族表》称："阿鲁浑氏，亦称阿儿浑氏，亦称阿剌温氏，本西域部族。"元代诸文献中多记载其名。学界考证，阿儿浑人原居今吉尔吉斯斯坦和哈萨克斯坦一带，属于突厥部族。蒙元时期，阿儿浑人大量进入中国，与北方各族生活在一起，有的成为朝廷的高官，如彻里帖木儿为"阿鲁温氏。祖父累立战功，为西域大族"（《元史》卷142《彻里帖木儿传》，第3403页），在元文宗、元顺帝时，官至河南行省平章政事和中书平章政事。

阿儿浑人受伊斯兰教和回回人的文化影响甚深，多与回回人通婚，以至到了元末，有部分阿儿浑人被称为回回人。如迭理弥实，王祎《王忠文公集》中记载两条史料："字子初，合鲁温氏，西域人也"；"迭理弥实者，字子初，回回人也"，迭理弥实，意为苦修者，其夫人为回回氏，均信仰伊斯兰教，可能由于元代多称伊斯兰教徒为回回人，因此，将原为阿儿浑人的迭理弥实也称为回回人。

根据文献记载分析，阿儿浑人入居中国以后，多分布在北方。《元史·哈散纳传》记载：曾与成吉思汗同饮班朱尼河之水的回回人哈散纳受命“管领阿儿浑军”，跟从成吉思汗征讨西域，多有战功。“至太宗时，仍令领阿儿浑军，并回回人匠三千户驻于荨麻林”（《元史》卷122《哈散纳传》，第3016页），荨麻林即现在张家口的洗马林，元时属兴和路管辖，说明在元代北方地区，有大批阿儿浑人与当地诸族杂居在一起，这也得到马可·波罗的印证：“此种持有治权之基督教徒，构成一种阶级，名曰阿儿浑（Argon），犹言伽思木勒（Gasmoul）也”（马可·波罗著，冯承钧译《马可·波罗行纪》第七十三章“天德州及长老约翰之后裔”），推断当时留驻于丰州至洗马林一带的阿儿浑军人数不少，否则不会引起马可·波罗的注意。后来随着元朝一统全国，如同回回人一样，阿儿浑人逐渐分散在全国各地。据杨志玖先生统计，元代知名的阿儿浑人约为六十七人。著名的阿儿浑人世家哈只哈心，其儿子阿散和两个孙子暗都剌、凯霖先后分别被任命为大名路税课提领、大都路警巡院达鲁花赤和彰德路达鲁花赤。伊伯德依哈喇丹（也有称作“亦福的哈儿丁”）一家四代六人，“子孙世为闻臣”。

由于阿儿浑人分布较广，其人数必定不少，可惜史料记载较少，如《元史》中立传的阿儿浑人只有彻里帖木儿。因此其与留居地诸族的关系不得其详。但既然广泛地分布于各地，必定与他族发生交往无疑，且阿儿浑世家大族多入仕元朝政府，充当达鲁花赤等职，为元朝治理国家做出了应有的贡献。

钦察、康里、阿速、汪古诸部民

来自西域的钦察、康里人均属于色目人之一种。《世界征服者史》

和《史集》都提到，拖雷攻金时，曾用一位会使用求雨石施法术的康里人作法下雨雪，将金兵打败。这个故事虽然是传说，但是说明在大蒙古国时期，已经有康里人在为蒙古统治者服务。《元史》中立传的康里人有艾貌拔都、庆童、不忽木及其子巎巎、康里脱脱、拜住（《元史·忠义传》）、哈麻（《元史·奸臣传》）等。

阿速人在西方被称为“阿兰”，汉文文献称为“阿速”（《元史》），他们是从高加索地区迁来的西域人，有时被称为“绿睛回回”。《庚申外史》记载，至正十一年“朝廷闻红军起，命枢密院同知赫厮、秃赤领阿速军六千并各支汉军讨颍上红军。阿速者，绿睛回回也，素号精悍，善骑射”。（权衡《庚申外史》卷上，学海类编本）阿速人属于欧罗巴人西亚型，可能是因为眼睛呈绿色而得此称呼。元代时期有阿速军，为阿速人组建的军队，供蒙古统治者差遣。

汪古部分布于漠南阴山地区。汪古部首领阿剌兀思剔吉忽里在成吉思汗统一蒙古高原的过程中，率部主动归附蒙古。1206年以后，汪古部被编入以千户制为基础的大蒙古国中。《史集》说，阿剌兀思剔吉忽里归附蒙古时，“有姑娘从成吉思汗氏族嫁到汪古惕部落，也有娶自他们的”（《史集》第1卷第1分册，第231页）。成吉思汗恩赐汪古部首领世为成吉思汗家族的驸马。因此，自阿剌兀思剔吉忽里以后的汪古部继承者均以蒙古皇室驸马的身份参与元朝的军政大事，还有权分享战利品和皇帝的赏赐。其首领在元成宗、武宗时期，被封为高唐王，后又晋封鄃王、赵王。

元朝时期，汪古人与蒙古统治者的关系始终非常密切，汪古人的社会地位也非常高。汪古人阔里吉思，是元朝少有的文武兼资的人物，阎复的《驸马高唐忠献王碑》就是为他作的。碑文记载：武襄（爱不花）“生四子：长忠献王，次也先海迷失，早世……”（阎复《静轩集·驸马高唐忠献王碑》）长子忠献王就是阔里吉思，他一生为元朝守卫边疆、讨伐叛乱，功劳卓著。

元初朝廷于汪古部的基本领地，相继设置德宁路、净州路、集宁路与砂井总管府。汪古部的领地处于中书省直辖的腹里地区，为交通要冲地带。由中原到北方草原，汪古部是必经之地，起着沟通汉人和蒙古人之间经济往来和文化交流的重要作用。

南宋帝后的最后时光

太皇太后谢道清

谢道清，生于1210年（南宋嘉定三年），卒于1283年（元至元二十年），她是宋理宗赵昀的皇后，其祖父叫作谢深甫，曾经担任过南宋右丞相，赠鲁王，谥惠正。谢深甫去世以后，家道中落。但是，由于谢深甫曾帮助过宋宁宗的杨皇后登上了皇后之位，当时的杨太后，因谢深甫有功，便选了谢道清入宫。她入宫之时，皇宫中恰好有喜鹊在筑巢搭窝，于是谢道清入宫被认为是大宋的吉兆。杨太后对她很好，甚至帮助她当上了宋理宗的皇后。据说，谢道清天生皮肤黝黑，眼睛旁还有一大黑痣，一只眼睛中甚至有云翳（yì，是眼球上生的障蔽视线的白膜）。谢道清入宫后生了一次大病，皮肤变得莹白如玉，黑痣也不见了，甚至眼睛也康复了。但是，她始终没有受到宋理宗的宠爱，一开始只被封为通义郡夫人。

1227年（南宋宝庆三年），谢道清被册封为皇后，当时她才十七岁。宋理宗对她十分敬重，礼遇有加，她也将后宫治理得井井有条。谢道清对国家大事也时常参与，1259年（南宋开庆元年），蒙古军队兵分三路南下攻宋，蒙哥亲率西路军进攻川蜀，中路军最初是宗王塔察儿率领，后来因为进攻不力改换成忽必烈。忽必烈率军到达长江沿岸，迅速包围了鄂州（今湖北武昌），大有一举消灭南宋统一天下的态势。南宋朝廷上下一片惊恐，有人甚至向宋理宗建议从临安迁都到四明（今浙江宁波），以躲避蒙古大军的锋芒，求得保全。然而，谢道清站了出来，她坚决反对迁都，并对宋理宗说："如果迁都，军心、民心必将动摇，后果将不堪设想"，坚定了宋理宗没有迁都的信心。

公元 1264 年（南宋景定五年），宋理宗病逝，度宗即位。1267 年（南宋咸淳三年），度宗尊奉谢道清为皇太后，号寿和圣福，并进封三代，时年五十七岁。公元 1274 年（南宋咸淳十年），度宗病逝，年仅四岁的宋恭帝赵㬎即位，尊谢道清为太皇太后，时年六十五岁。尽管她再三推辞，然而恭帝赵㬎毕竟太年幼了，只能应朝廷请求而垂帘听政。当时南宋已是国力衰微，时刻处在风雨飘摇之中，面临着元朝军队的随时进攻。谢道清还是没有放弃，仍然在处理国事，兴改革之举，希望能够有转机。而且，她还在公元 1275 年罢免了权臣贾似道的丞相之位，平反冤假错案。面对强大的元朝大军，她也没有放弃抵抗，而是多次亲自起草诏书，号召各路镇守将领起兵反抗。

在面对许多朝廷大臣弃官逃亡的局面时，太皇太后谢道清愤怒地说："大宋立国三百余年，向来优待士人，眼下我们遭受大难，你们这些官员都不来救国，也不去号召全国之力行动起来，平日所读的那些圣贤之书都读到哪里去了？像你们此等作为，活着有何面目示人，死了有什么面目去见先帝！"她的这番言辞，谴责的是南宋末年那些逃跑或降元官员的行为。宋朝立国三百余年，有着不杀士大夫的祖宗家法，最为礼遇知识分子。然而，宋朝在生死存亡之际，这些饱受宋朝恩德的官员大多置国家利益于一旁，而只顾自身安危。

但是无论如何，南宋灭亡的局势已经是不可挽回的了，元朝军队也早晚会逼近。因此，随着南宋军队的节节败退，皇室发布的抗敌诏令，响应的人也越来越少。但是在一片投降、逃跑的氛围当中，仍然会有一批抱着炽热爱国之心的仁人志士前来响应，其中就有著名的文天祥，关于他的事迹可以参看“抗元名相文天祥”一节。

此外，除了联系抗元力量，她还派人与元军和谈，以求缓兵之计，能够在这期间做一些力所能及的事情，比如她派遣文天祥与元军接洽和谈，但结果却被扣押。在这期间，她立刻秘密安排了另一位忠臣陆秀夫带领益王、广王等赵宋皇室后裔出逃南方，以延续赵氏血脉，也保存了最后一支抗元力量。二王从临安逃难到闽、广一带组建了宋朝流亡政权，一直坚持到1279年的厓山海战，在这一战中南宋最后一支抗元的皇室也烟消云散。

公元1276年（南宋德祐二年），谢道清无奈之下向元军统帅伯颜奉上了传国玉玺和降表，怀抱着宋恭帝赵㬎投降。同年八月，重病的谢道清被从临安宫中抬出押送至元朝首都大都城（今北京），被封为寿春郡夫人，后来就一直生活在大都，期间的生活情况史书中没有记载。只知道过了七年以后，谢道清去世，时年七十四岁，死后葬在了家乡。

有的人说，谢太后是南宋末年掌权人物中的投降派，历史事实确实是她带领南宋皇室投降元朝。但是投降是无奈之举，因为在那个已成定局的时代，投不投降都不会改变南宋被强大的元朝灭亡这个事实。

恭帝赵㬎

公元1276年，元朝大军攻破了南宋的首都临安城，当时的南宋皇帝是一个年仅五岁的小孩，叫作赵㬎，他在祖母谢太后的怀抱之中出城，宣告投降元朝。南宋皇室继续在众大臣的支持下南迁，公元1279年，厓山（今崖山，在今广东新会县南大海中）海战爆发，宋少帝赵昺被大臣陆秀夫背着跳海而死，南宋就此灭亡。

赵㬎，公元1271年（南宋咸淳七年）生于临安府。1274年（南宋咸淳十年）七月，宋度宗去世，赵㬎即皇帝位，年仅四岁，谢太后临朝称制，替赵㬎总揽朝政。但是这个时候已经是南宋风雨飘摇的末年，元朝已经开始了对南宋最后的攻击。赵㬎自登基以来，基本上每天都能收到南宋国土被攻破的消息，土地与城池不断地丧失，百姓颠沛流离。南宋的文臣武将，有的叛主投敌，有的为国尽忠、尽力死战到底，有的向南逃窜。直到1276年（南宋德祐二年），元军攻破临安，赵㬎在谢太后的带领下出城向元军投降。临安城里的那些岁月，对于灭国时仅有五岁的小孩子而言，或许是空白，或许是惶惑，但总归是不好的。

元军统帅伯颜安排了南宋皇室一行人北上大都城，面见元世祖忽必烈，等候处理。来到大都城以后，赵㬎受到了还算不错的待遇，被忽必烈封为开府仪同三司、瀛国公。就这样，赵㬎一直生活在元朝皇帝监视之下，到了公元1289年（元至元二十六年），由于南方各地经常有人以南宋皇室的名义起义或者说叫造反，元世祖忽必烈很不放心，担心赵㬎真的会这么干，于是就赏赐给他一笔金钱，让他去吐蕃（西藏）出家。于是，他只好跋山涉水，来到西藏的萨迦寺（位于今西藏自治区日喀则地区萨迦县本波山）。在萨迦寺出家后，他学会了藏语，然后开始做翻译佛经的工作，成为藏传佛教历史上很重要的翻译家。公元1323年（元至治三年），赵㬎去世，享年54岁，结束了他传奇的一生。

纵观赵㬎一生，由皇帝到臣子再到高僧，足迹从风景如画的江南到天高云淡的漠北，最后又定居到雪域圣地青藏高原，这样的一生颇具传奇色彩。

抗元名相文天祥

当忽略一些诗的背景时，是无论如何也不能体会出诗里面的血和泪的。《过零丁洋》是南宋政治家、诗人文天祥所作的一首七言律诗。公元 1278 年，他在抵抗元朝军队失败被俘后，在广东零丁洋（今伶仃洋）的元朝军舰上作了这首诗。这首诗写道：

> 辛苦遭逢起一经，干戈寥落四周星。
> 山河破碎风飘絮，身世浮沉雨打萍。
> 惶恐滩头说惶恐，零丁洋里叹零丁。
> 人生自古谁无死？留取丹心照汗青。

这首诗的前六句描述了自己的身世，渲染了愤懑悲苦的心情，而后笔锋一转直抒忠于宋朝、宁死不屈的决心。这是一首千古流芳的诗篇，这首诗表现了文天祥的爱国主义精神。对于宋元之际那个大变革的时代，个人的飘零与山河的破碎，生命与理想在注定悲剧的时间里碰撞，选择哪一项都不是错误。但是，文天祥选择了舍生取义，慨然写出“人生自古谁无死？留取丹心照汗青”的气魄诗篇。可见，用生命捍卫的理想更为惊心动魄，亦足以气贯长虹。

文天祥生于公元 1236 年（南宋端平三年），卒于公元 1283 年（元至元十九年），南宋末期吉州庐陵（今江西吉安县）人。公元 1275 年（南宋德祐元年），他在家乡起兵抗元，后兵败被俘。在被俘期间，元朝政府无论如何对其威逼利诱，均不为所动，最终慷慨赴死。生平事迹为后人所称道，与陆秀夫、张世杰合称为“宋末三杰”。

文天祥在幼年时就文辞出众，他的父亲文仪嗜书如命，非常爱读书，立下读书治世的远大志向，这对文天祥的影响非常深刻。文天祥特别仰慕英雄人物，他在吉州学宫中看到欧阳修、杨邦乂、胡铨的遗像陈列其中，谥号皆为“忠”，便立誓以后要像这些先贤义士学习。公元1256年（南宋宝祐四年），他参加殿试被南宋理宗钦定为一甲第一名，高中状元，当时他年仅二十一岁。他的论点被认为议论卓绝，既合乎先贤之大道，又有坚如磐石的忠君爱国之情。但当时朝廷内部权奸当政，外部元朝军队开始大规模进攻。他不断上书进谏，却不被采纳。他的改革理想落空，既不愿尸位素餐，又不想同流合污，只能暂时置身于政治旋涡之外。同时，他仍然竭尽所能忠君报国，公元1263年（南宋景定四年），赴任瑞州（今江西高安市），瑞州在他的治理下百废待兴。公元1274年（南宋咸淳十年），被委任为赣州（今江西境内）知州，赣州在他的治理之下出现了短暂的安乐景象。此时距蒙古大举压境只余不到一年的时间，南宋已到了最为危急的时刻。文天祥终于结束了长达十五年的宦海沉浮，开始了戎马倥偬的生涯。那十五年期间，他多次上谏，意图力挽狂澜，然南宋终究是内外交困，无力实施。然而，他仍然选择跨上战马，实践自己忠君爱国的理想。

公元1275年（南宋德祐元年）正月，文天祥接到诏书，命他召集勤王之师。他接到诏书之后，火速征募义勇之士，筹集粮饷并捐出全部家财作军费。他把母亲和家人送到弟弟处赡养，以示毁家纾难。最终他组织了三万多人的兵马，开始了起兵勤王的生涯。他的友人曾对他说：“现在元朝军队以三路进兵，你只有区区三万人马，就像是驱动羊群去与猛虎斗争。”文天祥答道：“受君之恩，食国之禄，应

文天祥画像，选自《文山先生文集》（明景泰刻本）

南宋马麟绘制《林和靖图》

南宋叶肖严《西湖十景图册》

该以死报国。”此后，他奔赴前线阻击蒙元大军，但宋朝的覆亡已不是他所能阻止。他组织了多次保卫战役，均宣告失败。此时的朝廷又陷入了主战和主和的争论，文天祥、张世杰主战，两人联名奏请朝廷背水一战，危中求安。主和派加紧策划议降，太皇太后谢道清准备了投降书。

公元 1276 年（南宋德祐二年），文天祥出使元军大营，为征讨南宋的元朝大军统帅伯颜扣住。在被押送大都城的途中，他在镇江（今江苏镇江）设计逃出，一路经真州（今江苏仪征市，即扬州市西南）、扬州（今江苏扬州）、泰州（今江苏泰州），最终到达通州（今江苏南通）。他在那里拥立益王登基，改元景炎，是为宋端宗。此后他招兵筹饷，组建了一支督府军。但是他们的实力远远逊于蒙元军队，在战斗过程中尽管也曾收复过失地，取得了短暂的胜利。但是，最终于公元 1278 年（南宋祥兴元年），文天祥在五坡岭为蒙古铁骑所俘，自杀殉国失败。

厓山海战之后，他被押送至元大都（今北京），开始了长达三年两个月的囚禁生涯，时间是从公元 1279 年（元至元十六年）十月抵达大都到公元 1283 年（元至元十九年）。在此期间，蒙元统治者用尽各种手段希望能够劝降文天祥，甚至连元世祖忽必烈亲自出面也未能说服他。整个过程中，参与人物之多、威逼利诱的手段之毒、许诺的条件之优厚、等待的时间之长久，都远远超过了其他的宋臣。从这些可以看出他意志之坚定，最终元朝政府无奈，只能放弃劝降。

公元 1283 年（元至元十九年十二月初九）文天祥从容赴死。他行刑前问明南方所在方向，并拜了几拜，最终慷慨就义，终年四十七岁。他殉难以后，人们通过各种方式来纪念他。他的文集、传记、诗歌也逐渐流传开来，历久不衰。他的《绝命词》写道：“孔曰成仁，孟曰取义，唯其义尽，所以仁至。读圣贤书，所学何事？而今而后，庶几无愧。”意思是说，读了这么多圣贤书，是为了什么？就是仁和义，做到这两点，就问心无愧了。他的一生，可谓仁至义尽，无愧于天地。

此外，文天祥还写过一首《哭妻文》，里面写道：“烈女不嫁二夫，忠臣不事二主，天上地下，惟我与汝。呜呼哀哉！”从字面意思来看，是文天祥写给他的妻子，要求她守妇道，为文天祥守节。其实如果了解了其中的细节，就会心生更多感动。文天祥的妻子姓欧阳，因文献没有记载故不知其名，只能称其为欧阳夫人。在文天祥率兵收复失地，与元军抗衡的时候，欧阳夫人与儿女们被元军俘获。文天祥在元朝首都大都（今北京）被囚禁的期间，写过不少思念妻子、儿女的诗篇，如：“儿子华为土，六女掠为奴。”因为他长期被囚禁，消息不通，竟然一直不知道妻子、儿女的下落，只能是空留思念在心间。直到被囚禁了三年之后，才收到女儿柳娘的来信，知道妻女也被羁押在了大都。而他之所以能够得知妻女的消息，收到女儿的来信，都是元朝政府的安排，乃是为了利用他的妻女，或者来打动他，或者要挟他，以便达到迫使他投降元朝的目的。但他仍不为所动，从他所写的诗中就可见其不屈服的决心：“结发为妻子，仓皇避乱兵。生离与死别，回首泪纵横。”

文天祥死后，欧阳夫人和女儿柳娘、环娘跟随元朝公主远嫁高唐王，居住在大同路丰州（今呼和浩特市东南郊丰州古城）的栖真观。后来，辗转多年，欧阳夫人终于回到了故乡。大德九年（1305年）二月，欧阳夫人生了重病，当时她已经七十多岁，在她生命的最后时刻，她将文天祥的《哭妻文》手迹放在胸口，说：“这是从丞相那里得来的，我死，也一定要将它悬放在我的心口上。我要带着这个见我的父母和我的丈夫，我也问心无愧了。”就这样，欧阳夫人安详地离开了人世。

绝食明志的谢枋得

公元1289年（元至元二十六年）的一个冬天，这时候南宋已经灭亡10年了，曾经与文天祥同样有名的著名诗人谢枋得，最终拒绝了元朝统治者的招揽，在大都城的悯忠寺（今北京法源寺）绝食绝言了五天，然后在大雪纷飞的冬天从容去世。

谢枋得是南宋信州弋阳（今上饶弋阳县）人，他的父亲谢应琇因为冒犯了南宋朝廷高官而被冤枉致死。谢枋得由母亲桂氏抚养长大，可见他的成长过程比较艰辛。他天资聪慧，每次看书都是一目十行，看过之后就终身不忘。据说谢枋得长相很奇特，左眼睛有两个瞳孔，脑壳是隆起的，嘴巴大，胡子长，但是身高却不足五尺（大概150厘米吧）！谢枋得性格刚烈，如《宋史·谢枋得传》（中华书局1985年6月新1版，第12687页）记述道："性好直言，一与人论古今治乱国家事，必掀髯抵几，跳跃自奋，以忠义自任。"可见，谢枋得为人豪爽，性子耿直，和别人讨论国家大事的时候，都会掀起胡子，拍着茶几，神情非常激动。谢枋得在青少年的时候，正值南宋积贫积弱的时期，他秉持忠义的观念，忧国忧民，希望自己将来能够金榜题名，为国家出一份力。

公元1256年（南宋理宗宝祐四年），30岁的谢枋得去南宋首都临安（今杭州）参加科举考试中的殿试，与名人文天祥同时考中了进士。但是在考试的时候，谢枋得当场揭露了当时朝政的一些问题，比如百姓贫穷、国力衰弱、财政缺乏、贪官污吏横行，等等，还直言不讳地说，如果让权臣和奸臣执掌朝政，国家早晚会灭亡！结果，这些言论大大地得罪了当时的大奸臣董槐和董宋臣等人，最后被宋理宗降到“二甲第一名”的差成绩，任命他为掌管户籍、赋税、仓库交纳等事的抚州司户参军。他很生气，就没有去当这个官，径直回到了家里。后来谢枋得又参加了一次选拔教官的考试，但也没有赴任。

很快，元朝军队开始南下大举进攻南宋。当元军逼近信州的时候，闲居在家的谢枋得挺身而出，说服当地的豪族拿出家资来抵抗元军，保卫家乡。谢枋得的妻子李氏也全力支持丈夫的事业，把自己的家产都捐助出去作为军费。南宋将军赵葵看到谢枋得等已经作好了战备工作，十分高兴，便聘请他在军队中做事情，还拨给了他大量的粮食和充足的经费。谢枋得用这些钱粮和当地人民的捐助，招募了一万多民兵，率军负责守卫饶、信、抚三州。不久，赵葵还报请南宋朝廷给了谢枋得一个官职。当时，丞相兼枢密使贾似道奉行投降政策，卑躬屈膝地向元军求和。

公元1264年（南宋景定五年），江南地区的官员要在宣城和建康等地举行地方科举考试（也就是乡试），39岁的谢枋得因曾经做过建宁府教授，故被任命为这次乡试的考官。谢枋得想到朝廷的腐败和奸臣贾似道祸国殃民的罪行，于是干脆以指责贾似道的政事为考试卷的内容，写道：“兵一定至，国家一定亡”，并且根据这个思路提出了10个问题要求考生回答，这就是著名的“江东十问”。考试结束以后，这份试题的原件被贾似道看见，贾似道勃然大怒，立即指使亲信给谢枋得安上了居乡不守法纪、起兵时冒领军资钱粮、诽谤朝廷重臣等虚假的罪名来陷害他。不久，宋理宗撤了谢枋得的官职，又把他赶到偏僻的地方去赎罪，直到三年以后因朝廷宣布大赦，谢枋得才又回到老家。

公元1275年（南宋德祐元年），元军统帅伯颜率大军进攻南宋。南宋奸臣贾似道先前那些祸国殃民的罪恶行径终于彻底暴露，朝廷罢免了贾似道，开始重用谢枋得，命他为江东提刑、江西招谕使，负责召集被打败的军队，守卫饶州和信州。第二年正月，元军开始进攻江东地区。谢枋得亲自率兵与元军展开了一场血战，最终还是因为孤军奋战、没有援兵而失败，饶州和信州都失守了。南宋首都临安被元军占领以后，谢枋得仍在坚持召集军队，继续抵抗元军，但终因势单力薄而失败。由于元军的追捕，谢枋得被迫隐姓埋名，弃家逃亡福建。

在弋阳，元军抓住了谢枋得的母亲，想用她为诱饵抓住谢枋得。谢母说："老妇我今天应该死，我不应该教儿子读书、识礼仪，知道了'三纲五常'的做人道理，才有今天因为抵抗而遭受的苦难。如果我不教他读书、识礼仪，他就不会知道'三纲五常'的做人道理，也就不会因为拼死抵抗而害得我被抓捕，老妇我现在只希望早早地赴死！"她说话的时候从容不迫，一点也没有愁恨、悲叹的意思。元军将领对她也无可奈何，只得放了她。谢枋得的妻子李氏，带着两个儿子和一个女儿藏在贵溪山里面，后来遇到好心的山民，才稍稍安定下来。不久又遇到元兵的追捕，为了保全乡民们的性命，李氏挺身而出，谢枋得的儿子熙之、定之和弟弟、侄子、女儿等也同时被捕，除了一个弟弟不久后死于信州，其余的亲属全部被押解到建康（今南京）大牢之中。元军在狱中向李氏逼婚，李氏不屈服，与女儿一起为了保持名节自缢而死，另一个弟弟与三个侄子都死于狱中，两个儿子被移到扬州的狱中，后来被释放。

谢枋得逃到福建以后，曾经长期流亡在建阳一带的荒山野岭里面，生活极其艰难。为了悼念已经灭亡的故国南宋，他每天穿着麻衣、草鞋，面向东方痛哭。他曾经遍访武夷山、龙虎山等道教圣地，还吃斋、卜课算命，几乎成了游方的道士。后来，有人认出了他，便把他请到家里，让他教授家中的子弟读书。

元朝统一全国后，出于巩固统治的需要，开始招揽汉族士大夫人才。由于谢枋得的名声和威望很高，许多人都举荐他。因此，元朝政府曾经先后五次派人来请谢枋得当官，但都被他严词拒绝，还写了一篇叫作《却聘书》的文章，向世人表明自己的态度，坚决不去当元朝的官。

公元1288年（元至元二十五年）冬季的一天，福建官员接到朝廷的命令，要强迫谢枋得北上大都城到朝廷当官。这时，谢枋得虽然外表已经枯瘦不堪，但他的精神尚好，临行前还赋诗赠别亲友。但是谢枋得作了一个决定，从出发北上那天起开始绝食，决心用饿死来表示抗拒。后来有人劝说他，到了大都可以看见被元军俘虏的南宋谢太皇太后和宋恭帝。因此为了能活着到大都，他才每天吃一点点蔬菜和水果维持生命。

谢枋得和押解他的官员们，在路上颠簸了将近半年的时间才到大都。到了大都城的馆驿后，他到处打听南宋太皇太后谢氏的停葬之处和宋恭帝所在地的方向，痛哭跪拜，表示对故国的眷念，这个举动在大都引起了震动。他拒绝吃东西已经到了生命垂危的阶段，就被转移安置到悯忠寺。谢枋得住的那间屋子的墙上有一块纪念曹娥的碑。他看过碑文后，痛哭着说：“一个年轻的女子都可以为父尽孝，我怎么能不为国殉难呢？”在这之后，他再次进行绝食斗争。原来南宋的左丞相、后来投降元朝并当了高官的留梦炎，派医生拿了掺有米饭的药汤请他去喝，他怒骂道：“我想死，你还想要我活吗？”于是，他把药饭抛洒在地上，将药罐打翻摔碎。四月初五，谢枋得在绝食了五天以后，终于去世，终年六十四岁。

谢枋得死后，他的朋友们为他备办了棺椁等，把他暂时安葬在大都城的文明门外。元世祖忽必烈听说后，认为谢枋得忠勇可嘉，深受感动，下令把他的遗体送回原籍，为他举行了隆重的葬礼，并进行安葬。谢枋得的儿子谢定之遵照皇帝的命令，运送谢枋得的遗体回到信州老家，葬在故乡弋阳。他的学生们私下为他取谥号为“文节”。因为谢枋得号叠山，所以北京至今仍保存有一座谢叠山祠，南昌也有一条叠山路，这都是为纪念谢枋得而建的。

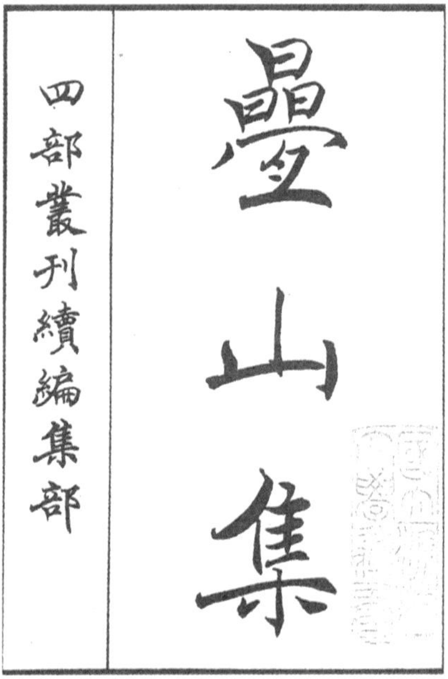

谢枋得《叠山集》书影

乱世才子赵孟頫

赵孟頫是宋元时代的一位大才子。他原本是宋朝皇室的后人，身世算是不错，他相貌堂堂，谈吐不凡，写诗、作文、书法、绘画等，无一不精。他的妻子管道升，也是一位才高八斗的美女。然而，赵孟頫的名声却充满争议，因为他作为宋朝皇室的后人，却不顾别人的闲话，在元朝做了一辈子的官。

赵孟頫出生的时候，蜗居在江南的南宋王朝已经如同风雨中的残烛飘摇不定，很快就要覆亡，再加上赵孟頫十一岁的时候他的父亲就已经去世，一切让这个南宋皇室的后人根本没有运气享受到作为皇族的待遇，而是过早地受到生活的磨炼，早早地奋发图强，早早地声名在外。但他的名声是在文化圈，并非是皇室贵族政治圈层。或许正是因为受不了生活的困苦，多年以后他才不顾别人的非议，到元朝的朝廷中寻找荣华富贵。

元朝统一了全国之后，为了安抚人心，朝廷曾经派大臣程钜夫到盛产才子的江南地区寻找名人，请这些名人来到朝廷为统治者们效力。这时候有大臣提议，赵孟頫是南宋皇室的后人，把这样的人留在身边，多有不妥。一旦他打着南宋皇室的旗号造反，就麻烦了。就算是要任用他，也不可使其官位太高。然而，元朝皇帝忽必烈见到赵孟頫之后，觉得是“神仙中人”，谈吐儒雅，就立即对赵孟頫产生好感，让他坐在丞相叶李的上首。当然，因为他这个南宋皇族的身份，他的一切言行始终在皇帝的掌握之中。当了官的赵孟頫为了保住性命，自然是为官勤勉、谦和谨慎、心系百姓。实际上，赵孟頫终其一生并没有得到什么实权。

当时，掌握朝廷大权的是丞相桑哥，他擅长理财，给元朝搜刮了很多财富，所以元世祖忽必烈很重视他，于是他的权力也越来越大。桑哥向忽必烈建议彻底清理天下的粮谷、钱财，然而他的这个决定给国家造成了很大的混乱，官员们趁机搜刮民脂民膏，搞得民不聊生，把很多人逼得都自杀了，还有的人实在没办法就逃到山林里躲了起来。恰在这时候，又来了一场天灾，元朝首都大都城（今北京市）发生了严重的地震，死了很多老百姓。元世祖赶紧命令调查情况，但是朝中的官员们很害怕桑哥，所以都不敢说出真相。在这个关键时刻，赵孟頫很想仗义执言，但也是不敢。于是他就向朋友、朝中大臣阿剌浑撒里“耳语”一番。

随后，阿剌浑撒里上奏皇帝说：“丞相桑哥建议整理天下的钱粮，本来是好意。可是凡事都得有个限度，目前这工作已经弄得老百姓死的死、逃的逃，再加上地震破坏，现在的百姓都在议论这天灾人祸，已经活不下去了！不如剩下那些还没有征收上来的钱粮就免了吧，这样那些流离失所的百姓才能回到故土重建家园，这样不久之后全国才能恢复生产，减少灾情影响！”这一番话说得有理有据，忽必烈觉得很有道理，实际上这一番话都是赵孟頫的原话，不过是借阿剌浑撒里之口说出来罢了！

然而这诏书发出来以后，丞相桑哥非常生气，认为这不是皇帝的意思，定有人指使。赵孟頫得知后又有些害怕，他私下找到桑哥，对他说：“那些钱粮没有征收上来的家庭，死的死、逃的逃，勉强活着的也就剩一副皮囊，即使丞相想征收，又去哪里征收呢？如果不及时免除了老百姓这些负担，将来皇帝查问起来，如此多的钱粮没有及时征收上来，难道不正是尚书省办事不力吗？到时候丞相也会深受连累！”一席话听得桑哥出了一身冷汗，这番话虽然不好听，但是确实有道理！于是桑哥也只好在皇帝明白过来之前，赶紧把这事了了。

虽然赵孟頫在当官从政方面小心翼翼，但他作为江南士人的代表，非常擅长诗词、书法和绘画等文学艺术，受到了元仁宗的喜欢。元仁宗曾经说：“擅长文学、能够留名青史的人里面，唐代有李白，宋代有苏轼，我们今天有赵孟頫！”

赵孟頫还有一个才貌双全的妻子，名叫管道升。他们夫妻二人都会作诗、写文章、绘画和书法，夫妻感情还非常好。赵孟頫一生都没有纳妾，这在古代是很难得的行为。这里还有一个关于赵孟頫纳妾的有趣故事。

已经五十多岁的赵孟頫看同事们都妻妾成群，觉得自己也可以三妻四妾。于是便想与妻子商量，也仿效他人，纳几个小妾。然而赵孟頫夫妇二人多年来相濡以沫、互为知己，使得赵孟頫不敢当面向管道升提出，于是作了一首小词偷偷放在书房中。小词写道：“我为学士，你做夫人。岂不闻，陶学士有桃叶、桃根，苏学士有朝云、暮云，我便多娶几个吴姬、越女，有何过分？你年纪已过四旬，只管占住玉堂春。”

管道升是多么聪明的女子！夫君的意思再明白不过。赵孟頫这首小词，虽然意思明白，语气中却也透着点怯意，毕竟是自己理亏。多年来夫妻情分，我们可以想到读到这首小词的管道升是什么心情。于是，管道升没有与自己最爱的夫婿撕破脸皮，而是也作了一首情深意切的《我侬词》：

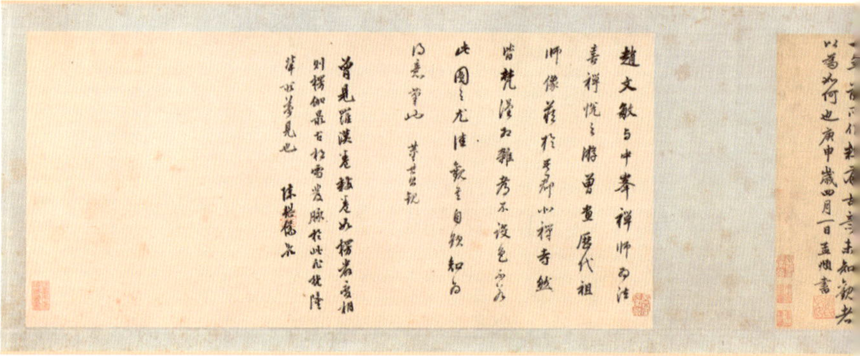

赵孟頫《红衣西域僧图》

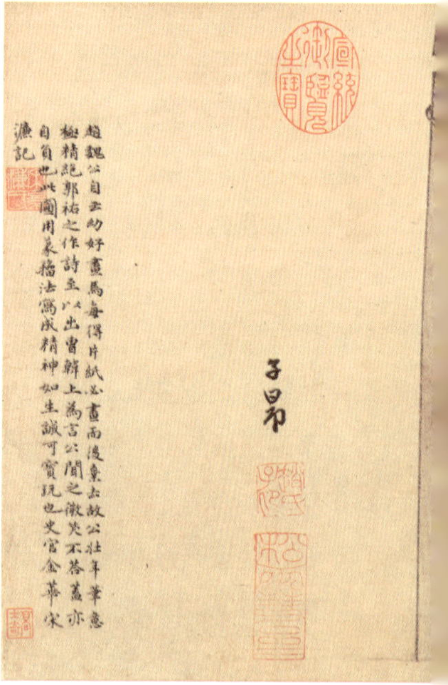

赵孟頫《饮马图》

余嘗見盧楞伽羅漢像衆得西域

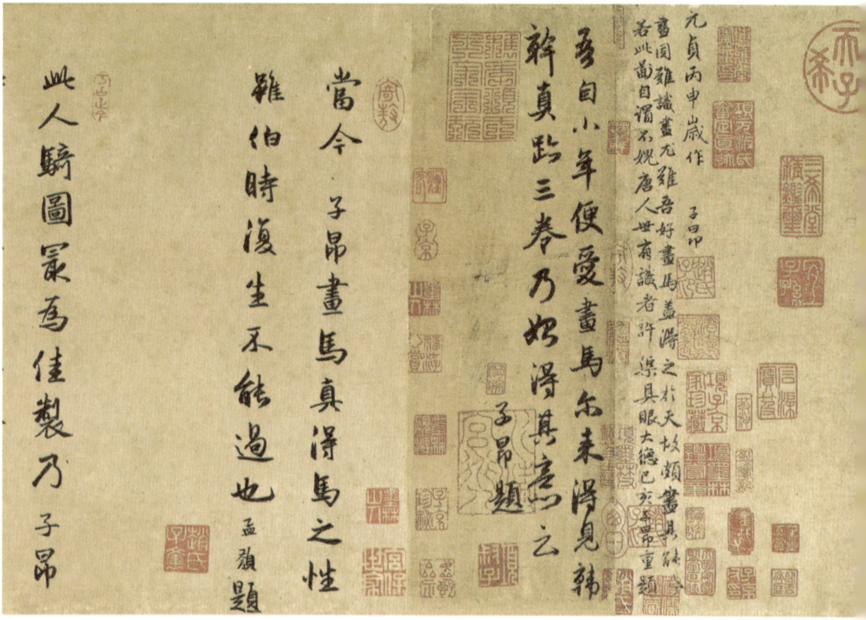

赵孟頫《人骑图》

赵孟頫《浴马图》

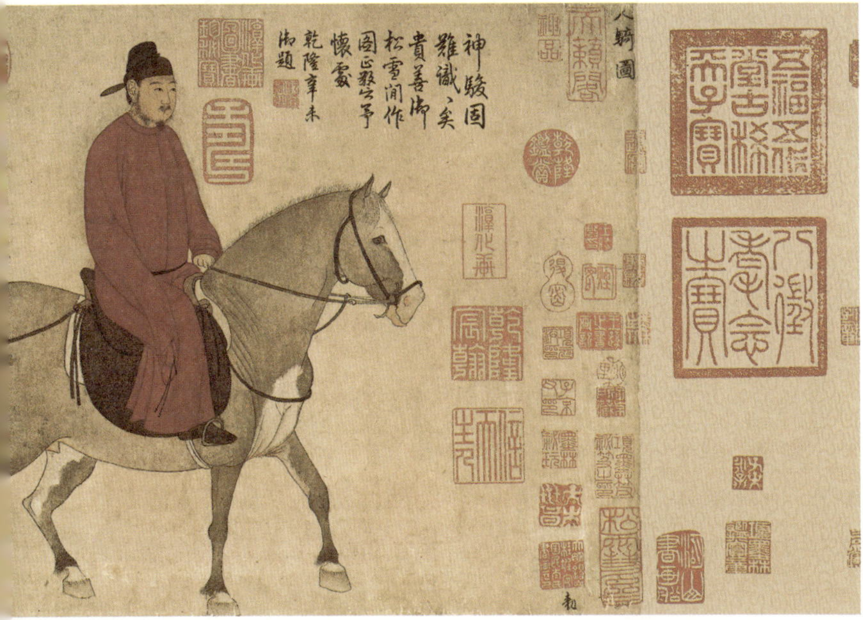
神駿圖
難識〻矣
貴善御
松雪閒作
乾隆辛未
御題

你侬我侬，忒煞情多，情多处，热如火。把一块泥，捻一个你，塑一个我。将咱两个，一齐打破，用水调和。再捻一个你，再塑一个我。我泥中有你，你泥中有我。与你生同一个衾，死同一个椁。

词的意思再明白不过了：“你中有我、我中有你，生同衾死同椁的情谊，哪里有空隙加入一个小妾！”夫妻俩这段你来我往的小词，也成为千古佳话，为后人乐道。

公元1318年，管道升在大都城生病，在朝廷如履薄冰的赵孟頫疼惜跟自己颠沛一生的爱妻，再也不愿意留恋官场，于是坚决要求辞官。不幸的是，管道升终是未能回到如水江南，第二年就在他们离京返乡的途中去世了。三年后，赵孟頫也在故乡去世。身为南宋皇族的赵孟頫虽然背负着“变节”的罪名，但却也用政治生涯提升了自己的艺术声誉，让他的“赵体”流传千古。

虞集的省亲和交游生活

虞集（1272—1348年），字伯生，号邵庵，又号道园，他的祖籍是陵州仁寿县（今四川仁寿县），他生于衡州（今湖南衡阳市），定居于抚州崇仁县（今江西崇仁县）。虞集的家族渊源比较显赫，是南宋时期的世家子弟，五世祖虞允文是南宋名臣，曾为丞相。虞集少时随从外祖父杨文仲宦游，后居家苦读，定居于抚州的崇仁县，拜访并跟从诸多名家士人学习。虞集在三十岁以后开始入仕元朝政府，历任翰林待制兼国史院编修官、秘书少监、国子监祭酒、奎章阁侍书学士、翰林侍讲学士等，六十二岁以后隐居。

虞集是元代的著名文人，他和当时的其他三个士人杨载、范梈、揭傒斯号称是“元诗四大家”，又与揭傒斯、黄溍、柳贯号称“儒林四杰”。虞集一生的经历非常丰富，他游历名山大川，交游广泛，与其往来的名士文人有儒、释、道和元朝各级官吏、显贵等。虞集著述颇丰，《元史·虞集传》称其“平生为文万篇”，现存著作主要有《道园学古录》五十卷、《道园类稿》五十卷、《道园遗稿》六卷、《伯生诗续编》三卷、《翰林珠玉》六卷等五种。有学者做过研究认为，实际上虞集作品数量之大，远远超过“万”。黄溍《道园遗稿序》称：

> 抑公平生所为文，无虑万余篇，今道园录中所载，不啻十之三四而已。（《道园遗稿》卷首，四库全书本）

有关虞集事迹记载的主要文献一共有三份，分别是《虞集神道碑》（欧阳玄）、《虞集行状》（赵汸）和《元史·虞集传》，世人主要通过这几份材料来了解虞集的生平，此外还主要通过虞集存世的几部文集《道园学古录》《道园类稿》《道园遗稿》《伯生诗续编》来了解他的思想和其所处时代的日常社会生活。

虞集所生活的时代是元朝中后期，当时的元代社会已经是"承平日久，四方俊彦萃于京师，笙镛相宣，风雅迭倡，治世之音，日益盛矣"。（《道园类稿》卷首《雍虞公文集序（欧阳玄撰）》）延祐六年（1319 年），虞集的父亲虞汲去世。于是，刚刚被任命为翰林待制、国史院编修官的虞集于当年的秋天南下返回老家崇仁丁忧（古代官员在父母去世以后，辞官回家守孝二十七个月）。直到至治三年（1323 年），虞集受到元朝政府复召，返回京师继续担任翰林待制等官职。至治年间，虞集主要处在丁忧期，丁忧期间的文人虽然以对父母的守孝为主，但也不仅仅只守孝，他们往往会展开频繁的交游、旅行活动，从其一生的仕宦生涯来看，他们会在这一时期过上一段相对逍遥自在的生活。我们今天通过认识虞集其人及交游经历，能够有助于加强对其所处时代有关社会问题的认识。

《元史·虞集传》载：

> （延祐）六年，除翰林待制，兼国史院编修官，仁宗尝对左右叹曰："儒者皆用矣，惟虞伯生未显擢尔。"会晏驾，不及用。（《元史》卷 181《虞集传》，第 4176 页）

由于虞集本身丰富的学养及其在当时文人群体中较高的声望，得到了仁宗爱育黎拔力八达的赏识，而且作为蒙古族出身的皇帝，元仁宗汉文化水平相对较高，他比较了解南方汉族士人，也希望能够重用一些南方士人来整顿朝纲。仁宗于延祐六年任命虞集为“翰林待制，兼国史院编修官”，但延祐七年（1320年）正月辛丑（二十一日），仁宗未来得及施展自己的政治宏图，就不幸病逝。结果，一朝天子一朝臣，虞集刚刚被任命新官职不久，还未来得及为仁宗所重用，随着仁宗的去世，虞集也终未能得到重用。

虞集《道园类稿》中有一首名为《送王中夫赴安庆教授》的诗，其序云：

> 予延祐己未秋南归，安庆城东有张教授，与予同舟。（《道园类稿》卷6《送王中夫赴安庆教授》）

既然得不到重用，就只能离开。“延祐己未”是1319年（元延祐六年），这证明虞集应于延祐六年秋辞官南归丁忧。按照规制，古代官员丁忧期间必须要辞去现任官职，故说明自延祐六年秋开始，虞集已不再担任太史职官，据此推测虞集担任“翰林待制、国史院编修官”最多半年时间。

虞集撰《熊同知墓志铭》云：“（熊昶）改尉崇仁者六年……时予家居者三年，及其闲暇，昶之未尝不从。”（虞集《道园类稿》卷47《熊同知墓志铭》）虞集丁忧南归返回了家乡崇仁（今江西抚州市崇仁县）。虞集的父亲虞汲，在南宋灭亡以后侨居在崇仁，虞集出生在这里。熊昶担任崇仁尉以后，经常去居家闲暇的虞集家里与其一同学习，还讨论礼律之事。按照规制，古人丁忧时间一般自得知父母去世消息那一天开始，时间一般为三年，实际为二十七个月。虞集自称“家居者三年”，恰为丁忧之期。虞集于延祐六年（1319年）秋从大都南归丁忧，如果以“家居者三年”为期，那么1321年（元至治元年）恰好是第三年。秋季一般为七、八、九三个月，延祐六年（1319年）有一个闰八月，故从七月到九月共计四个月，在这四个月时间内均属于“延祐己未秋”。如果以实际上的丁忧期限是二十七个月算的话，从延祐六年（1319年）秋七月至九月的任何一个月开始算起，那么丁忧结束（即服阕）的时间应该是在至治元年秋八月至十二月，由此便根据现有材料对虞集丁忧时间作了一个有一定范围的推定。

虞集《思学斋记》：“延祐庚申，予居忧在临川……明年，予免丧，省墓吴中。”（虞集《道园类稿》卷28《思学斋记》）延祐庚申，即延祐七年（1320年），明年即至治元年（1321年），虞集自称至治元年免丧，说明他结束丁忧的时间最晚是在至治元年年底（十二月）。古人所谓“家居者三年”的丁忧期其实不足三年，而是一个约数，而且丁忧期间有很多活动，甚至可以自由外出交友、吟诗作赋等。

虞集这次丁忧，是延祐六年（1319年）秋（七、八、闰八、九月）的某一个时间点辞官南归家乡崇仁，开启丁忧期，经过二十七个月的丁忧时间至至治元年（1321年）的某一个时间点（八月至十二月）结束丁忧（即服阕）。

游庐山白鹤观

《南康府志》收录有一篇虞集所撰《白鹤观记》：

> 庐山五老峰前白鹤观者，唐开元道士刘混成故居……至治壬戌之三月，予游山至焉。[《（正德）南康府志》卷8《文类·白鹤观记（虞集）》，天一阁藏明代方志选刊影印原刊本]

明人桑乔所撰的《庐山纪事》在“太平寺白鹤观”条下收录了一首虞集所撰《白鹤观》诗：

白鹤山人如鹤白，自抱山樽留过客。要看修竹万琅玕，更对名花皆雪色。山樽本出山下泉，过客醉去山人眠。客亦是鹤君莫笑，重来更待三千年。

序曰：三月一日，青城山道士虞集伯生同临川江朝宗、鄱阳柴景实、颍川陈升可、彭城张允道游白鹤。笑鹤翁见客至，欣然自携一樽，与客至竹下看牡丹花，曰：今日独开一朵，当是为客发也。故为此赋。（桑乔《庐山纪事》卷 6，四库全书本）

虞集到达庐山并游览白鹤观的时间是至治二年三月一日，且与其同行的还有一位临川人江朝宗。诗序中，虞集自称“青城山道士”，颇为有趣。虞集祖辈仕于四川，其为文作诗常有“青城樵者”或“青城道士”的意象，如“昔我樵牧青城山”（《道园学古录》卷 2《题简生画涧松》）；“青城山樵者虞集述赞之”（《道园类稿》卷 15《玄帝画像赞》）；“青城山樵者虞集题”（《清河书画舫》卷 8《李龙眠画君臣故实》，文渊阁四库全书本）；“我本青城樵，偶然婴世网”（《道园遗稿》卷 4《渔、樵、耕、牧四咏》其二）；等等。虞集为何自称“道士”？这或许与其传记中记载的一则关于他出生的异事有关：

咸淳间，文仲守衡，以汲从，未有子，为祷于南岳。集之将生，文仲晨起，衣冠坐而假寐，梦一道士至前，牙兵启曰：“南岳真人来见。”既觉，闻甥馆得男，心颇异之。（《元史》卷 181《虞集传》，第 4174 页）

文仲为虞集的外祖父，其女杨氏嫁于虞汲，“甥馆得男”则指杨氏生虞集，推测虞集喜欢自称“道士”很可能与这一点有关系。

虞集在《熊先生与可墓志铭》中写道：“集再以待制召，复入史馆，道过豫章，前先生之卒数月耳。”（虞集《道园类稿》卷 48《熊先生与可墓志铭》）熊朋来，字与可，豫章（今江西南昌）人。《元史》卷 190 有传，对照内容可以知道《元史·熊朋来传》的基本内容取材于他的墓志铭，这是元代许多人物传记的一般写法。从墓志铭记载可知，熊朋来于至治三年（1323 年）五月去世，虞集称道过豫章之时，熊朋来已卒数月。虞集出游当是从抚州路崇仁县出发，如要至庐山游览，必从抚州路向北经过豫章（龙兴路，今江西南昌），即从抚州路临川经龙兴路（豫章）至南康路的庐山，这是一条最为便利的交通路线。

游杭州报国寺和苏州开元寺

至治二年夏，虞集来到江浙一带。他游览报国寺的时候，在寺中遇到了晦机禅师的大弟子，并且因其请作了《晦机禅师塔铭》。至治二年夏的大概时间是四月、五月、闰五月和六月，报国寺位于平江路（今江苏苏州），可知虞集此时当在苏州城内。

《姑苏志》收录有一篇《绿阴堂记》，为虞集应苏州开元寺恩公所请，于元统三年（1335 年）四月所撰。记文开篇第一句云：“至治壬戌，集始游吴。断江恩公住开元，光公雪窗客予所，同往见焉。”[《(洪武)姑苏志》卷 48《绿阴堂记》] 虞集在苏州交游广泛，游览各大寺庙。这里所记的断江恩公，居住于平江路苏州城内的开元寺（现位于苏州市盘门内东大街）。关于开元寺，《姑苏志》云：“开元禅寺，在盘门内。吴孙权母吴夫人舍宅建。或云，权为乳母陈氏建……元至治间，寺毁，僧光雪窗、恩断江重建，又取韦诗‘绿阴生昼寂’之语作绿阴堂，并虞集为文。”（王鏊《姑苏志》卷 29《寺观·开元禅寺》，四库全书本）从这段叙述可以知晓虞集撰写《绿阴堂记》的缘起。实际上，

元代过街塔遗存，位于江苏省镇江市

光雪窗禅师与虞集早有交游往来，虞集曾有诗《平江开元雪窗光禅师，访予临川山中。其归也，予与宾客用一雨六月凉，中宵大江满分韵送之，不足，予为继之，而予分得一字》：

积雪何处高？蜀山最峭崒。海东极孤绝，目送断鸿一。徘徊桫椤树，宴坐但空室。园果堕宿雨，当昼从定出。八月露水繁，石钵满华蜜。相会岂无因？分床便深密。（《道园学古录》卷27）

光雪窗禅师陪同虞集来到开元寺，恩断江请虞集为其寺内的绿阴堂作记，但因有事耽搁，“还禁林”，即虞集返回翰林院，故当时未完成，未承想此诗一拖便是三十年，后终于元统三年完成。那么，导致当时未完成记文的原因是“还禁林”，禁林是翰林院的别称，因此很可能是虞集当时接到了朝廷复召的诏命，甚至见到了拜住（英宗硕德八剌的丞相）派去的使臣，由于即刻需要北上大都（今北京）复命，故未来得及完成这一《绿阴堂记》。故推断，虞集应是在至治二年夏接到朝廷复召命令，返回大都。

苏州省墓并拜访族亲

实际上，至治二年虞集出游的主要目的是赴苏州省墓。虞集来至苏州，虽然主要目的是省墓，此外还拜见了其叔父南山翁，《道园学古录》中有两组诗：

第一组诗为《留别叔父南山翁》三首：

其一：

玉屏古柏与天齐，使过于今又七期。各道遗书向江上，西风江水鬓丝丝。

其二：

玉遮墓下有诸孙，东望沧波每断魂。泣血三年余喘在，更将衰泪洒荒园。

其三：

族人散处江南郡，不识音容带记名。世泽须今孙子忆，故家今几尚簪缨？（《道园类稿》卷 10，元人文集珍本丛刊明初翻印至正刊本）

这组诗是虞集与其叔父南山翁离别时所作，诗中所谓“玉遮墓下有诸孙”，指的就是玉遮山下的祖墓，“泣血三年”意即虞集三年丁忧，“衰泪洒荒园”指的是虞集来苏州省墓。这组诗序曰：

先君太史弃诸孤之四年，集来吴门省连州府君之墓，始见叔父南山翁。翁与集同出太师雍国公，盖四从矣。翁曰：后会未可期，幸留数语识岁月。翁方客授外乡，又以推人生祸福以助道，故不能久留城中。敢用赋此，以承命云尔。（《道园类稿》卷 10，元人文集珍本丛刊明初翻印至正刊本）

“先君太史”即指虞集的父亲虞汲，去世于延祐六年（1319 年），至至治二年（1322 年）恰好为“弃诸孤之四年”，虞集祖父虞珏曾为“宋奉直大夫、知连州、仁寿县开国男，食邑三百户，国朝累赠嘉议大夫、礼部尚书。追封雍郡侯。”（赵汸《东山存稿》卷 6《虞集行状》，四库全书本）可知，虞珏当为此诗序中所称之“连州府君”，故可知虞集来苏州是为省祖父虞珏之墓。

《姑苏志》对虞氏家族诸墓有记载："知荣州虞夷简并妻恭人邓氏二墓，在蒸山。子知岳州虞兟及妻令人魏氏祔。自后数世从葬，教谕堪皆在焉。知连州虞珏墓在遮山。珏，字成夫，夷简长子，孙集显于元。追封珏雍郡侯。"此外，《姑苏志》编纂者还将前文述及的虞集所作《留别叔父南山翁》诗序抄录在这里。（王鏊《姑苏志》卷34《冢墓》，四库全书本）

虞珏字成夫，志载其父名"夷简"，即虞集的曾祖父，而查阅欧阳玄撰《虞集神道碑》、赵汸撰《虞集行状》均载为"刚简"。关于虞刚简，魏了翁《虞刚简墓志铭》载：虞刚简"男子二人：嘉，迪功郎、监雅州卢山县酒税；奭，未仕。"可见，刚简其子中并未有"珏"之名者，魏了翁与虞刚简过从甚密，早年曾共同在蜀东门外讲学，其文集《鹤山集》中现存有大量与刚简往来的诗文，以两人的熟悉程度，魏了翁对虞刚简后代必然十分清楚，故为其撰写的墓志铭内容可信度极高。铭文又载虞刚简的两位兄弟"知茂州烁、知荣州夷简蚤世，公（刚简）拊育诸孤，丧纪昏嫁，一以身任"。（魏了翁《鹤山》卷76《利州路提点刑狱主管冲佑观虞公墓志铭》）夷简为刚简之弟，同出于虞公亮，为虞允文之孙。魏了翁《虞刚简墓志铭》载："六月，公（刚简）与今邛州守方简生。"于是我们有理由推测，刚简与方简当是同时出生的双胞胎（即孪生）。

虞允文有三子，分别为虞公亮、虞公著和虞杭孙。《宋史·虞允文传》曰："子三人：公亮、公著、杭孙。孙八人，皆好修，唯刚简最知名，嘉定中，召不至，终利路提点刑狱。"（《宋史》卷383《虞允文传》，第11800页）

虞集《道园遗稿》有一首诗题曰："从兄德观父与集同出荣州府

君，宋亡，隐居不仕而殁。集来吴门省墓，从外亲临邛韩氏得兄遗迹，有云：‘我因国破家何在？君为唇亡齿亦寒’，不知为谁作也。抚诵不觉流涕，因足成一章，并发其幽潜之意云。”（《道园遗稿》卷3，第31—32页）根据魏了翁所记载的可知，“荣州府君”指的就是虞夷简，故此推测虞集祖父虞珏应该是虞夷简之子。由于夷简过早地去世，其诸子由夷简之兄刚简抚养成人。因历年久远，以至于为虞集撰文的欧阳玄和赵汸等人都已经不明原委，而与虞刚简为莫逆之交的魏了翁和虞集本人的记述当更为可信。亦由此可见，成书于明清时期的地方志文献《姑苏志》所述反较元代即已撰成的《神道碑》《行状》等更为准确，故《姑苏志》的资料来源当另有他途。当然仍不可忽视的问题是，元代文人在撰写碑铭之时，多有曲笔和谀墓现象。虞夷简诸子由其兄刚简抚养成人，在一定程度上已相当于过继给刚简，成为虞集的“法定”曾祖父，那么后人在为虞集撰写碑铭和行状之时，便以其为标准世系，故在《神道碑》和《行状》中只提刚简而略去夷简，此虽不一定是如“曲笔”“谀墓”等刻意为之之举，但在分析和解读文献时仍应引起注意。

虞集省墓诗中所称“玉遮墓下”，意指其祖父虞珏之墓在玉遮山，即《姑苏志》卷8《山》所载之“遮山”：“玉遮山，在阳山之南，横列如屏，今但呼为遮山。旧志为查山。”现名玉屏山，位于苏州市姑苏区。《姑苏志》还收录了明人吴宽赞颂玉遮山美景的一首诗：

> 见山不识山，借问山中人。玉遮亦深秀，翠色耸嶙峋。肩舆绕其趾，面面松杉新。峰峦稍回伏，穹窿复呈身。细草被长岸，盛夏无埃尘。乘闲即行乐，愿作兹山宾。（王鏊《姑苏志》卷8《山》，四库全书本）

在玉遮山的周围还有诸多景色秀美的山峰，其东有“官山”“马山”和“雅宜山”，《姑苏志》曰：

（玉遮山）东有官山、马山。又东为雅宜山，本名雅儿，唐青州刺史张济女雅儿葬此，吴语“儿”为“倪”，因讹为“宜”。或云：虞集改今名。傍有小山，曰箪茹，初名箸如，近时居民掘地得唐元和十九年金氏墓志云：葬于箪茹山阳，始知其讹。或云：即雅宜山。

《姑苏志》收录倪瓒所写有关雅宜山七言绝句两首并序。

序曰：

雅宜山旧名娜如山，盖虞道园所更，然未若娜如之名近古也。施君宜之先陇在其处，索余赋诗，因为竹枝歌二首遗之，以复其旧焉。（王鏊《姑苏志》将“施君宜之先陇在其处，索余赋诗，因为竹枝歌遗之，以复其旧焉”简略为“因为竹枝歌二首”。）

其一：

娜如山头松柏青，阖闾城外短长亭。来山未久入城去，驻马回看云锦屏。

其二：

娜如山头日欲西，采香径里竹鸡啼。南朝千古繁华地，麋鹿蒿莱望眼迷。（倪瓒《清閟阁集》卷7《七言绝句》，江兴祐点校本，西泠印社出版社2012年，第219页）

雅宜山位于玉遮山之东，虞集祖父之墓又葬在玉遮山，虞集为雅宜山改名之说是否与其祖父之墓有关？雅宜山与娜如山（莑茹）是一山两名还是相傍的两座山？如为同一座山，则可能是虞集将娜如山改为雅宜山；如为相傍的两座山，则可能是虞集将其中一座命名为雅宜山，但这不过是推测，均有待于进一步查找相关资料。

虞集与其叔父南山翁同为太师雍国公的后人，《虞集行状》载："秦公生左丞相雍国公允文，赠太师，谥忠肃，功烈具宋史。"（赵汸《东山存稿》卷6）虞允文，《宋史》有传："虞允文，字彬甫，隆州仁寿人。……淳熙元年（1174年）薨。后四年（1177年），上幸白石大阅，见军皆少壮，谓辅臣曰：'虞允文行沙汰之效也。'寻诏赠太傅，赐谥忠肃。"（《宋史》卷383《虞允文传》，中华书局1985年新1版，第11791—11800页）杨万里撰有《虞公神道碑》："庆元元年（1195年），赠太师。"虞允文之孙虞刚简，文献中亦有记载，是为虞集的曾祖。

此外，还有两首《见叔父南山翁二首》：

其一：

先君万死抱遗书，付在诸孤手泽余。老眼欲枯那忍读？春霜秋雨一庵居。

其二：

奉承家祭若持危，敢谓冲和在此枝。馆授凄凉勿惆怅，百年门户岂吾私？（《道园遗稿》卷5）

虞集在苏州与当地文士交游往来非常频繁。如平江路人邓文贵，"文贵有子，业进士，予曩过吴，尝从学者来见，予故知其人"。（《道园学古录》卷9《平江路重建虹桥记》）再如，同年十二月四日，虞集与吴江张清夫交游，并应邀为其诗集作序，序曰："及游吴，清夫泛舟吴江之上……至治壬戌十二月四日，蜀人虞集伯生甫序。”（《吴江志》卷16《集文·张清夫诗集序》）也可见至治二年年底，虞集仍停留在苏州。

虞集与表兄魏起的交往

虞集的表兄魏起在苏州隐居，至治二年虞集省墓吴中时，虞集曾在其家客居。《鹤山书院记》载：“魏氏之曾孙曰起者，隐居吴中。”（《道园学古录》卷7《鹤山书院记》）虞集《魏氏请建鹤山书院序》：“集适吴，临邛魏氏之在吴者曰起。”（《道园类稿》卷19《魏氏请建鹤山书院序》）《鹤山书院记》中所称之魏氏，即南宋著名理学家魏了翁，魏起为其曾孙。南宋绍定五年（1232年），魏了翁被任命为潼川路安抚使、知泸州。端平元年（1234年），召为权礼部尚书兼直学士院，以端明殿学士、同佥书枢密院事之职督视江淮京湖军马。嘉熙元年（1237年）去世，享年六十，时赠太师、秦国公，谥号文靖。魏了翁与虞集祖父虞刚简过从甚密，两家关系极近，多有往来并留下了大量唱和之作。至顺元年（1330年），虞集为其鹤山书院作题记：“至顺元年八月乙亥，上在奎章之阁，思道无为，鉴书博士柯九思得侍左右，因反魏氏所传之学于其曾孙起之志，上嘉念焉，命臣集题鹤山书院，著记以赐之。”（《道园类稿》卷22《鹤山书院记》）此外，虞集为倪瓒同父异母大兄倪文光（倪昭奎）所撰《倪文光墓碑铭》也可证上述事迹：

> 至顺二年夏，予扈从上都，吴郡倪瑛与其弟珽，使人持张先生贞居之书来，求制兄文光真人碑铭。前十年，予从表兄临邛魏君起客吴中，为予言文光之善。（《道园学古录》卷50《倪文光墓碑铭》）

至顺二年（1331年）之前十年，恰为至治二年。倪文光于天历元年（1328年）逝世，两年以后的至顺二年，其弟倪瑛、倪珽（即倪瓒）持张贞居之书来请虞集为其兄撰墓碑铭。虞集《道园遗稿》中收录有一首诗《魏氏园亭分韵得“池”字》：

> 托好自故国，倾怀得新知。授馆涧谷居，张筵芙蓉池。高僧摄香至，清唱入云迟。况陪两时彦，群从俱忘疲。仲夏乃积雨，水花各华滋。高柳尤故物，临风绿披披。曾见百年外，飞盖来参差。隆替与时迈，百室无一遗。盛德独能远，感慨更共之。西风白鹤表，落日沧江湄。二老昔并世，遗书方在兹。勖哉保传业，子孙以相贻。（《道园遗稿》卷1《魏氏园亭分韵得“池”字》）

诗名“魏氏园亭”可能指的就是魏了翁所居住的庭院园林，这首诗应当作于客居魏起家中之时。诗中称“仲夏乃积雨”，推测此诗当作于夏季，故虞集客居魏起家中当是在至治二年的仲夏时节，“西风白鹤表，落日沧江湄”显然指的是鹤山先生魏了翁与沧江先生虞刚简，虞刚简是虞集的曾祖父，魏了翁与他的关系很好。魏了翁曾为虞刚简撰墓志铭，见《鹤山集》卷七十六《利州路提点刑狱主管冲佑观虞公墓志铭》。魏氏与虞氏曾经共同“讲学蜀东门外，非洙泗、伊洛之道不言，着易诗书论语说，以发明其义，由是蜀士尽知周、程、张、朱传授之旨”（赵汸《东山存稿》卷6《邵庵先生虞公行状》），其渊源当始于此。

与外亲临邛韩氏交往得从兄虞德观遗迹

《道园遗稿》卷三有一首诗曰："我因国破家何在？君为唇亡齿亦寒。南渡岂殊唐社稷？中原不改汉衣冠。温温雨气吞残壁，泯泯江潮击壊栏。万里不归天浩荡，沧波随意把渔竿。"此诗题曰："从兄德观父与集同出荣州府君，宋亡，隐居不仕而殁。集来吴门省墓，从外亲临邛韩氏得兄遗迹，有云：我因国破家何在？君为唇亡齿亦寒。不知为谁作也？抚诵不觉流涕，因足成一章，并发其幽潜之意云。"

从诗题内容分析，虞集在吴中省墓期间，从外亲临邛韩氏处得到了其从兄虞德观的遗迹，其中"我因国破家何在？君为唇亡齿亦寒"一句乃是其遗留下来的部分诗残句，虞集在其基础上"足成一章"，撰成此诗。有关虞德观其人，文献中尚未查到详细记载，虞集称其为"从兄"，且"父与集同出荣州府君"，既称"从兄"，则此语之意当为虞集与虞德观的父亲均出自"荣州府君"，《鹤山集》记载虞集祖父为虞珏。

蒙召复返旧职

《元史·虞集传》《虞集神道碑》和《虞集行状》等文献记载，虞集于至治年间蒙朝廷复召而返回担任"旧职"，即"翰林待制，兼国史院编修官"，但均未载"以旧官召还"的时间。

至治三年（1323 年）八月，元朝宫廷发生了"南坡之变"，英宗硕德八剌在从上都返回大都途中被杀，随其遇害的还有丞相拜住等人。英宗即位以后，任用拜住为相，延揽人才。起初，拜住并不知虞集已丁忧还江南，于是上言欲召见之却辗转难得一见，时“集方省墓吴中，使至，受命趋朝，则拜住不及见矣”。（《元史》卷 181《虞集传》，第 4176 页）也即是说，等到虞集受命返回朝廷的时候，已经没有机会再见到拜住了。查《元史·英宗本纪》至治三年纪事，可知英宗于当年三月巡幸上都。由于拜住与英宗同时被杀于返回大都的途中，证明拜住当是于同年三月就跟随英宗离开大都而北赴上都。《虞集传》中载“拜住不及见矣”之语，则说明了虞集复召返回朝廷的时间最早也在拜住离开大都，即至治三年三月以后。

拜住被誉为元代中期的贤相名臣，学界对其多有关注。例如，拜住为何会对虞集器重有加？《虞集神道碑》云：

> 英皇既居储宫，议宝册礼，有司讲前代典故，无所于考，郓忠宪王拜住在太常，雅器重公，亟召公入议。公曰：“世祖初年，即命裕皇东宫，后授玉册金宝，诏告万方，此我朝典章也，何以前代为王？”以公言入奏，上大说，辄行之。（欧阳玄《圭斋文集》卷 9《元故奎章阁侍书学士翰林侍讲学士通奉大夫虞雍公神道碑》）

可见，在英宗和拜住尚未掌权之时，拜住就与虞集有过来往。

《元史·虞集传》所说“集方省墓吴中”恰好与上文所提《思学斋记》虞集自述“明年，予免丧，省墓吴中”一语吻合，说明虞集于至治元年某月服阕之后，赴吴中省墓，但到达吴中省墓的时间尚未知。而拜住派遣使者先后“求之于蜀，不见；求之江西，又不见”，后得知虞集赴吴中省墓，使者到达吴中才得见虞集，于是将虞集请回大都。

延祐六年（1319年），欧阳玄调任太平路芜湖县尹。危素所撰写的《欧阳玄行状》并未记载欧阳玄在至治年间的事迹，只记载了欧阳玄担任太平路芜湖县尹期间的政绩，随后便跳跃到泰定元年（1324年）"改承直郎、武冈县尹"一节。而《元史·欧阳玄传》记载更为简略，均无具体时间。《元史·欧阳玄传》行文、内容与《欧阳玄行状》基本一致，只个别字词稍有变动，判断《元史·欧阳玄传》乃利用危素所撰《欧阳玄行状》写成。因此，从文献叙述中推测，欧阳玄很可能是直接从芜湖县尹改为武冈县尹，即至治年间均在芜湖县尹任上。至于欧阳玄被"授翰林待制、奉议大夫，兼国史院编修官"事在致和元年（1328年）。《虞集行状》载："以次对，复入翰林，即荐芜湖令欧阳原功于朝。"可知，虞集在至治三年被复召入翰林的同时，推荐了时任芜湖县尹的欧阳玄。有学者推测，虞集此时当与欧阳玄在芜湖同游。（罗鹭《虞集年谱》，凤凰出版社2010年，第73页）

吴澄于延祐七年（1320年）回到家乡临川。至治三年春正月，拜住上疏言："前集贤侍讲学士赵居信、直学士吴澄，皆有德老儒，请征用之。"元英宗同意拜住之言，同时还要求拜住要继续大力广泛地搜访山林隐逸之士，于是便任命赵居信为翰林学士承旨，吴澄为翰林学士，这也就是虞集撰《吴澄年谱》所述，至治三年吴澄被"授翰林学士、太中大夫、知制诰、同修国史，升太中大夫"，于是，朝廷派遣"直省舍人刘孛兰奚奉诏召先生于家。使者致君相之意甚笃，先生（吴澄）拜命即行。五月，至京师"。（《吴文正公集》，元人文集珍本丛刊本）虞集可能是与吴澄同时到达大都，故虞集也很可能是至治三年五月到达大都。

本节通过利用正史、虞集的几种文集、其他有关文集和虞集交游所涉及的地方志等材料，在前人基础上对虞集在延祐末年和至治年间的若干事迹，包括辞官丁忧、省墓吴中、与文士交游、蒙召返京复职等进行了考订，对其中语焉不详、记载简略的事迹进行了梳理。虞集是元代中后期显赫一时的南方士人代表，在元代政治、文化领域占有重要地位，对其事迹的研究有助于更深入地认识虞集其人及其所生活时代的特征。

《刘垓神道碑》考释

《大元故奉国上将军行中书省参知政事广东道宣慰使都元帅刘公神道碑铭》，为刘整之子刘垓的主要事迹，对于研究刘整家族有重要的史料价值。

虞集撰《刘垓神道碑》的时间

虞集曾为叛宋降元的名将刘整之子刘垓撰有《刘垓神道碑》，此碑文未收入虞集各类文集中，碑文墨迹现收藏于上海博物馆。罗鹭先生《〈全元文·虞集卷〉佚文篇目辑存》已指出《全元文·虞集卷》漏收佚文中有《刘垓神道碑》，作者所据的乃是《中国古代书画图目》第二册沪1—187（罗鹭《虞集年谱》附录二，第303—305页），清代吴荣光《辛丑销夏记》卷三《元虞文靖书刘垓神道碑墨迹卷》（清道光刻本）也收录有此碑全文。此神道碑未明载撰写时间，但在碑文中有“至治二年，使来告曰”之语，初步推断此碑很可能是刘垓之子刘威于至治二年（1322年）遣使请虞集为其父撰写神道碑铭，虞集应于当年创作完成。神道碑篇首虞集署名时，其官职身份为“翰林待制、儒林郎、兼国史院编修官”，这与记载虞集生平事迹比较重要的几份文献《元史·虞集传》、欧阳玄撰《虞集神道碑》、赵汸撰《虞集行状》所载基本一致。

大德初年，虞集始至大都为官，初授大都路儒学教授，开启了仕宦生涯，但直至延祐六年（1319年），是虞集首次担任“翰林待制、儒林郎、兼国史院编修官”职务的时间，在此之前并未担任过翰林、国史院官职。因此碑文中虞集自称“尝待罪太史”所指时间，应当就是延祐六年（1319年）担任“翰林待制、国史院编修官”之职以后。但“尝”字说明，虞集撰写此碑文的时候并未在这一任职上。虞集在为他人撰写文字时常有类似表达，如在《[抚州路]崇仁县重建三皇庙记》写道：“邑之吏民，以予尝待罪国史，老而归寓于斯也，请执简而书之。”（《道园类稿》卷23）

此碑传主刘垓之次子刘威，碑文云其为“荫授承务郎、同知常熟州事，移无锡州事”。常熟州隶属于平江路，无锡州隶属于常州路。至治二年，刘威遣使请虞集为其父亲撰写神道碑，刘威恰为同知常熟州事，而上节考订，至治二年虞集正在平江路苏州省墓，而且虞集在苏州一带广泛交游，故刘威于此时拜访虞集自当非常合情合理。从神道碑文的叙述可以看出，虞集很可能与刘整、刘垓、刘威三代家族并不是非常熟识，但以虞集熟读典章故事的基础来看，他必然知晓刘整的事迹，虞集在碑文中称“集尝待罪太史，见武敏世家，未尝不叹其谋略奇壮”，可见他知晓刘整、刘垓的事迹当是在国史院读书和工作期间了解到的。因此，刘威很可能是得知虞集恰在苏州省墓，故特来拜访，求其为父亲刘垓撰写神道碑。

清代学者翁方纲对此也有考证：“此碑撰于至治二年，文靖于延祐六年除翰林待制兼国史院编修官，是年丁父忧，至治元年免丧，二年石还史馆，是碑不具撰书月日，盖在是年召还史馆时也。”（翁方纲《复初斋文集》卷30《跋元刘元帅碑》，清李彦章校刻本）笔者认为，翁方纲对《刘垓神道碑》撰于至治二年（1322年）的判断基本上是正确的，但其论证过程过于简略。其中，“二年石还史馆”一句中的“石”字似为笔误，为“始”更通顺。推测虞集撰碑时，应该已经接到了朝廷召还的诏命，故落款仍使用了延祐六年初授的“翰林待制、儒林郎、兼国史院编修官”，但由于并未到达京师正式复职上任，故在碑文中仍使用了“集尝待罪太史”字样的谦辞。

碑刻录文

碑文全文如下：

大元故奉国上将军行中书省参知政事广东道宣慰使都元帅刘公神道碑铭

翰林待制、儒林郎、兼国史院编修官虞集撰并书

元帅讳垓，字仲宽，河南邓州穰县人。故骠骑卫上将军、中书左丞、淮西等路行中书省事、赠龙虎卫上将军、中书右丞武敏刘公整之第五子也。武敏先事宋，仕至右领军卫上将军、东川观察使、泸州安抚使，大有战功威名。画守江之策，上下数千里间，要害厄塞，深浅远近缓急之势，备御屯战之宜，舟骑粮草之数，纤细不遗。而专制跋扈之臣，内外共为疑沮。发愤率所统十五州官吏、籍泸州户十数万，自归于我世祖皇帝。悉献其策，上受之。及丞相忠武王以重兵渡江取宋，武敏师次襄阳以卒。元帅于诸子最幼最先贵矣。中统三年，武敏归国之明年也，始移新附民匠于成都，元帅年十三，已受宣命领其众。至元元年，从武敏战泸州紫云城，有功。三年，武敏入朝，以元帅见佩金虎符，领武敏旧军为万户。[1]四年，筑眉、简，征守嘉定、

1 《蒙兀儿史记》写作“授管军万户”，《元史二种》影印本，中华书局2012年，第539页。

泸、叙等州，攻破五获、石城、白马、资江等寨，元帅又有功。五年，过马湖江，战泸川县，又有功。六年，战龙坝，又有功。九年，元帅入备裕宗东宫宿卫。十年，出从武敏于襄，战樊城，又有功。[1]十一年，蜀省奏元帅仍以万户还成都。围嘉定，战之，有功。十二年，奉武敏之丧于穰。六月，还收嘉定、紫云城、叙、泸等千五百余里，以其帅及蛮部首领入见。[2]天子嘉劳，敕有司若曰："武敏之子，当世其官。"重庆事毕以闻，拜都元帅[3]，还蜀。是时，宋已亡，唯蜀犹未全服。枢密院谓泸武敏旧所治，奏以元帅领之。筑万达寨，战，又有功。大军围重庆，元帅给馈饷、谨巡戍、抚老弱，又有功。十四年，克泸州之珍珠堡，降其将，元帅遂镇泸州。四川平。十六年，入见，拜同知四川北道宣慰使司事。廿年，同知四川南道宣慰使司事。廿一年，丘德祖、赵和上[4]谋乱，元帅定之[5]，又有功。廿三年，入朝，以子乃麻台见，天子宠赉有加。于是有诏若曰："伯颜奏功，宋将来归者皆重任，独刘整后。"命元帅数其人，即奏曰："先臣在襄阳，以吕安抚来归，今为右丞。在泸州，以管安抚来归，今

---

1 《蒙兀儿史记》于此处多出一句："御史言：'垓与阿里海牙子忽失海牙素不知兵，且阙人望，宜依弟男例罢去。'"（第539页）源自《元史》卷8《世祖本纪五》，中华书局1976年，第156页。

2 《元史·刘整传》载："子垣，尝从父战败昝万寿于通泉。"（第3788页）关于刘垓参加了战败并招降昝万寿的军事行动，未见其他史料记载。

3 《蒙兀儿史记》记述道："以万寿及所属蛮酋入觐，进拜都元帅。"（第539页）比《元史》较为详细。

4 "赵和上"，《辛丑销夏记》卷3在"赵"与"和上"之间有夹注："下有德字，点去。"参见陈飒飒点校本第168页。《蒙兀儿史记》仅写作"邱德祖等谋乱"（第539页），《新元史》写作"邱德祖赵等谋作乱"（第727页）。

5 《蒙兀儿史记》记述为"禽斩之"（第539页）。

为左丞。[1]臣在西川，以昝安抚来归，亦为左丞。[2]”上即诏以左丞命元帅，为参政土鲁华[3]所格而止。元帅乃言曰：“江南既平，臣不敢自言先臣功，唯上念之。”上曰：“朕未尝忘尔父也。”会大臣多以为言者，即拜镇国上将军，陕西、四川等处行中书省参知政事。未上，[4]改签四川等处行中书省事。廿四年，改行尚书省事。廿九年，拜辅国上将军、四川等处行中书省参知政事。未几，病，留成都里第。十余年，廷臣又以元帅为言。大德八年，拜奉国上将军、行中书省参知政事[5]、八番顺元等处宣慰使、都元帅，佩金虎符。蛮酋南列等归化，拜弓矢衣甲之赐。至大三年，移镇广东。上言：“土军服习水土，宜分守远地，稍移中原之来戍者于内。”事闻，朝廷以为然，即命元帅往潮州移其军，行之日遽卒，皇庆二年五月十一日也，年六十四。[6]宪司官来哭之，问其帑，才中统钞四百卌五贯，观其封识，月奉之余也。广州有祠，祠廉吏，即奉元帅祠焉，而归丧于穰。夫人彭氏，先卒。后夫人蒙古氏，亦先卒。生子二人，长乃麻台，武德将军、平阳万户，先卒。孙敏国不华，袭其职。次曰威，荫授承务郎、同知常熟州事，移无锡州事。元帅世有战功，又卒官。或言：威不当止在常调。威，慷慨伟然丈夫也，俯首授职，

1 《蒙兀儿史记》记述：“在泸州，以管如德来归，今亦为右丞。”（第539页）《新元史》卷177《刘垓传》改为“左丞”，第727页。

2 “臣在西川，以昝安抚来归，亦为左丞”一语未见于《蒙兀儿史记》。《新元史》卷177《刘垓传》以昝万寿为“右丞”，第727—728页。

3 《蒙兀儿史记》记述为“中书参政温迪罕秃鲁花”，第539页。

4 《蒙兀儿史记》于此前增补“四川分设行中书省”，第539页。

5 《蒙兀儿史记》记述为“四川行省参知政事”，第539页。

6 《蒙兀儿史记》未记述刘垓是在往潮州迁移屯戍军时病卒，只说“皇庆二年卒”（第539页）。

不出一辞，以廉直闻，识者韪之。至治二年，使来告曰："威将刻石神道，敢请铭。"集尝待罪太史，见武敏世家，未尝不叹其谋略奇壮。钦惟世祖皇帝知人善任，使故能尽其用哉！两世爵禄虽未足当其功多，然闻尝赐之玺书曰："其子子孙孙永保富贵。"国家之报功，其在兹乎？

铭曰：于皇世祖，受命于天。群雄效功，一定九埏。维时武敏，南国之勇。彼自驱之，来致我用。籍兵归朝，莫如其先。岂若力穷，窘而求全。皇受其策，十用一二。天兵所临，有服无贰。独镇于襄，卒弗及闻。不有元帅，孰继前勋！维昔造攻，坤维其首。鏖战不回，国亡犹守。仡仡元帅，束发在军。何战不前，何役不勤。二十余年，既克底定。大政是参，身已告病。剑履申申，时多福人。起乘两边，竟殒其身。天子所命，我敢自爱。廉吏之祠，可以千载。穰城有茔，万夫所营。孰役万夫，严诏有程。其茔额额，多松多柏。元帅来复，神气精白。百尔子孙，来拜墓门。思孝思忠，视此刻文。

墨迹源流

这通碑文在清代部分文献中有收录，吴荣光《辛丑销夏记》对这篇墨迹的规格、材质和题跋、印章等内容作了详细记载：

江村高氏藏箧。乌丝纸本。高一尺一寸，长二丈四尺六分。真书。一百七十九行，行八字。幅末有朱文"天孙亭长"印、"虞伯生父"印、"虞集"印。卷前空幅内有朱文"天籁阁"印、白文"宫保世家"印、"子京所藏"印、"项叔子"印，朱文"高士奇图书记”、“石间”印、“平生”二字半印。幅首有“天籁阁”印，朱文“竹窗”印，白文“永保”半印，朱文“秘玩”“心赏”二半印，白文“墨林山人”印。第四行标题下有朱文“项墨林父秘笈之印”。第七行衔名之右有白文“翁方纲”印，朱文“覃溪审定”印。第八行碑文起手有朱文“退密”葫芦印，下有“高士奇图书记”，朱文“项元汴印”“子京所藏”印。第二十六行接缝处，有朱文“墨林”连珠印，白文“高詹事”印，朱文“江村秘藏”印，白文“项叔子”印。第五十一行接缝处，有白文“墨林子”印、“江村秘藏”印、“高士奇图书记”，朱文“净因庵主”印。第七十六行接缝处，有“墨林”连珠印、“江村秘藏”印、“子京所藏”印、“高詹事”印。第一百一十行接缝处，有朱文“桃里”圆印、“江村秘藏”印、“高士奇图书记”、朱文“子京父”印。第一百二十六行接缝处，有朱文“檇李”圆印、“高詹事”印、“江村秘藏”印、朱文“墨林秘玩”印。第一百五十一行接缝处，有“墨林父印”、“江村秘藏”印、“高士奇图书记”、“宫保世家”印。幅末有朱文“檇李”、“项氏世家宝玩”印、“项子京家珍藏”印、白文“项墨林鉴赏章”、朱文“念云堂”印、“江村秘玩”印、“若水轩”印、“项元汴印”，又有白文“子孙”半印、“青莲子”半印、“项子京”半印、“臣岱私印”、“子孙世昌”印。高跋之前有“永保”半印、“珍藏”半印。

（《辛丑销夏记》卷3《元虞文靖书刘垓神道碑墨迹卷》）

可见，这幅墨迹在元代以后广为文人雅士所鉴赏、收藏和品味，是一幅在书法史、金石学等领域较有影响的艺术品。《辛丑销夏记》作者吴荣光是清代后期的一名官员，擅长金石、书画鉴藏，且工书善画，精于诗词。他对这幅墨迹作了介绍："虞伯生为有元一代大手笔，其书往往见于题跋。"因此这篇神道碑文"用意规摹唐人，如端人正士，言动可法"。他还介绍了这幅墨迹的收藏："向为项子京家收，顷自檇李得之，重装珍秘，因记卷末。""项子京"即项元汴，字子京，号墨林，为明代正统、成化年间名臣项忠后裔。项元汴生活在明嘉靖至万历年间，是著名的书画收藏家、鉴赏家。他非常喜好在古籍书画上钤盖图章，曾受到讥评曰："钤印累幅，犹如聘丽人却黥其面。"这一点从其在《刘垓神道碑》墨迹卷上的大量印章即可证明。通过吴荣光对墨迹卷上钤盖印章的描述，统计与其有关的印章大概有"子京所藏""项叔子""墨林山人""项墨林父秘笈之印""项元汴印""墨林""墨林子""子京父""墨林秘玩""墨林父印""项氏世家宝玩""项子京家珍藏""项墨林鉴赏章""项子京"等。

清代学者翁方纲《复初斋文集》，撰有《跋刘元帅碑》予以介绍和考订：

> 右元虞文靖公撰书元帅刘垓神道碑铭墨迹卷。其叙垓为刘武敏第五子，《元史·本传》止载其四：曰垣、曰埏、曰均、曰垓，当以此碑为实也。武敏卒于至元十二年正丞相伯颜入鄂之时。碑所云："忠武王以重兵渡江者，谓伯颜也。"是碑撰于至治二年。按，文靖于延祐六年除翰林待制兼国史院编修官。是年，丁父忧。至治元年免丧，二年石还史馆。是碑不具撰书月日，盖在是年召还史馆时也，先生年五十一矣。卷后有高江邮詹事手跋云："虞公卒于顺帝至元八年八月。"愚按，元代前后有两至元，顺帝之至元止有六年，无八年。虞文靖卒于顺帝至正八年，非至元八年也。其卒在五月，亦非八月也。方纲尝于《道园学古

录》及《类稿》《遗稿》诸编外，手自抄辑先生诗文，视元刻板本有加焉，而此文尚未收入。昔先生门人李本编录全集谓：“今所存者泰山一豪芒也。”岂不信欤！乾隆癸丑九月，武进赵味辛出此见示，因考其大略书之附诗于后。此卷虞文靖八分书在赵味辛箧子跋。后屡欲借抄而未果，其后味辛南归舟覆，此卷沉没，竟未得存稿，至今以为憾事。嘉庆庚午四月又记。（翁方纲《复初斋文集》卷30《跋刘元帅碑》，清李彦章校刻本）

诗僧楚石梵琦的草原颂

蒙元时期，蒙古统治者实行兼容并包的宗教信仰自由政策，允许一切人等享有选择和信仰任何宗教的权利。元代的佛教主要有藏传佛教和中原汉传佛教，汉传佛教以禅宗为主，当然其他宗派也很盛行。藏传佛教取得了很高的政治地位，汉传佛教也同样受到了元朝统治者的尊崇。早在大蒙古国时期，成吉思汗对汉传佛教高僧就非常留意，特别推崇临济宗大德中观沼公及其弟子海云印简禅师的学识。成吉思汗曾下旨要求木华黎对待他们"好与衣粮养活着，教做头儿，多收拾那般人，在意告天。不拣阿谁，休欺负交达里罕行者"（梅屋念常《佛祖历代通载》卷21），此后历代蒙古大汗都对海云印简禅师礼遇有加。贵由汗、蒙哥汗均曾多次诏命海云印简禅师统天下僧众，贵由汗请他到哈剌和林主持太平兴国禅寺，忽必烈请海云印简禅师在军营教授佛法。"太祖则明诏首班。太宗则试经、造寺、雕补藏经。谷与（即贵由）皇帝则令僧扈从，恒诵佛经。蒙哥皇帝则供僧书经，高营宝塔"。（祥迈《至元辩伪录》卷4，《大正藏》第52册）禅宗佛教高僧为蒙元统治者服务，做出了重要贡献。

从文学和文化领域看，元代出现许多诗僧，元代中后期许多文学作品的作者都是诗僧的身份。很多文人都与诗僧有过交往，如虞集、揭傒斯、萨都剌、黄溍、吴澄、赵孟頫、欧阳玄等人。楚石梵琦就曾与赵孟頫、虞集等人有过往来。诗僧的作品中存在大量交游场景，他们常常侧身于文人雅集之中，或在山水同游中、宴饮游戏时僧俗唱和，表现活跃。

楚石梵琦是元代临济宗之善系的禅师，也是一位诗人。任宜敏先生《中国佛教史·元代》（人民出版社2005年，第224—226页）一书记述了他的生平事迹。2007年，浙江省海盐县天宁永祚禅寺刊印了楚石梵琦的一部诗集《楚石大师北游诗》。2010年，吴定中、鲍翔麟加以校注，以《楚石北游诗》为名由浙江古籍出版社首次出版。这是楚石梵琦在青年时期撰写的一部诗集，专写他28、29岁两年时间内，由杭州顺大运河北游大都和上都，以及在往返路途中的见闻，共计315首诗作。有关楚石的文献典籍主要有：［元］陶宗仪《书史会要》卷7；［明］何乔远《名山藏》卷140《方外记下》；［明］南石文琇《增集续传灯录》卷4；［明］葛寅亮《金陵梵刹志》卷3《慧辩琦禅师志略》；［清］王彬《海盐县志》卷19《人物·仙释》（光绪二年影印本）中有楚石的传记；楚石《西斋净土诗》（王云五主编，丛书集成初编本）附录有《楚石和尚行状》（［明］至仁法师）、《佛日普照慧辩禅师塔铭》（［明］宋濂）、《西斋和尚传》（［明］姚广孝）、《云楼莲大师纪略二则》等。

诗僧楚石梵琦的生平事迹，典型地代表了元代汉传佛教文化，诗僧作为一个沟通文人和宗教的群体，他们的日常生活、所思所想、所作所为，在蒙元时代成为别样的文化风景。

首先介绍一下楚石的生平事迹。楚石姓朱氏，名梵琦，字楚石，小字昙耀。据说，他尚在襁褓之时，有一僧人特来告知他的父亲，说道："此儿佛日也，必当振佛法照耀浊世。"（南石文琇《增集续传灯录》卷4）于是楚石的小字"昙耀"便据此而诞生了。

关于楚石的籍贯，陶宗仪《书史会要》记为"庆元人"，何乔远《名山藏》记为"象山人"，《海盐县志》记为"明州象山人"。其实这几个地名原本为一回事，只不过在不同时代称呼有所不同。在元代，庆元路下辖有象山县，即今浙江省宁波市象山县。陶宗仪是一位由元入明的士人，或许他是因为习惯而将这个地方称为“庆元”。而《名山藏》《海盐县志》成书晚于《书史会要》，明清时期“庆元”已然为“明州”，后为“宁波”所代替，因此使用了“象山”或“明州象山”。

楚石生于元贞二年（1296年），逝世于明洪武三年（1370年），享年75岁。楚石四岁便父母双亡，由祖母王氏抚养教学，开始学习儒家经典。九岁时进入天宁永祚寺（在今浙江海盐县武原镇），投拜于讷翁永模禅师门下学习佛经。三年后，在湖州崇恩寺晋翁洵禅师门下剃染。崇恩寺与赵孟頫渊源甚深，由赵孟頫的父亲赵与訔所建。赵孟頫经常来崇恩寺拜祭先祖墓地，曾经在寺中遇到过楚石，很赏识他的才学，并出钱为其鬻僧牒。因此，楚石与赵孟頫结下了密切的关系。

楚石十六岁时来到杭州的昭庆寺（在今杭州市宝石山东）受具足戒，取法名梵琦，逐渐声名鹊起。许多寺院都想请他为座下，但楚石又回到崇恩寺。元仁宗延祐二年（1315年），晋翁洵禅师迁到湖州道场山护圣万寿禅寺坐禅并弘扬佛法，楚石便成为他的侍者，又典藏钥、管理藏经室。他在这里勤于佛经，佛学修为日益醇厚。元至治二年（1322年），临济宗元叟禅师主持径山寺（在今杭州市余杭区长乐镇），楚石曾向其叩问佛理。

楚石善于书法，他“工行草，有书名”。至治三年（1323年），元英宗硕德八剌下诏组织善书僧人来到京城，用泥金粉缮写《大藏经》。由于楚石善于书法，又“由赵孟頫推荐，被选中参加”。（《楚石北游诗》附录“楚石梵琦禅师年谱”）据《元史·赵孟頫传》载，赵孟頫卒于至治二年（1322年）六月，时年六十九岁。因此，赵孟頫推荐楚石赴京缮写佛经事应在此之前。世祖忽必烈至元末年的时候，赵孟頫曾“书金字《藏经》”，完成以后，授职集贤直学士、江浙等处儒学提举。推测赵孟頫应该是有缮写佛经的经历，才得以有机会推荐楚石参加类似的活动。《楚石北游诗》中收录有楚石所作的《初入经筵，呈诸友三首并序》诗，序曰：

> 世祖皇帝混一天下，崇重佛教，古所未有。泥金染碧，书佛菩萨罗汉之语满一大藏。由是圣子神孙，世世尊之，甚盛事也。赵孟頫、邓文原闻入选仔肩。皇帝即位之三年，诏改五花观为寿安山寺，选东南善书者书经以镇之。三百余人，余亦预焉。赋诗呈友。

楚石在这首诗的序中所记述的赵孟頫等人入选仔肩、缮写佛经等事，就是《元史·赵孟頫传》所记在世祖忽必烈至元末年时的“书金字《藏经》”一事。“皇帝即位之三年”，指的是元英宗硕德八剌至治三年（1323年）。楚石是在当年六月坐船经京杭大运河北上到大都（今北京，元朝首都），在崇天门附近的万宝坊（位于今北京故宫午门以西）住下。

泰定元年（1324年）夏，楚石完成皇帝交给的缮写佛经任务，决定暂时先不回南方。他想，这回难得来一次北方，沿途和在大都的工作经历令他大开眼界。于是他决定从大都启程北游上都，至当年的中秋节返回大都，再坐船回江南。楚石根据在大都、上都和运河沿岸的见闻，撰写了《北游诗》。回到江南以后，楚石再进入径山寺修行。由于这次赴大都缮写书经，楚石的佛学修为又精进了许多，元叟禅师赞其“西来密意，喜子已得之矣”。后有来径山寺参禅问道的人，元叟禅师常命楚石为其讲解、辩论和决断。泰定元年冬，楚石奉行宣政院之命，主持海盐福臻寺（在今浙江省平湖市境内）。这个福臻寺在元末明初的时候，被战火所毁。由于楚石主持过福臻寺，因此洪武初年楚石又帮助重建了寺院，这是后话不提。天顺元年（1328 年），楚石受元朝政府行宣政院委任，又去了天宁永祚寺，在那里主持了八年之久，先后创设了大宝阁、贤劫千佛像和七级宝塔等佛教建筑，可谓功劳卓著。

顺帝至元元年（1335 年）七月，楚石受命赴杭州报国寺（在今杭州市西湖南凤凰山）。至正四年（1344 年）八月，至嘉兴本觉寺（在今嘉兴市郊区高照乡万寿山村）。在那里，他主持建造了万佛阁，并因此受封。由于楚石的这些功劳，元顺帝在至正七年（1347 年）为其上尊号“佛日普照慧辩禅师”，恩宠隆盛。至正十七年（1357 年），楚石又转往报恩寺，两年后退隐于天宁永祚寺，在寺西筑草屋而居，自号“西斋老人”。至正二十三年（1363 年），应信众之请，再次主持天宁永祚寺。不久，让位于门人景瓛，自己再次归隐西斋草屋。这个时候已经是元朝风雨飘摇的末年，楚石作为江南的僧人，不问世事，坚守着自己传教弘法的使命。

明洪武元年（1368 年）九月，太祖朱元璋“既定天下，念四海兵争，将帅民庶殁非命，精爽无依，非佛世尊不足度之”（《名山藏》卷 104《方外记下》，第 2921 页），要用佛法来普度在元明易代战争中罹难的军士百姓。于是，明朝政府下令广招江南高僧十余人，在蒋山禅寺（即今南京市中山陵灵谷寺）“作无遮之会。升座说法，以耸人天龙鬼之听”（《名山藏》卷 104《方外记下》，第 2921 页），以超度在战乱中阵亡的将士和殁于非命的平民。由于完成得很顺利圆满，楚石等一众僧人均受到嘉奖。明洪武二年（1369 年）春，朱元璋再次请楚石“复用元年故事，召至说法如初”（《名山藏》卷 104《方外记下》，第 2921 页），事毕，赐予内府白金以酬谢。

明洪武三年（1370 年）秋，朱元璋以“鬼神情状幽微难测”为由，诏楚石询问，请其推荐几位能够“通三藏说”的高僧前来。楚石推荐了梦堂、昙噩、行中、仁公等僧人，在大天界寺（在今江苏江宁聚宝门外善世桥南），几位高僧在楚石带领下讲经说法、撰述经书。事毕，楚石“将入奏，忽示微疾，索笔书偈，泊然而化”。（《名山藏》卷 104《方外记下》，第 2921—2922 页）虽然当时禁止火葬，但朱元璋感楚石为其讲经说法，作无遮大会的恩德，遵从佛教习俗将其火化。据传，楚石火化之后，齿牙舌根“数珠不坏，设利罗粘缀遗骨，累累如珠”。（《名山藏》卷 104《方外记下》，第 2922 页）

作为江南佛教僧人的典型代表，楚石具有较深的佛学造诣，从几个故事当中可见一斑。一是他在阅读佛教典籍《首楞严经》时，读到“缘见因明，暗成无见”，猛然顿悟，仿佛对佛家思想的理解和感悟瞬间精进许多。自此以后，阅读内外典籍，均“不假师授”。二是楚石跟随元叟禅师参禅时，曾向其请教说：“如何是言发非声，色前不物？”元叟反问：“言发非声，色前不物。速道速道！”楚石正要回答，元叟大喝一声，一下子吓住了楚石。惊愕的楚石默默退出，致使当时在场之人“群疑塞胸，如填巨石”。（葛寅亮《金陵梵刹志》卷 3《慧辩琦禅师志略》）三是楚石在大都缮写书经期间，一日听闻西城楼鼓声雷动，顿时汗如雨下，对佛经奥义的理解豁然大悟，笑称：“径山败阙处，被我识破了也！”随后楚石立即写了一首偈子：“崇天门外鼓腾腾，蓦劄虚空就地崩。拾得红炉一点雪，却是黄河六月冰。”（《楚石北游诗》，第 185 页）这几个典故在许多佛教典籍中都有记载，佛家典故往往多有文学色彩，其真实性难以查考。但从中可见楚石通过悉心悟禅，最终达到了一个很高的佛学修为境界。

《楚石北游诗》的史料价值

纪行诗又称纪游诗、行旅诗，或描述个人游历见闻感受，或表现思亲怀乡之情，叙事与抒情相结合。这类诗离不开山水景物描写，所以又称山水纪行诗，但又与纯粹的山水诗略有区别，是以纪行抒情。上都纪行诗是元代文化史上一个非常重要的表达载体，元代很多文人都曾参与到上都纪行诗的写作、阅读、评价和传诵过程。上都纪行诗具有重要的文献史料价值，可为文献记载提供佐证，充实和细化相关文献史料，即以诗证史或诗史互证。众所周知，历史文献中关于两都巡幸制度和蒙古统治者在上都的活动记载，多为提纲挈领式的客观叙述，多宏大框架描述，缺乏细节填充。通过纪行诗，可以对元朝统治者在上都及其北方草原地区的日常生活的细节方面有更为具体、更微观的认识，许多元史专家在研究上都及北方历史地理时，都会大量引用纪行诗来对史实进行分析。因此，上都纪行诗在元史研究中发挥着非常重要的作用。《楚石北游诗》公开出版时间不长，尚未引起学界和世人的注意。诗集的序言已对其文学价值作了详述，同时对于元史和北方草原文化研究也有重要的文献学价值。诗序写道："诗可补史。观其《北游诗》，自大都至上都，游踪所至，山川人物，朝觐礼仪，风俗人情，形之于诗，历历如绘，可补史册之阙，可为治史学者所参证。"（《楚石北游诗》，第 4 页）《楚石北游诗》的出版增加了元代纪行诗的内容，为元上都和北方草原历史地理研究扩展了新史料。对其进行研究能够在"以诗文证史"进行蒙元史研究上有所创获。楚石用纪行诗记录了他一路行程中的见闻，展现了当时在蒙古族统治下的汉地文人尤其是江南士人对北方草原地区的直观感受，以及文人们在蒙元政权文教政策统治下的思想，并在客观上记录了元代时期北方地区的大量的风物景观等历史地理信息。

成书背景、校订版本

至治三年，元英宗下诏组织僧侣缮写《大藏经》，楚石因善于书法得以参与其中。泰定元年夏，楚石完成书经，开始北游至上都，秋天回到大都，继而乘船返回江南。他把在大都、上都的见闻，撰写成三百多篇诗作，是为《北游诗》。这本书有三种抄本：一是清《古香楼》抄本，收藏于国家图书馆。钤有“古香楼”“休宁汪季青家藏书籍”“延古堂李氏珍藏”等印记。二是清《眠云精舍》抄本，收藏于南京图书馆。眠云精舍为书坊名，钤有“嘉惠堂丁氏藏书之记”等印记。三是清《振绮堂》抄本，收藏于台北图书馆。钤有“汪鱼亭藏阅书”“振绮堂兵燹后收藏书”“沈韵斋藏书记”等印记。《楚石北游诗》中有21题38首诗篇曾收录于清人钱谦益所撰《列朝诗集》（续修四库全书本），有11题29首收录于清人朱彝尊所撰《明诗综》（四库全书本）。

记录两都风物的内容

从楚石的大量交游诗中能够看到当时大都的景观，这为研究元代大都提供了一些有重要参考价值的史料。在大都时期，楚石先后游览了白塔寺（白塔寺，在今北京阜成门内，始建于元代，原名“大圣寿万安寺”）、五花山寺（根据楚石刚刚来到大都所作的《初入经筵，呈诸友三首并序》中的“序”记载：“皇帝即位之三年，诏改五花观为寿安山寺”分析，这个

“五花山寺”应该就是“五花观”，也就是后来的“寿安山寺”。这里所说的“皇帝即位之三年”指的是元英宗至治三年，查《元史》并无相关记载，但在《元史》卷27《英宗本纪》记载：延祐七年“九月甲申，建寿安山寺，给钞千万贯……冬十月庚午，命拜住督造寿安山寺”。这里对于寿安山寺的建造记录有些出入，待考）、千步廊街、公主园、道院、西山以及女真所建金国时期的旧都城等地，并描写了大都气候，有《冬暖》《皇都春日》等。

楚石还乐于与当时的名人雅士交往。他拜访和交往的人物中，有生活在大都的僧、道人士，包括吴宗师、圣安长老丛云山、光雪窗（元代高僧释悟光，号雪窗，善作诗，有《雪窗集》二卷，虞集曾有《赠光雪窗》诗）、智诠禅师等；名士有郭冀州、虞集、洪司徒、吕日新、家安道、东平进士丘佐、钱塘张克正等；还有一些王侯将相、朝廷官吏以及藩属使者，有国子监祭酒邓善之、张尚书、王使君、聪提点、西番元帅、赴往西域的“天使”（使者）；等等。

楚石在大都时就表现出了对上都及草原的向往，这从《送锴师之上都》诗中可知：

> 又向神都避郁蒸，朝朝驾动鼓登登。不骑一匹大宛马，自拄千霜王屋藤。陌上花开金作朵，山间云尽翠为层。长松怪石华严寺，想见皋卢煮涧水。（《楚石北游诗》，第52—53页）

每年皇帝巡幸上都时，扈从人员中会有一些僧人，这首诗就是楚石为送给作为扈从人员的“锴师”而作，“锴师”应为一名僧人。楚石在这里将上都称为“神都”，僧人最向往的自然是上都的大龙光华严寺，那里是元朝时期草原上的佛教圣地。他想象华严寺中应该会有长松、怪石等景观，他还提到了金莲花，即“陌上花开金作朵”。《口北三厅志》载：金莲花“花色金黄，七瓣环绕其心，一茎数朵，

若莲而小。一望遍地，金色烂然”。(《口北三厅志》卷5《物产》)可见，这是上都草原最典型的景观之一。

楚石完成书经，北游至上都以后，与其故乡江南大为不同的北方草原的异域风情令其感到处处新奇，于是他一口气写下了《上都十五首》《开平书事十二首》《漠北怀古十六首》等多篇内容翔实、语言清新的诗作。楚石对上都城的描绘甚多。在《上都十五首》中，楚石将上都比喻为“行在小长安”。楚石看到的是蒙元王朝的繁盛与一统，因此他赞道：“皇朝真一统，御历正三辰。”他描写了上都的各种繁华景象，例如“听歌新乐府，行在小长安”“内地荷花绽，南方荔子来”“王畿千里近，御苑四时春”“宫墙依树直，御榻爱花偏”“角奏梅花早，杯传竹叶清”“玉帛朝诸国，公侯宴上京”“闲烧冰片脑，更进水晶杯”“帝前称万岁，宫里乐千春”(《上都十五首》)。对城内的一些建筑和设施，楚石也作了记录。比如“双阙上云霄，层城近斗杓”(《上都十五首》)，描写的是呈双阙式建筑风格的穆清阁，它是上都城内最高大的建筑，“直上云霄”恰如其分。

对于生活在湿热的江南地区的楚石来说，上都最吸引人的莫过于环境气候，此类诗句比比皆是。例如“积雪经春在，轻霜入夏飞”(《上都十五首》)、“盛夏不挥扇，平时常起风”(《开平书事十二首》)、“避暑宜来此，逢冬可住不？地高天一握，河杂水长流。赤日不知夏，清霜常似秋。向来冰雪窟，今作帝王州”。(《上都十五首》)诗中无一不在表现上都地区是一个乘凉避暑的好去处。

对元代北方历史地理的反映

当时，从大都到上都有三条道路，楚石走的是“驿路”。根据诗篇题名和内容看，楚石从大都出发以后，先后经过轩辕台（在今河北省平谷县城东北）、易水（在今河北省西部）、秦王城（在今山西高平县西北），穿过居庸关出长城后，经琴峡（在今居庸关城北十五里，也称弹琴峡）、龙门（在今河北省赤城县龙门所镇）、枪竿岭（在今河北省怀来县长安岭，也称桑干岭）、独石站（在今河北省赤城县独石口）、李陵台（在今内蒙古锡林郭勒盟正蓝旗），等等，其诗作对各处都有所记录。

到了上都以后，楚石就开始了他的游历生活。楚石在上都常出城游览，记录了草原大漠景观。例如，宏观描写朔漠的整体环境特征是“白草黄云朔漠间”（《朔漠》），北方地区风沙大，“边风昼起沙”（《赠江南故人二首》），白天多有风沙。在《独石站西望》中，他记录“塞北逢春不见花”，表明南北地区春季物候的差异，北方的初春并不像南方那样到处花团锦簇，南方人不适应这里的物候而致“江南倦客苦思家”。《上都避暑，呈虞伯生待制二首》中有“神都避暑可为欢，满地风霜六月寒”，反映了上都地区的气候状况：六月的草原尚满地风霜，自然是避暑圣地，使楚石非常向往。

他还看到草原上普通平民的生活画面：“有田稀种粟，无树强名村。土屋难安寝，飞沙夜击门”（《开平书事十二首》），草原上的生活毕竟不同于中原汉地，虽种植有粟等农作物，但田地稀少，村落不似中原地区那样树荫遮蔽，房屋为土屋，风沙较大。“土厚不为井，民淳犹结绳”（《漠北怀古十六首》），表明草原地区较少打井。史载在大蒙古国建立以后，蒙古统治者才在“无水处教穿了井”（《蒙古秘史》“总译”第181节），草原地区的牧民以前是不会打井的。即使入元以后，草原地区对井的使用依然不是很普遍。楚石还描写了游牧民族的生活场景：“水草频移徙，烹庖称有无。肉多惟饲犬，人少只防狐。白毳千缣布，清尊一味酥。豪家足羊马，不羡水田租。”（《当山即事二首》）

还有“土窟金缯市，牙门羽木枪。地炉除粪火，瓦碗软蒸羊。小妇担河水，平沙簇帐房。一家俱饱暖，浮薄笑南方”。(《当山即事二首》)以上均是典型的北方草原地区的生活画面，其描写形象真实。

写社会生产的有“万瓮葡萄熟，闻名已醉人”(《漠北怀古十六首》)，表明在上都地区也生产葡萄。“生涯惟酿黍”(《开平书事十二首》)、“沙黄种黍田”(《开平书事十二首》)、“粟麦满沙田”(《漠北怀古十六首》)等诗句表明，上都地区尽管地多沙土，但也有农业种植，作物主要是粟、黍，用来酿造或食用。上都地区还盛产韭菜，“野肥多嫩韭”(《漠北怀古十六首》)，这在其他纪行诗中也有记载，例如经常跟随皇帝往返上都和大都之间的士人周伯琦《扈从诗前序》：“而北皆刍牧之地，无树木，遍生地椒、野茴香、葱韭，芳气袭人。”此外，楚石还描写了草原上生长的野蒜、沙葱等植物，如“野蒜根含水，沙葱叶负霜”。(《漠北怀古十六首》)

诗中还记载了一些草原地区当时常见的动物，主要有骆驼，“沙上老驼埋鼻立”。(《朔漠》)《新唐书·西域传》记载：“西北有流沙数百里，夏有热风，伤行人。风将发，老驼引项鸣，埋鼻沙中，人候之，以氈蔽鼻口乃无恙”(《新唐书》卷237《西域传》)，意在大漠中，骆驼为躲避风沙，将鼻子埋在沙中方可无恙。还有“今骑沙苑马”(《赠江南故人二首》)，“煮茗羹羊酪，看山驻马挝”(《赠江南故人二首》)等景象。

《呈诸国师二首》中之一：“从此开平是帝乡，锦云外绕殿中央。由来盛夏不知暑，未及新秋先雨霜。翠鹤丹泉真富贵，冰肌玉骨自清凉。四依大士俱无着，尽放眠沙细肋羊。”(《楚石北游诗》，第55页)诗中透露两点信息：一是上都地区的气候，为“盛夏不知暑”，未到秋天就已有“雨霜”；二是“细肋羊”。《太平寰宇记》载，关西道

《元人秋猎图》（局部）——出猎队伍中的骆驼

同州冯翊县境内有苦泉，“按《梁氏志》云：‘在许原下，地有苦泉，水味咸苦，羊饮之肥而肉美。’今于泉侧置羊牧，因相传谓‘沙苑细肋羊’。谚云：‘苦泉羊，洛水浆。’”(《太平寰宇记》卷28《关西道·同州》)《松漠纪闻》载，“关西羊，出同州、沙苑，大角虬上盘至耳。最佳者为卧沙细肋北羊。皆长面、多髯，有角者百无二三，大仅如指，长不过四寸，皆目为白羊，其实亦多浑黑。亦有肋细如箸者，味极珍。性畏怯，不抵触，不越沟堑”。(洪皓《松漠纪闻》)这种羊在北方地区较为普遍。

又《上都避暑，呈虞伯生待制二首》：“大官复取麆沆进，天上酥酡恐不如。”麆沆为蒙古民族饮用的一种酒名，以马乳撞挏制成。元人耶律铸在其《行帐八珍诗·麆沆》诗序中说：

> 麆沆，马酮也。汉有‘挏马’，注曰：以韦革为夹兜，盛马乳挏治之，味酢可饮，因以为官。又《礼乐志》‘大官挏马酒’，注曰：‘以马乳为酒，言挏之味酢则不然，愈挏治则味愈甘，挏逾万杵，香味醇浓甘美，谓之麆沆。麆沆，奄蔡语也，国朝因之。(耶律铸《双溪醉隐集》卷6《行帐八珍诗·麆沆》)

麆沆是蒙古族所谓“迤北八珍”(又名北八珍)之一种。所谓的“八珍”，包括“醍醐、麆沆、野驼蹄、鹿唇、驼乳麋、天鹅炙、紫玉浆、玄玉浆(马奶子)”。(陶宗仪《南村辍耕录》卷9《续演雅发挥》)酥酡为古印度酪制食品名，佛教典籍《法苑珠林》说：“诸天有以珠器而饮酒者，受用酥酡之食，色触香味皆悉具足。”《山家清供·玉糁羹》说：“东坡一夕与子由饮，酣甚，槌芦菔烂煮，不用他料，只研白米为糁，食之，忽放箸抚几曰：‘若非天竺酥酡，人间决无此味。’”可知酥酡为古代天竺食品，是一种酥软味美的糕点类食品。

反映元代重大历史事件

至治三年八月四、五日间，元朝宫廷发生政变，元英宗硕德八剌在上都南坡被刺驾崩，史称“南坡之变”。楚石有《八月四日宫车晏驾》诗二首，表达了他对英宗驾崩的哀悼之情，诗云：

其一：

驻辇开平实帝畿，秋来日月损光辉。空令扈从千官泣，不见宸游八骏归。白露节前霜已降，黄花川畔叶争飞。横经未入重云殿，但有香烟染御衣。

其二：

此日俄闻帝上升，编年忍见史书崩。向来玉座瞻龙衮，愁杀云车载纸缯。出入几时陪警跸，朝昏何处望山陵。三千里外攀髯堕，只有孤臣泪满膺。（《楚石北游诗》，第 14—15 页）

“攀髯堕”采用的是黄帝采铜铸鼎、龙垂胡髯迎帝升天的故事，为指代皇帝驾崩的典故，这里用来指英宗驾崩、发生“南坡之变”之事。这说明元代的禅宗佛教僧人并非将自己封闭在寺院之中，而是关心时事，当朝大事同样会对其造成一定的影响和震撼。

纪行诗作为史料的局限性

从本质上来说，纪行诗毕竟是文学作品，将其作为史料证史是有一定风险的，文学作品多采用一些文学表现手法，内中充满想象和虚构。楚石有许多纪行诗中并非实景描写，而是借由旅途景观阐发其思古怀幽之情，或将历史上发生的事件与当今社会作对比，借以为统治者歌功颂德，并表露作者个人观点。比如，《居庸关》："天畔浮云云表峰，北游奇险见居庸。力排剑戟三千士，门掩山河百万重。渠答自今收战马，兜零无复置边峰。上都避暑频来往，飞鸟犹能识衮龙。"（《楚石北游诗》，第59页）作者认为，以前的居庸关是一处战场，但在蒙元王朝大一统局面下，昔日的战场变成通途，频繁的两都巡幸政治生活，使得飞鸟都能认识皇帝的标志"衮龙"。这表现了元代文人的普遍心态，他们已经接受了北方游牧民族——蒙古对中国的统治，将元朝视为中原正统王朝，因为元朝的统治能够为社会带来和平和安定，稳定的政治环境使得佛教高僧也为之赞叹。

楚石及其著作对元代宗教和文化的贡献

元代是一个多元文化共存的时代，统治者奉行宗教信仰自由政策，使得藏传佛教和汉地禅宗佛教在以游牧民族——蒙古贵族为统治者的政治氛围中，获得并行不悖的发展。同时，与后来明清王朝的闭关自守、盲目排外相比，元朝统治者积极主张对外交流，与周边的国家和地区纷纷建立广泛的联系。因此，元朝时期的对外交流空前活跃，人员往来非常频繁。正如元人王礼所云："适千里者，如在户庭；之万里者，如出邻家。"（王礼《麟原文集·义冢记》前集卷6）

表现在佛教方面，当时日本有许多僧人都来到元朝，奔赴各地著名的大寺院，去拜访高僧。楚石就是当时日本僧人多次拜访的高僧之一，因此他对古代中国与日本的文化交流也做出了很大的贡献。至正六年（1346年），日本僧人济知客到海盐天宁寺求法，因慕楚石佛学造诣高深，遂向其求字。楚石为其题写“雪舟”两字。后来，日本的另一位僧人扬知客觉得“雪舟”两字意义深远，禅味浓厚，就把这两字当作了自己的名号。这位雪舟素爱书画，被后世尊为“日本画圣”。楚石书写的“雪舟”原件至今还珍藏在日本山口崇福寺。不仅如此，楚石写偈作赞赠予日本、高丽求法的僧人达三十多人。他一生潜心修佛，一心向禅，在元明时期赢得了极高的声誉和影响。因此，宋濂、何乔远等明代士人都广为赞颂他：

> 内而燕、齐、秦、楚，外而日本、高句丽，咨决心要，奔走座下。得其片言，装潢袭藏，不啻珙璧。（《名山藏》卷140《方外记下》；祖光等编《佛日普照慧辩楚石禅师语录》卷20）

楚石平日度人，多以文字而作佛事，故而保留下来一些著述。综合《名山藏》、《楚石和尚行状》、《楚石梵琦禅师年谱》（鲍翔麟整理）、《慧辩琦禅师志略》等文献，可知楚石的著作大致有《六会语》（应为《楚石梵琦语录》20卷）、《西斋净土诗》（三卷）、《和天台三圣诗》、《慈氏上生偈》、《北游诗》、《凤山集》等。楚石天资聪颖，对于佛经及文献典籍具有很强的领悟能力，宋濂评价他：“历览群书，不假师授，文句自通”（《金陵梵刹志》卷3，第137页），因此他不仅在佛学修为上达到了相当高的境界，同时还能够创作出大量辞藻优美、包罗万千的诗篇。他的诗作分为两类：一是借由诗歌体来传达佛教偈语，其表现的内容均是参禅悟道的佛理，例如《西斋净土诗》《和天台三圣诗》等；二是写与士人的交游和在游览途中的见闻，典型的就是《北游诗》。

平民生活

元朝疆域辽阔，向北直达今天的西伯利亚，向南到南海，向东到今东北三省，向西可达中亚。在如此广阔的疆域范围之内，生活着大量的不同地域、不同生产方式、不同风俗、不同身份的平民百姓。他们的生活构成了元代社会日常生活最大的主体。可以想见，生活在东北森林中，要以渔猎为生；生活在青藏雪原，要以畜牧为生；奔驰在北方草原，要以游牧为生；躬耕在江南水乡，要以农业为本。地理环境、气候土壤的差异，造就了生产方式的不同，也影响到风俗习惯、思维观念和行为逻辑。但不论是哪一个地域的百姓，在元朝大一统的时代格局之下，都成为元朝统一管辖之下的臣民。

本部分所撰写的平民生活，重点集中在北方地区尤其是草原上的社会日常生活。其中，重点谈及了草原地区的农业、畜牧、商业、贸易等方面，还专门对阴山地区的灾荒、东北地区的地震灾害、蒙古人与汉人的关系等问题进行了专题探讨。此外。北方地区的佛教也因元朝兼容并包的宗教政策而繁荣昌盛，留下了阿尔寨石窟、丰州白塔等著名遗迹遗存，笔者也对其进行了介绍。

北方草原的社会日常生活

元朝实现了中国历史上空前的大一统格局，从漠北到海南，从东北到新疆，都在元朝政府的有效管辖之下，实现了四海一家，正如《元史·地理志》所总结的那样：

> 自封建变为郡县，有天下者，汉、隋、唐、宋为盛，然幅员之广，咸不逮元。汉梗于北狄，隋不能服东夷，唐患在西戎，宋患常在西北。若元，则起朔漠，并西域，平西夏，灭女真，臣高丽，定南诏，遂下江南，而天下为一。故其地北逾阴山，西极流沙，东尽辽左，南越海表。盖汉东西九千三百二十里，南北一万三千三百六十八里，唐东西九千五百一十一里，南北一万六千九百一十八里，元东南所至不下汉、唐，而西北则过之，有难以里数限者矣。（《元史》卷58《地理志一》）

大一统的政局很有效地消除了人为的割据藩篱，实现了“适千里者，如在户庭；之万里者，如出邻家”（王礼《麟原文集·义冢记》前集卷6）的局面。交通畅达，社会安定，政治樊篱基本消除，使得经济、文化的交流往来变得更加频繁和热闹。北方草原地区自古以来是游牧民族活动的舞台，到了蒙古民族兴起以后，成为元朝统治者的肇基之地。在元朝实现大一统以后，尤其是今内蒙古地区的中部，归属中书省管辖，成为名副其实的“腹里”地区。对于北方草原，元朝统治者依然非常重视这一地区的社会管理和开发，制定了许多政策，

逐水草而居的游牧生活

从人力、物力和财力上都对这一地区予以大力支持，从而促进了这一地区在元代时期的繁荣发展，改善了生活在这一地区的蒙古、汉等各民族百姓的日常生活水平。

在草原上兴修水利

作为元朝肇基之地的漠北草原，地域辽阔，“少林木，多大沙”，水源缺乏。直到窝阔台汗统治时期，漠北地区有的“川勒（即旷野）地面先因无水。止有野兽无人住”。（《蒙古秘史》“总译”第 279 节）像这样人烟稀少之地，自然无法发展农业或畜牧业，为了改善，蒙古统治者在“无水处教穿了井”，但究竟穿了多少井，史籍虽没有明确记载，但估计数量也不会多。

元朝建立以后，在漠北地区打井、开渠、浚河，兴修了不少水利。如元世祖至元九年（1272 年）五月，“敕拨都军于怯鹿难之地开渠耕田”。（《元史》卷 7《世祖本纪》，第 141 页）这里所说的“怯鹿难”就是克鲁伦河，发源于今蒙古国中部的肯特山，向东流注入内蒙古呼伦贝尔市境内的呼伦湖。至元二十五年（1288 年）四月，“浚怯烈河以溉口温脑儿黄土山民田”。（《元史》卷 15《世祖本纪》，第 311 页）同年六月，发兵一千五百人诣漠北浚井。至元二十六年（1289 年）六月，“发侍卫军二千人濬口温脑儿河渠”。（《元史》卷 15《世祖本纪》，第 323 页）元武宗时，哈剌哈孙以太傅左丞相赴哈剌和林负责行省等政事，亦“浚古渠，溉田数千顷”。（《元文类》卷 25《碑文·丞相顺德忠献王碑》）仁宗延祐七年（1320 年）七月，“调左右翊军赴北边浚井”。（《元史》卷 27《英宗本纪》，第 604 页）这一系列举措使原来缺水之地变成了有水草的牧场，这对漠北农业、畜牧业的发展都是相当有利的。

军民屯田

元朝政府极为重视北方地区的屯田。中统二年（1261 年），亦乞烈思、弘吉剌等部均出现种田户。至元元年（1264 年），忽必烈下诏："蒙古户种田，有马牛羊之家，其粮住支；无田者仍给之。"（《元史》卷 5《世祖本纪》，第 98 页）从元世祖忽必烈起，在哈剌和林、称海、五条河、杭爱山、兀失蛮、札失蛮、脱里北、呵札、谦州和乞儿吉思等地都有屯田。直接从事农业的生产者，主要是从南方调去的汉军。如元世祖忽必烈时，曾经有一次就发军万人赴称海屯田。至元十一年（1274 年）七月，元朝政府徙江南善于农耕的"生券军"（归附元朝的南宋军）八十一人屯田哈剌和林。至元十四年（1277 年），胶州高密人王通上书言，南方已定而北方未安，主动请缨率所部赴哈剌和林地区屯田，忽必烈对其进行慰劳并派遣过去。至元十六年（1279 年），德兴府人石高山受命与蒙古将领忽都鲁，一同率领三卫军士戍守哈剌和林，"因屯田以给军储，岁不乏用"。同年二月，又调遣江南嘉定新附军千余人，赴漠北脱里北之地进行屯田。至元三十年（1293 年）正月，元朝政府命戍守哈剌和林的四百汉军，留下百人驻守哈剌和林，其余赴称海屯田耕作。元成宗时，济南人张均率部屯田哈剌和林，"规画备悉有法"，蒙古诸王药木忽儿北征之时，张均负责供应粮饷，保证了供给，得到朝廷的嘉奖。可见，哈剌和林、称海就是漠北屯田的两个中心。元朝中书右丞相哈剌哈孙为哈剌和林行省左丞相主持称海屯田时期，挑选军中熟悉耕稼的兵士，使之教授蒙古各部民从事农耕，这对蒙古部民掌握农耕生产技术大有帮助。

文献对漠北蒙古部落从事农耕的记载不乏其例，如《元史·世祖

哈剌和林考古图

（来源：白石典之《日蒙合作调查蒙古国哈剌和林都城遗址的收获》）

本纪》载“秃木合之地霜杀稼”，《显宗传》载“塔塔儿部年谷不熟，檄宣徽院赈之”。《仁宗本纪》载，延祐元年（1314年）六月，“诸王察八儿属户匮乏，给粮一岁，仍俾屯田以自赡”。延祐六年（1319年）六月，“诏以驼马牛羊分给朔方蒙古民戍守边徼者，俾牧养蕃息以自赡，仍命议兴屯田”。这些蒙古部民从事屯田农耕的事例，与汉族军民的“杂教部落”不能说毫无关系。

农产品成为畜牧业的补充

漠北地区农业的发展，不只改变了原来“野牧无刍粟”的情况，同时木邻等九站也有了“田禾”作为牲畜的饲料，在漠北“田禾不收”时，还可以得到内地的接济。如元成宗元贞元年（1295年），木邻等九站田禾不收，请求赈济，于是元朝从燕只哥赤斤之地抽调屯田粮付给他们刍粟。天历二年（1329年）五月，文宗图帖睦尔还命有司给漠北明宗和世㻋宿卫士衣粮及马刍豆。至顺三年（1332年）正月，元朝政府“给纳邻等十四驿粮及刍粟”。因此，农业生产方式的开发一定程度上反哺了传统畜牧业。

成吉思汗伐金以后，《蒙鞑备录》记载“近年掠中国之人为奴婢，必米食而后饱，故乃掠米麦，而于劄寨亦煮粥而食”。此后，成吉思汗令镇海屯田于阿鲁欢，有契丹、女真、只温、唐兀、钦察、回回等族人民从事耕种，并在那里建立了镇海城。长春真人从中原来到蒙古草原时，还有蒙古人前来进献黍米。贵由汗时期，张德辉于1247年赴召至漠北时，亲眼见到胪朐河“濒河之民，杂以番汉，稍有屋室皆以土冒之，亦颇有种艺，麻麦而已”（王恽《秋涧先生大全文集》卷100《纪行》），住在哈剌和林地区的居民也开始渐有耕稼，并引

当代蒙古族牧民家的蒙古包，位于蒙古国图拉河谷地

水灌溉农田，农田间还种植有蔬菜。可见北方地区农业的发展亦曾借助于各族劳动人民的共同努力，在有条件的地方，尽可能开展多种形式的生产活动，通过获取更充分的物资、粮食来源，以保障草原上的生活。

北方传统畜牧业继续繁荣并深入发展

蒙古是以畜牧业为主的游牧民族，他们所出产的马、羊、牛、骆驼等牲畜和皮毛，都是中原人民不可缺少的。其中既有农业和交通运输所需的畜力，也有手工业生产所需的原料。在元代，不仅北方草原地区的牲畜和皮毛可以毫无阻碍地运到内地，而且草原上的牧民因为随军应役来到全国各地，他们畜牧业生产的经验和技术也随带而来，这对中原汉地的畜牧业发展是有利的。当时，中原郡县，牧养马、驼，各有常数。如元世祖至元年间，仅真定路就养马四万匹。此外，大都、保定、太原、安西、延安、河间、大名、东平、济南、广平、顺德、益都、彰德、卫辉、怀孟、淄莱、济宁、南京、南阳、平阳等路，以及江淮、江西、福建、湖广等省，都有畜牧业。同时，全国各地的驿站逾万所，每站就有马二至四十匹，总计备马逾三十万匹。元武宗时，除去驿站饲养的马匹，大都曾饲马九万四千匹，外路饲马十一万九千余匹。至顺二年（1331 年），中书省臣上书言道："今岁当饲马驼十四万八千四百匹，京城饲六万匹，余令外郡分饲，每匹给刍粟价钞四锭。"（《元史》卷 35《文宗本纪》，第 790 页）各地饲养的马匹，除了军用以外，也有用于拽车、拽碾及耕地的，甚至用于牵船运粮。这对汉地人民的交通运输、农业和手工业的生产，对各族百姓的日常生活等各方面，无疑都是很大的支援。这充分表明了北方地区的畜牧业对中原汉地的重大影响，更说明农耕地区与游牧地区的经济联系在元代是非常紧密的。

蒙古牧民从被征服的各部族那里学到了许多新的生产技术和经验。尽管畜牧业是蒙古族最主要的生产部门，但在成吉思汗征伐西夏以前，蒙古各部比较缺乏骆驼。征服西夏以后，原来盛产于今内蒙古西部的骆驼大量输入漠北，蒙古牧民从西夏人那里学会了驯养技术。成吉思汗南攻金国，仅从桓州一带（今内蒙古锡林郭勒盟正蓝旗）就得到几百万匹马。《黑鞑事略》记载北方草原，写道："牧者，谓之兀剌赤，回回居其三，汉人居其七。"朝廷中管理畜牧的官员常由善于养马和制黑马奶酒的钦察人担任，他们就是那些被称为"兀剌赤"的牧人。《黑鞑事略》所称的"回回"多指的就是钦察人，此外还有大量汉人在为蒙古统治者牧马。

元代时期，北方草原地区的畜牧业生产条件虽有改善，但畜牧业经济仍然是很脆弱的。若遇到特大的风雪，牲畜就会大批地死亡，给牧民生活造成极大的困难。元代史籍有不少关于北方草原地区遭受自然灾害的记载，如成宗大德九年（1305 年），"朔方乞禄伦之地岁大风雪，畜牧亡损且尽，人乏食。其部落之长，咸来号救于朝廷"。（虞集《道园类稿》卷 40《贯忠隐公神道碑》）延祐年间，"朔漠大风雪，羊马、驼畜尽死，人民流散，以子女鬻人为奴婢"。（《元史》卷 136《拜住传》，第 3302 页）类似有关灾荒的记载较多。但是元代时期的北方草原，尤其是漠北地区已成为元朝的一个行省，和内地都属元朝的统辖范围。因此，一旦北方草原上尤其是漠北地区发生灾荒，便可得到内地的物资支援。至元二十四年（1287 年），诸王薛彻都等所驻之地，"雨土七昼夜，羊畜死不可胜计，以钞暨币帛绵布杂给之，其直计钞万四百六十七锭"。（《元史》卷 14《世祖本纪》，第 303 页）泰定帝致和元年（1328 年）六月，“诸王喃答失、彻彻秃、火沙、乃马台诸部风雪毙畜牧，士卒饥，赈粮五万石，钞四十万锭”。(《元史》卷 30《泰定帝本纪》，第 687 页）上述措施改善了漠北的畜牧业生产条件，使畜牧业经济得到相应发展。北方草原地区的驼、马、牛、羊等牲畜数量众多，几乎难以计数，“羊马牛驼之属，射猎贸易之利，自金山、称海沿边诸寨，蒙被涵煦，咸安乐富庶，忘战灦转徙之苦久矣”。（虞集《道园类稿》卷 44《岭北行省左右司郎中苏公墓碑》）虽然难免有些夸张，但元朝的大一统局面极大促进了大漠南北与中原内地的经济文化交流，这对漠北畜牧业的发展必然是有利的。

在元以前，漠北地区储存饲草以备牲畜过冬，史籍疏于记载。忽必烈任命伯颜统军漠北时，军中缺粮，“伯颜令军中采蔑怯叶儿及蓿敦之根贮之，人四斛，草粒称是，盛冬雨雪，人马赖以不饥”。(《元史》卷 127《伯颜传》，第 3113—3114 页）后来木怜道阿失不剌、察罕忽鲁浑、察罕憨赤海等站，也相继贮存积草以备牲畜过冬。

手工业的发展促进商业流通

蒙古在灭金以前，手工业已经有木工、铁工等，虽能制造车辆等生产工具和箭、铁甲、枪、刀等武器，但总的来说，手工业并不发达。因此，成吉思汗南征、西征之时，特别注意收罗工匠。当时金国、西域包括花剌子模等地区的手工业较为发达，工匠的数量也多。成吉思汗每攻下一个地方，就将工匠带回蒙古本土，让他们制作各种武器。尤其是西征过程中，带回大量回回工匠，加之灭亡金国以后，得以完备“百工之事”。金哀宗说：蒙古之所以常胜，是由于“恃北方之马力，就中国之技巧耳”。这说明蒙古军取得胜利，是与成吉思汗注意发展手工业密切相关的。

北方地区的手工业在原有基础上有了进一步的发展，成吉思汗四大斡耳朵所在的胪朐河、萨里川哈老徙、秃剌河之合剌屯、乃满等地的发展更为显著。至元二十四年（1287年），元朝政府在漠北地区设置了各种管理手工匠人的机构，其中有随路诸邑民匠打捕鹰房都总管府，秩正二品。大斡耳朵内设立宫衙，用以管理“四斡耳朵位下户计民匠造作之事”，也就是手工业制作等职事。元仁宗时，又设立“管理随路打捕鹰房诸色民匠怯怜口总管府，秩从三品。掌太祖四皇后位下四季行营并岁赐造作之事。达鲁花赤、总管、同知、副总管各一员，经历、知事、提控案牍兼照磨各一员，司吏二人”。（《元史》卷89《百官志五》，第2270页）从管理官员的品级和编制可以看出，这类衙署所掌管的制作规模不小，工匠数目也很多。有不少匠人是来自中原的汉人工匠，长春真人丘处机曾在漠北见到汉人工匠络绎不绝地前来迎接。欧洲传教士鲁不鲁克曾看到镇海、毕里纥都、哈剌和林等地都有汉人工匠。哈剌和林烧造的陶器底部，多落有汉人制作工匠的名款，说明从事陶器生产的大多是汉族工匠。

乞儿吉思、撼合纳、益兰州和乌斯等处的居民不会制作杯皿。过河用独木船，不会制作舟楫。土地虽肥沃宜于稼穑，但不知铸作农器。当保定路完州刘好礼被任命为这五部的断事官后，便将这些情况报告政府。于是，元朝政府派遣工匠，教当地居民制陶、造舟等技术。至元六年（1269年），元朝政府赈济欠州人匠贫乏者米五千九百九十九石。大德元年（1297年）三月，赐称海匠户市农具钞二万二千九百余锭。称海，即镇海城，早在成吉思汗命田镇海于漠北兀里羊欢屯田建立城镇时，就使用战争俘虏在其间耕作，其中汉族工匠是不少的。谦州即欠州，早在大蒙古国时期就有汉人工匠千百人居之，织绫罗锦绮。欠州有武器局，秩从五品，大使、副使各一员，同时谦州还有工匠数局，“皆国初所徙汉人也”。至元七年（1270 年），徙谦州甲匠于松山（今内蒙古赤峰市南部），这些南迁的甲匠，就是早年从中原迁至谦州的。

岭北行省治所哈剌和林城，距离中原较为遥远。而哈剌和林地区的食粮饮料均从中原汉地转运而至。因此元朝不惜使用重利吸引商贾，使其转运足够的谷帛用物等至漠北地区。元朝还在和林设立交钞提举司、平准库，以利钞币流通，又拨给和林官府钞本，以便进行贸易。从内地运至漠北的商品除了粮食、饮料以外，还有丝织品、镜子、银器等，同时漠北出产的牲畜、皮、毛、筋角等也南运到中原。忽必烈时期，卢世荣建议“宜于上都、隆兴等路，以官钱买币帛易羊马于北方，选蒙古人牧之，收其、皮、毛、筋角、酥酪等物”。（《元史》卷 205《卢世荣传》，第 4566 页）元朝政府还不止一次“以钞给北边军为马价”，购买北边的牲畜，在桓州（今锡林郭勒盟正蓝旗境内）孛老站道就专门负责运输织布段匹、毛皮以及杂货。元顺帝至正十二年（1352 年）三月，由于政府出征马少，所以出币帛各十万匹，从北边千户、万户所购马。至正十四年（1354 年）三月，“诏和买马于北边，以供军用。凡有马之家，十匹内和买二匹，每匹给钞十一锭”。（《元史》卷 43《顺帝本纪》，第 914 页）

在元朝的上都、丰州、朔州等地都设有毛子局，缙山有毛子毡匠局，陕西等处有管领毛子匠提举司，河西有织毛段匠提举司，隆兴、上都、大都等处有毡局、异样毛子局、剪毛花毯蜡布局，并有掌管“两都支持皮毛、杂色羊毛、生熟斜皮、马牛等皮、鬃尾、杂行沙里陀等物”的机构和官员。中统三年（1262 年），仅上都一地就上交各种大小的羊毛毡共计三千二百五十段之多，由副中尚监负责送纳。中尚监所领的资成库，就是专管制毡的。毡毯业是元代新兴的手工业，毡制的庐帐和日用的毡帽、地毯等，质地细软，花样非常之多。此外，制皮业也很发达，防寒的皮服“柔治之方，裁制之巧，则又非昔人之所及也”。(《元文类》卷42《杂著·皮工》，第524页)

随着蒙古草原畜牧业的发展，不但北方地区的皮工、毡毯等皮毛加工等手工业得到迅速增长，而且中原内地的皮毛加工业也相应地发展起来。如元初收“天下童男童女及工匠，置局弘州，既而得西域织金绮纹工三百余户，及汴京织毛褐工三百户，皆分隶弘州，命镇海世掌焉”。(《元史》卷120《镇海传》，第2964页)汴京即今河南开封，弘州在今河北省境内，都属于中原内地。中统元年(1260年)六月，元朝政府命十路宣慰司制造战具、裘帽等物资各以万计，并运到开平。同年七月又命燕京、北京、西京、真定、平阳、大名、东平、益都等路宣慰司，制造羊裘、皮帽、裤、靴等物资皆以万计，运到开平。可见当时手工制造业的规模之大。

手工业的发展，必然会促进商业流通。大蒙古国时期，有一位“饶于财，商贩巨万，往来于山东河北”的回鹘人，曾与成吉思汗有过接触，说明在成吉思汗南下以前，蒙古早就和中原有商业关系。

成吉思汗占有黄河以北后，更注意南北交通，以促进物质交流。《长春真人西游记》记载：“黍米斗白金十两，满五十两可易麦八十斤，盖麦出阴山之后二千余里，西域贾胡以囊驼负至也。”(《长春真人西游记》卷上)《黑鞑事略》记载：“其贸易，以羊马、金银、缣帛”，“大率鞑人止欲纻丝铁鼎色木，动使不过衣食之需，汉儿及回回等人贩入草地，鞑人以羊马博易之”。当时成吉思汗等蒙古贵族的衣服就有以缣素木棉缝制的，这些缣素木棉当是由汉人及回回等人贩入草地的。

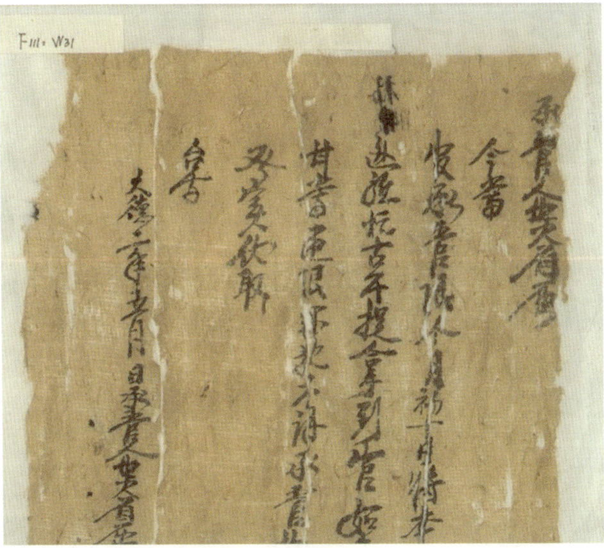

黑城出土的“元代大德二年”汉文文书

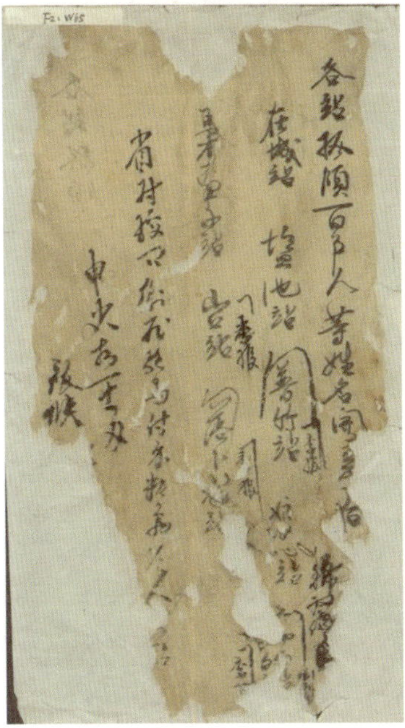

黑城出土元代汉文文书

在北方草原地区修建城镇及各种建筑

元初，北方地区虽为蒙古的政治、军事中心，但还没有城市建筑。公元1235年，在蒙古高原上修筑了第一个都城哈剌和林。该城建有以万安阁为中心的宫殿，皇宫四周建有诸王的府第和若干衙署，还有西域商人聚居的回回街和汉族工匠聚居的汉人街，以及佛寺、礼拜寺和基督教堂等宗教建筑。大德三年（1299年），哈剌和林在原有基础上加以扩建，既成为岭北行省的首府，也是漠北的经济、文化中心。此外，在称海以及乞儿吉思和谦州等地也建立了城市和村庄。随着元朝实现大一统，在漠南地区也开始了大规模修建城镇、建筑的活动。忽必烈总领漠南军国重事之后，就在金莲川草原建立了上都城（今锡林郭勒盟正蓝旗东），并作为元朝的第一个都城，在这里制定国策，统领全国军政要事。上都城与后来的大都（今北京）并称为元朝的两都，实行两都巡幸制，每年的夏季，蒙古皇帝都要带领大批官员和侍从赴上都避暑，并处理政事。经过多年的经营和发展，上都地区“在野者，畜牧散居，以便水草；在市者，则四方之商贾与百工之事为多。……充溢盛大，以称名都焉”。（虞集《道园类稿》卷37《上都留守贺惠愍公庙碑铭》）

此外，元朝还在汪古部的驻地、上都路、集宁路、兴和路、应昌路、全宁路、亦集乃路等地，均修建了许多规模不等的大大小小的城镇，有的城镇原本是金朝界壕内部沿线的军事城堡，元朝灭掉金朝，界壕也失去了作用，有功的汪古部便世代居住在这里，这些城池都被改造成路城、县城和汪古部贵族居住的城，逐渐成为当地的政治、经济、文化和交通中心，为开发北方地区发挥了重要作用。

元代时期，达里诺尔湖地区处于非常重要的地理位置，很早就成为蒙古军队驻扎和驻守的战略要地，特别是忽必烈建立金莲川幕府之后，这里变得更加重要，成为上都城的东路羽翼。达里诺尔湖地处贡格尔草原西南部，向西为浩瀚的浑善达克沙地，向东紧邻大兴安岭。因此，这里是漠北沿大兴安岭西麓往来漠南，进而进出中原的重要交通节点，是战争时期大军驻扎的绝佳之地，成吉思汗及蒙古大军多次在达里诺尔湖及其附近驻扎。上都城修建不久，元朝政府就开始兴建应昌城，至元七年（1270 年），弘吉剌部的斡罗陈万户及其妃囊加真公主请于朝说道："本藩所受农土，在上都东北三百里答儿海子，实本藩驻夏之地，可建城邑以居。"元朝政府批准以后，新的城池很快建好，赐名为"应昌"。应昌古城坐北面南，由内城、外城和关郊组成，城内建筑已无，遗址上遗迹保存较好。外城为矩形，南北长 800 米，东西宽 650 米，占地面积 52 万平方米，总建筑面积近 22 万平方米。城墙为黄土板筑，残存城墙高 3—5 米，上宽 2 米，下宽 10 米，夯层明显，15—17 厘米。东、西、南三面开设城门，门外设方形瓮城，门址宽 12 米，瓮城为边长 30 米的方形。在应昌外城南市肆东部有一处建筑基址被认为是儒学院落遗址，保留有南北长 65 米、东西宽 50 米的围墙，依稀可辨。地表发现有汉白玉石碑一块，断为两截。上为螭首，篆刻"应昌路新建儒学记"八字两行，碑身正面阴刻楷书汉字，文字多漫漶不清，难以辨识。碑背面平板无文字。

敖伦苏木古城位于内蒙古自治区包头市达尔罕茂明安联合旗都荣敖包苏木境内，俗称赵王城，元德宁路故城，汪古部政治、经济、文化中心，元代蒙古草原上的重要城市之一。古城平面呈长方形，东西宽 570 米，南北长 960 米，四面设门，门外加瓮城，四角有角楼遗迹。城内建筑遗迹颇多，曾出土有著名的“王傅德风堂碑记”及珍贵的畏兀儿体蒙古文、古叙利亚文墓石铭刻。1996年，敖伦苏木古城遗址被列入全国第四批重点文物保护单位。

北方地区自北边诸王之乱平定以后，经过元朝采取恢复和发展生产的措施，到元仁宗延祐年间，已是“羊马牛驼之属，射猎贸易之利，自金山、称海沿边诸塞，蒙被涵煦，咸安乐富庶”。（虞集《道园类稿》卷44《岭北行省左右司郎中苏公墓碑》）元朝统一后所带来的这些积极成果应该得到充分的肯定。

丰州城与白塔

白塔是一座辽代古塔，位于呼和浩特白塔国际机场的东南方 5 公里左右，机场的得名就源于位于这座著名的辽代佛塔附近。这座佛塔历经千年沧桑，见证着草原丝绸之路的发展和城市的变迁。

白塔名为万部华严经塔，是辽代华严宗佛寺的一座藏经塔，因为塔身涂了白垩土，通体洁白，故俗称白塔。塔通高 55.6 米，为八角七层楼阁式砖塔，基座砌莲瓣、平座栏杆和束腰，具有辽代佛塔的典型特征。辽代佛教文化非常发达，修建的佛塔数量很多，中国北方地区现存辽代佛塔百余座。部分辽塔破损严重，内蒙古赤峰市武安州辽塔的保护问题，就引起了国家重视，而万部华严经塔是现存辽代佛塔中保护较好的一处。

万部华严经塔位于呼和浩特市赛罕区白塔村辽代丰州城遗址内。丰州城始建于辽神册五年（920 年），为辽天德军驻地，具有重要的交通和军事地位。丰州一带是典型的十字路口，从这里向东通往西京、中京和上京城，向南进入中原，向北越过阴山进入漠北，向西进入西夏和河西走廊乃至西域。辽代在这里设置州县和军事驻守机构，保障了边疆的稳固，也保证了草原丝绸之路的畅通，促进了经济文化交流和多民族融合。现存丰州城遗址平面呈长方形，长约 1100 米，宽约 1000 米。城墙为夯土筑成，残高 2—10 米，有马面、角楼等遗迹。东、南、西三面辟有城门，并加筑瓮城，地表散布辽代砖瓦、陶瓷片等。城内曾出土钱币和瓷器窖藏，窖藏中有一件国宝级文

白塔（万部华严经塔），位于内蒙古呼和浩特市东南郊

物——元代钧窑瓷兽足香炉。城中的白塔大约修筑于辽兴宗至道宗时期（1031—1101年），建成后成为丰州城的标志性建筑。

金大定二年（1162年），曾重修丰州白塔。塔内一层回廊曾镶嵌9块金代石碑，现存6块，从碑刻文字可以了解当时丰州的城市布局。城内有东南、东北、西南、西北四坊，还有牛市巷、麻市巷、染巷、酪巷等行业街区，可见丰州城不仅规划齐整，而且工商业发展水平很高。碑文中出现了不少以汉族姓氏命名的村庄，如李家户、薛家村，也有以女真语官衔来命名的村落，如长寿谋尅庄、掴剌乙里堇村等，还有东通使族、西通使族、移室族等部落名称，反映出当时丰州及其周边地区多民族交错杂居的情况。

这座千年古塔最值得称道的是分布在7层塔内回廊中的数百条历代游人墨书题记。这些题记从金代延续至民国时期，最早的题记有“大定二年”字样。题记不只有汉文书写的，还有契丹文、女真文、蒙古文乃至古叙利亚文、古波斯文等，堪称丰州地区多民族文化交流融合的写照。类似“完颜乞汎”这样的署名题款，体现了金代汉文使用的普遍性，即使在女真文通用时，也有用汉文直书女真语名的现象。金代的多条题记中提到此塔为“丰州塔”，当时的丰州塔不仅是城市的标志，也是城中重要活动的举办地，是名人大家纷纷登临的宝塔。

元初，名臣刘秉忠途经丰州，留下《过丰州二首》，其中一首写道：“边山弥弥水西流，夹路离离禾黍稠。出塞入塞动千里，去年今年经两秋。晴空高显寺中塔，晓日半明城上楼。车马骈阗尘不断，吟鞭斜袅过丰州。”诗中首先提到的就是丰州的标志——“寺中塔”。塔中元代题记汉文居多，还有的用八思巴字母拼写汉语，或是将八思巴文和汉文两种文字对照并书。塔内曾出土元代初期“中统元宝交

钧窑“小宋自造香炉”，出土于内蒙古呼和浩特市东南郊丰州古城遗址内

钞”，是国内目前发现最早的由官方正式印刷发行的纸币实物。

元代草原丝绸之路更加繁盛，大批商旅穿越草原往返欧亚。欧洲旅行家马可·波罗就是沿这条路来到中国，并在丰州及其周边停留，然后从丰州向东到达元上都（今内蒙古锡林郭勒盟正蓝旗元上都遗址）。在《马可·波罗行纪》中，对于丰州的记载为“天德州”，这是自辽以来当地民众对此地的俗称。

辽金时期丰州地区以汉人为主，契丹、女真杂居共处。元代丰州地区的主要居民为汪古部。汪古部与成吉思汗家族联姻，他们信奉基督教聂思脱里派，在中国称为景教。景教与中国文化融合很深，许多景教信奉者也是儒学的推广者。由于景教源自叙利亚，因此在景教信徒的墓石上经常出现古叙利亚文。万部华严经塔中的古叙利亚文题记，由景教信徒所书写，体现了当时多元宗教文化的和谐并存。

明代俺答汗在前代丰州城以西十几公里处新建了归化城，清代又紧挨归化城东北新建了绥远城，至此归化和绥远两城所在位置成为这一地带的中心城区，成为今天呼和浩特这座城市的核心基础。辽金元时期兴盛的丰州城因此衰落并逐渐废弃。归化城蒙古语称为“库库河屯”，即呼和浩特，意为“青色的城”，因此呼和浩特又被称为“青城”。

随着城市的发展和不断扩大，废弃荒野的丰州白塔再次成为城市的地标。呼和浩特国际机场修在白塔附近并以白塔命名。万部华严经塔和丰州故城遗址均被列为全国重点文物保护单位。为保护古塔，观众已不能登临塔内，在塔旁设有展厅，展示了一些历史图片。文物部门正在对展厅进行完善，力图用现代化手段将塔内文物、题记、碑刻等呈现给观众。

忽必烈接见马可·波罗

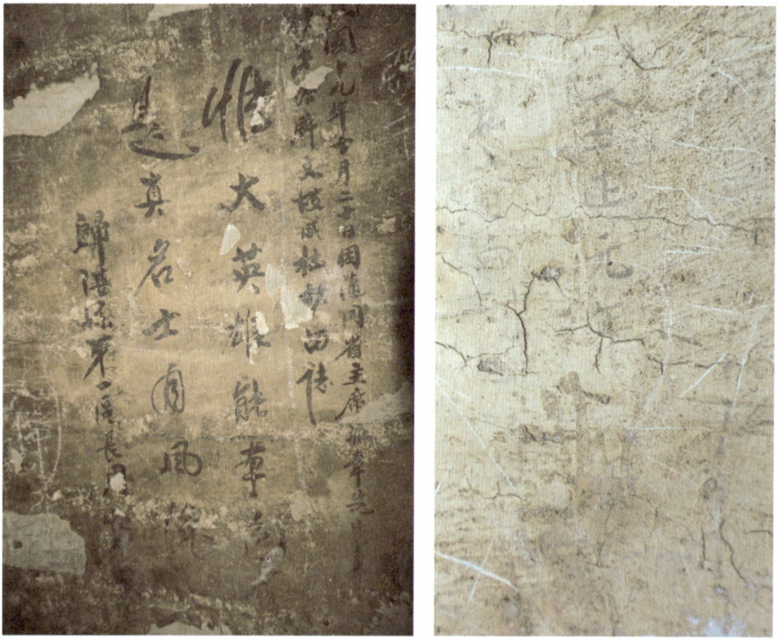

白塔内部墨书题记，现存于白塔内部墙壁上

阿尔寨石窟

阿尔寨石窟位于内蒙古鄂尔多斯市鄂托克旗阿尔巴斯苏木境内，传说有108眼石窟，因此又名“百眼窑”。石窟所在地为一马平川的高原，矗立着一座孤立的圆形红砂岩小山，石窟就凿在石山四周的峭壁之上，山体高出地表约40米，东西长约300米，南北宽约80米，山顶海拔高度为1460米。此地名为“阿尔寨”，蒙古语，意思是“平地突起的地方”。占地面积约165万平方米，是内蒙古自治区境内规模最大的石窟建筑群，现有石窟67座，保存较为完整的有43座。有覆钵式佛塔浮雕24座、密檐式佛塔浮雕1座，山顶有建筑基址多处。

阿尔寨石窟共有13座石窟中绘制有壁画，现存壁画画幅达上千平方米。壁画所使用颜料为石青、石绿、白灰、朱砂等矿物质。壁画题材以反映佛教内容为主，如佛像、天王像、佛经故事、明王像、僧侣等，最为珍贵的是多幅描绘世俗人物供养、祭祀、舞蹈、礼佛的壁画。壁画内容有藏传佛教密宗图、回鹘蒙古文榜题、十八罗汉图、供养菩萨图、各族僧俗礼佛图、蒙古贵族受祭图、蒙古族丧葬图、八思巴说教图、六道轮回图、千手观音图等。阿尔寨石窟中以西夏、蒙元时期壁画最多，用线条和色彩创造了绘制壁画的高峰期，其中以28号窟、31号窟、32号窟和33号窟壁画保存最为完整。2003年3月2日，国务院特批阿尔寨石窟寺为第五批全国重点文物保护单位，是中国境内乃至全世界唯一的草原石窟群。

此外，阿尔寨石窟所在地区还是一处见证蒙古早期历史的重要地理区间。阿尔寨石窟虽坐落在鄂尔多斯市鄂托克旗境内，但从交通地理的视角来审视，石窟所在位置恰好是自南向北流经的黄河东岸戈壁滩之中，是广义的黄河文化区域内的一处重要历史文化遗存。阿尔寨石窟所在地区位于今桌子山以东，在石窟附近现在仍存有一条被称为“乌兰乌素”的河流，汇入黄河，但由于当代自然环境已较为干旱，河水干涸，只在夏季雨水充沛的时候，河水才会出现。虽然目前尚未有充分的史料证明，但根据大蒙古国早期进攻西夏的历史可以分析，成吉思汗多次从漠北南下进入漠南进攻西夏，所经过的路线应当是沿着黄河从磴口一带经过乌海、鄂尔多斯地区，进入今宁夏平原，因此阿尔寨石窟所在地区很可能是成吉思汗大军行经之地。据文献记载，蒙古军队来到阴山一带，攻破兀剌海城（在今天的杭锦后旗），然后进攻河西，那么最便捷的路就是沿着黄河走。当时是冷兵器时代，大军行军的话一定要有充足的水源，那么黄河这条通道无疑是最好的选择。因此这一带才留下了如此庞大的一处石窟遗存。其中有一条足以称得上是有力证据之一的，就是石窟壁画中留存下来的回鹘体蒙古文，回鹘体蒙古文是蒙古早期就开始使用的文字。此外，石窟壁画中还有藏文、梵文等多种文字，也由此可见石窟延续时间很长，证明这一带是当时蒙古统治者或者信奉藏传佛教的蒙古贵族经常往来、驻留和经过之地。

阿尔寨石窟中的浮雕佛塔

阿尔寨石窟壁画《各民族僧俗人等礼佛图》

阿尔寨石窟壁画《蒙古贵族受祭图》

阿尔寨石窟壁画《西夏官兵渡河图》

阿尔寨石窟壁画《西夏武士引弓舞乐图》

阿尔寨石窟壁画中保留的回鹘体蒙古文、藏文榜题

阿尔寨石窟壁画《蒙古贵族家族图》

阴山地区的灾荒

中国北方地区是元朝的政治核心地带，包括中书省的上都路、兴和路、大同路、应昌路、集宁路、净州路、德宁路、砂井总管府等，陕西行省的北部、甘肃行省的东部以及岭北行省部分地区。这一地区的自然生态以草原为主要景观，生态系统脆弱，极易产生自然灾害，诸如旱灾、冰雹灾、大风、阴霾等，以及草原地区经常出现的“白灾”“黑灾”等。自古以来，北方民族均是以“逐水草而居”的游牧经济为主要生产生活方式。到了元代，阴山地区成为“腹里”，被纳入大一统的元朝管辖之内。蒙古统治者在阴山地区进行行政建置、发展社会生产、开展对外交流，极大地促进了这一地区的发展。

水灾

水旱灾害是各类灾害中最常发生也是对人类尤其是传统社会影响最大的灾害。水旱灾害均是由于水量（降雨）的异常变化导致的灾害，因此从本质上来说这属于同类型灾害。由于气候原因，中国北方地区的旱灾多于水灾，而这一点在阴山地区表现尤为强烈。

蒙元时期的阴山地区最重要的地段要属上都城及周边地区，因此这一带的灾害及其救治是元朝政府极为重视的一项工作。元代中书省北部是主要的屯田区，尤其是今天内蒙古中南部、山西大同一带为元代屯田密集区，如果这些地区发生水灾，那么对农业生产和人类社会生活的影响应该是很大的。水灾，顾名思义是由于水过多而导致的灾害，那么水过多表现在哪些方面呢？主要是雨水、冰雹、山洪等自然现象。

首先看大同、丰州地区的雨雹和“大水”灾害。《元史·世祖本纪三》载：至元六年（1269年）“秋七月壬戌（十八日），西京大雨雹”。《元史·五行志一》载：“（至元）六年七月，西京大同县雨雹。”这两条史料记载的是同一件事，但信息互有详略，综合起来可知为：至元六年七月十八日西京大同县发生雨雹。同年十二月，“献、莫、清、沧四州及丰州、浑源县大水”。（《元史》卷50《五行志一》，第1051页）这条史料中仅称在丰州等地出现了“大水”，虽未言明是何种形式的“大水”，但从时间上来看是“十二月”，那么据此推测在丰州发生降雨的可能性就非常之小。但是，这条史料完整的表达是献州、莫州、清州、沧州、丰州和浑源县这六处地方之内发生“大水”，是一句笼统的综合性的记述，而浑源县位于山西中部，其他献、莫、清、沧四州位于河南、河北等中原地区，则在中原地区十二月份下雨水是有可能的，故在丰州地区很可能是雨雹。这一点在《五行志一》和《太祖本纪三》中可以得到证明：七月份在大同地区出现雨雹，可以想见在炎热的七月大同地区尚有雨雹，在位于大同以北的丰州地区，同年的十二月出现的就更可能是雨雹而非雨水了。

中统年间，开平金莲川地区就发生过雨雹灾害：“中统四年（1263年）七月，开平路兴、松、云三州雨雹害稼。”（《元史》卷50《五行志一》，第1061页）这次灾害同样见于《世祖本纪》：“秋七月壬寅，燕京、河间、开平、隆兴四路属县雨雹害稼。”（《元史》卷5《世祖本纪二》，第93页）这里要考辨“开平路”一词：在中统四年五月，忽必烈将开平府提升为上都路，故在七月份不应再称开平路，而是上都路更为准确。

至元三十年（1293 年）三月庚申（初四），“平章政事李庭率诸军扈从上都。雨坏都城，诏发侍卫军三万人完之，仍命中书省给其佣直”。（《元史》卷 17《世祖本纪十四》，第 371 页）在至元三十年上都地区天降大雨，致使城墙毁坏。可见降雨量之大，元朝政府随即派遣李庭率当时扈从忽必烈巡幸上都的侍卫军修葺城墙，这是《元史》中有关上都地区降大雨的首次记载。此外，如此坚固的都城能够被一阵大雨毁坏也在一定程度上说明，北方草原地区的天气变化较为强烈，天空骤降大雨，致使城墙毁坏。

大德六年（1302 年）夏四月庚辰（十六日），“上都大水民饥，减价粜粮万石赈之”。（《元史》卷 20《成宗本纪三》，第 441 页）此次上都水灾造成大量百姓饥荒，于是减价粜粮万石予以赈济。可知，即使在一个王朝政权的首都这样极其重要的区域，自然界的生态环境和气候一旦发生变化，也是会受到较大灾害的。而且，上都地区地处北方草原干旱区，在当时竟然也有较大的水灾。一方面，此次“大水”灾害发生在夏四月，可见在当时四月就能够有如此大的雨水，证明当时的上都地区生态环境和总体气候较现在湿润，气温较高，雨水充足；另一方面，灾害的发生都是基于人类社会而言，或者人类生命受到了威胁，或者人类财产如房屋、土地等受到损伤，上都地区在元代属于国际性繁华大都市，故发生天气异动之时，由于人口的密集，社会流动频繁，人类建筑和土地使用率很高，因此发生灾害造成的损失自然也就很大。

元贞元年（1295 年）秋七月，隆兴路下冰雹。隆兴路就是后来的兴和路[1]，其从地理上来说属于蒙古高原南部边缘，在今天被称为坝上草原，故也属于广义的阴山地区。元贞二年（1296年），“大同、隆兴、顺德、太原雹”。（《元史》卷19《成宗本纪二》，第405页）元代的大同路管辖区域较广，北部为今天内蒙古的中南部地区，元朝政府在大同路北部设立有多处屯田进行农业生产开发。大德三年（1299年）八月，“汴梁、大都、河间水，隆兴、平滦、大同、宣德等路雨雹”。（《元史》卷20《成宗本纪三》，第428页）元统二年（1334年）二月甲子（初六），“塞北东凉亭雨雹”。（《元史》卷51《五行志二》，第1097页）东凉亭属于上都城区域范围，发生雨雹，造成了饥荒，于是朝廷下诏要求上都开仓赈济。[2]宣德地区与大同路毗邻。根据上述几条史料记载，隆兴、大同、宣德这几处的灾害记载较多，当与此处有屯田、仓储有关，开展农业生产就必然要对气候有着各种要求，一旦天气出现反常现象，必然会对农业耕作造成危害，粮食生产受到影响，必然会给人类社会造成饥荒，故文献所载往往是会对当时造成一定影响的灾害。

从本质上来说，灾害是属于人类群体内部的一种社会现象，因为如果没有人类生活于其中，即使自然界无时无刻不在发生着各种各样匪夷所思的气候变化，也不会对人类生命及其财产安全造成伤害和损伤，因此就没有必要称其为灾害了，只有人类群体置身其中，才可以从人的角度将自然界的气候和环境变化称为灾害。但通过梳理文

---

1 《元史》卷6《世祖本纪三》记载：“至元四年（1267年）正月，析上都隆兴府自为一路，行总管府事。”（第113页）卷24《仁宗本纪一》记载：“皇庆元年（1312年）十月，改隆兴路为兴和路。”（第553页）故在元贞元年（1295年）称其为“隆兴路”。

2 《元史》卷38《顺帝本纪一》：“二月甲子，塞北东凉亭雹，民饥，诏上都留守发仓廪赈之。”（第820页）

献可以发现，阴山地区因为地处北方草原，属于四百毫米等降水量线的北部区，是干旱地带，总体来说降水稀少，故遭受水灾的情况是远远少于中原汉地的，反而是经常遭受干旱少雨的威胁。

旱灾

旱灾是北方尤其是草原地区经常发生的主要灾害，本部分重点对几次重要的旱灾情况进行论述。

太宗十年（1238年）十路旱蝗灾害 《元史》中有记载的最早的北方地区的旱灾发生在太宗十年（1238年）秋八月，“陈时可、高庆民等言诸路旱蝗，诏免今年田租，仍停旧未输纳者，俟丰岁议之”。（《元史》卷2《太宗本纪》，第36页）这里所说的诸路，应当是太宗二年设置的征收课税使的十路，即燕京、宣德、西京、太原、平阳、真定、东平、北京、平州、济南，因史料中所说“诸路”比较笼统，只是根据“陈时可、高庆民等”为课税使这一身份判断“诸路”应当或至少是以这十路为主，或许实际上不仅仅止于此，因为从地域上来说，如果这十路遭受旱蝗灾，那么其邻近地区大部分是难以避免的，尤其是阴山地区很可能也遭受了旱灾，但由于史料缺乏，故难以确定。因此，这次旱蝗灾很可能属于特大旱灾。其中有一部分为阴山地区的南麓和东部一带。这一次如此大面积的旱蝗灾害，必定对农田造成了损害，从而使蒙古统治者无法收取赋税，只得“免税”以待“丰岁”。

定宗三年（1248年）的草原大旱 有关草原地区遭受旱灾的直接记载是在定宗三年（1248年），《定宗本纪》载：“是岁大旱，河水尽涸，野草自焚，牛马十死八九，人不聊生。”[1] 此条史料记载虽非常简略，但能够通过寥寥数语看到，这一年草原地区旱灾的严重程度，应当属于特大旱期。旱灾对人民造成的直接影响就是大面积的饥荒，因此造成当时草原地区蒙古诸王及各部生活艰难，不得不向中原或西域地区征求物资：“诸王及各部又遣使于燕京迤南诸郡，征求货财、弓矢、鞍辔之物，或于西域回鹘索取珠玑，或于海东楼取鹰鹘，驲骑络绎，昼夜不绝，民力益困。”（《元史》卷2《定宗本纪》，第39—40页）甚至这类大规模旱灾的发生，对于当时大蒙古国政权的稳定都造成了一定影响，《元史》继其后说：“然自壬寅（1244年）以来，法度不一，内外离心，而太宗之政衰矣。”（《元史》卷2《定宗本纪》，第40页）壬寅年，脱列哥那皇后开始执政，可见自然灾害的影响是不容忽视的。

可见，灾害问题不仅关系到民众生产生活，更是一个政治问题。统治者如何处理应对灾害，往往关系着其政权的稳定，尤其是蒙元帝国地域辽阔，不同区域之间差异极大，对于如何平衡诸区域之间的利益，对蒙古统治者是一个巨大的考验。

总体来说，忽必烈之前的大蒙古国时期因为文献记载较少，留存下来的灾害史料极其有限。但毕竟从成吉思汗建立大蒙古国始至忽必烈实现大一统，其间历经长达70年的时间，即使从窝阔台时期算起也有50年时间，这么长时段的时间内，文献中仅仅给我们留下寥寥数语有关北方草原地区的灾害记载，必定是远远少于实际发生的。学界一致认为，水旱灾害的年份和频率实际上应当比我们现在通过文献

1 《元史》卷2《定宗本纪》，第39页。《元史》卷50《五行志一》（第1065页）亦载有此事：“戊申（1248年），野草自焚，牛马十死八九，民不聊生。”但《五行志》缺“河水尽涸”一语。

记载看到的要多，尤其是蒙古地区旱灾的实际频次当会有所提高。

至元六年（1269年）的丰州、大同地区旱灾 至元年间以后，有关阴山地区旱灾记载逐渐增多。关于丰州、大同一带地区的灾害，文献颇有涉及。《元史》本纪与五行志均记载了至元六年（1269年）丰州、大同一带地区的旱灾："九月壬戌（十九日），丰州、云内、东胜旱，免其租赋。"（《元史》卷6《世祖本纪三》，第123页）

本年有关丰州地区的灾害，《五行志》记载为"十二月大水"，这一条史料在上节水灾中已有分析，《世祖本纪》载为旱灾，可见在九月到十二月这四个月之内，丰州地区先后发生"大水"和"旱灾"，灾害种类不一致且完全相反。如均属实，则反映中书省北部漠南地区气候的变化无常，但仍不排除另一种可能性，即"大旱""大水"发生在同一区域内的局部地区，而不论发生在哪块局部地区，都会对这一整个区域造成影响。

天历二年（1329年）的旱灾及应对举措 天历二年五月，汪古部赵王马札罕所辖封地发生了旱灾，"民五万五千四百口不能自存，敕河东宣慰司赈粮两月"。（《元史》卷31《明宗本纪》，第699页）查《元史》"五行志""食货志"等篇章可以发现，天历二年前后，全国各地多处均发生了旱灾，但主要集中在北方地区[1]，造成这种情况的原因除了元代中后期的社会问题频发以外，还有自然因素。本年初，大同和东胜州地区就出现了饥荒[2]，文献中虽没有记载造成大同、东胜州一带发生饥荒的原因，但据五月汪古部赵王处所发生的旱灾情况可知，

1 《元史》卷31《明宗本纪》："（天历二年五月）乙亥，西木邻等四十三驿旱灾，命中书以粮赈之，计八千二百石。"

2 《元史》卷50《五行志一》："（天历二年）正月，大同及东胜州饥。"（第1079页）

饥荒应是气候干旱、粮食减产、畜牧业无法维持造成的。实际上不仅如此，旱灾造成的影响所波及的社会面是很广的，从以下所列的朝廷应对策略也能窥探一二：

首先，朝廷划拨钞、粮等重要钱财物资用以赈灾。天历二年（1329年）六月甲寅（二十八日），元朝政府下诏“赈陕西临潼、华阴二十三驿钞一千八百锭，晋宁路十五驿钞八百锭”。（《元史》卷31《明宗本纪》，第700页）其次，由于旱灾影响较大，干扰了当时的朝政，故“铁木儿补化以久旱启于皇太子，辞相位，乞更选贤德，委以燮理”。（《元史》卷31《明宗本纪》，第700页）铁木儿因为久旱，向皇太子启奏主动要求辞去相位，另选贤德以任。在中国古代传统社会中，灾害被认为天降异兆，预示着朝廷政治失当，故是上天对统治者降下的惩罚，因此往往会有皇帝退位或大臣辞职等行为。第三，同年七月壬申（十七日），监察御史把的于思上奏，认为由于旱灾造成饥馑遍地，正需要国家赈济，因此应该把“近侍诸臣奏请恩赐，宜悉停罢，以纾民力”（《元史》卷31《明宗本纪》，第700页），此提议得到皇帝的允准，此处也可见当时赏赐规模非常巨大。天历二年前后，元朝因发生宫廷变故等出现不稳定的政局，也导致不能够及时处理发生的灾害等社会事件，从而加重了灾害的程度和影响。

干旱导致的蝗虫灾　旱灾往往包含着蝗灾且多为并发，元代文献中有关蝗灾的记载也比较多，一些有识之士也专门针对蝗灾导致的问题作了论述，并提出了一些解决对策。王恽在《为救治虫蝗事状》中对蝗灾的危害性作了评价：“盖闻天灾流行，国家代有，气和则致祥，气乖则致异，此必然之理也。然灾有大小，而蝗旱为最”（《秋涧先生大全文集》卷89），认为蝗灾是最为严重的灾异现象，这在以农业为本的传统社会中绝不为过。站在统治者的立场上看，蝗灾最大的危害莫过于无法保证税粮，正如王恽所论："迤南州郡蚕麦薄收，嗷嗷之民止望秋成以供王事。不幸继以蝗旱，万一成灾，将若之何？"（《秋涧先生大全文集》卷89）从王恽的担忧可以看出，蝗灾的危害直接关系到江山社稷、黎民百姓的安危。

元朝前期，至元六年（1269年）曾经在北方发生过一次较大范围的蝗灾。胡祗遹《捕蝗行（并序）》对此有所记载："至元六年，北自幽蓟，南抵淮汉，右太行，左东海皆蝗。朝廷遣使四出掩捕。仆奉命来济南，前后凡百日而绝。"（《胡祗遹集》卷4）从文中所载蝗灾涉及地域来看殊为广泛，可见灾害影响之大。虫蝗之灾造成的直接危害往往是粮食减产，从而导致大面积饥荒，以致百姓有"面橡实、掘黄精、煮野菜而食者"（《秋涧先生大全文集》卷89《为救治虫蝗事状》），惨象不忍直视，且蝗灾引起的饥荒还会引发一连串社会问题，如："岂惟经费不足，贫民衣食先乏，衣食乏则饥寒至，饥寒迫则盗贼生，盗贼滋则非国家之便也。"（《秋涧先生大全文集》卷89《为救治虫蝗事状》）

至元七年、八年前后，蝗灾更加严重。至元八年（1271年）的大面积蝗灾发生在六月，"上都、中都、大名、河间、益都、顺天、怀孟、彰德、济南、真定、卫辉、平阳、归德、顺德等路，淄、莱、洺、磁等州蝗"[1]。其中就有上都地区。至元七年二月，元朝政府"申严畜牧损坏禾稼桑果之禁"。（《元史》卷7《世祖本纪四》，第128页）可知，元朝政府采取了多种举措，包括赈饥、罢修筑宫城役夫、减免包银丝以及严格禁止畜牧损坏农作物等措施。但是第二年（至元八年）二月丁酉（初三），朝廷便"发中都、真定、顺天、河间、平滦民二万八千余人筑宫城"（《元史》卷7《世祖本纪四》，第133页），就又开

1 《元史》卷50《五行志一》，第1072页。《世祖本纪四》中也有相同记载，见第136页。

始了征发民众修筑宫城，文献虽无详载，但从朝廷各类举措的规模、时间等因素分析，征发民众开展大型工程与蝗灾的治理一定存在千丝万缕的联系，大规模的征发无疑会造成蝗灾危害程度的加剧。

其他旱灾　元代亦集乃路地区隶属于甘肃行省，但因其所处地理位置为今内蒙古的西部，故也将其纳入广义的阴山地区。亦集乃路地区因出土了大量黑城文书，有关当地社会的记载非常丰富，可以用来作为考察北方地区自然灾害的第一手资料，目前已有学者研究到了这个问题，传统文献资料中有关自然灾害及其赈恤治理的总体不多，但也有一些零星的记载，如大德三年（1299年）十二月癸酉（二十六日），甘肃亦集乃路“屯田旱，并赈以粮”。（《元史》卷20《成宗本纪三》，第429页）亦集乃路地区地处戈壁南缘，虽然在元代自然环境优于现在，但仍然是干旱高发地带。

风霾灾

北方草原地区属于干旱半干旱大陆性气候，除了低矮的杂草和灌木丛地貌以外，还有大片的荒漠、低矮丘陵和戈壁，地面常常刮起较大的风，风席卷着沙土遮天蔽日，往往就会造成风霾灾害。在历代文献中，存有一些关于北方草原地区风霾灾害的记载，但是总体比较少且零散。

翻检《元史》，最早记载风霾灾害的见于太宗五年（1233年），《五行志》写道：“十二月，大风霾，凡七昼夜。”（《元史》卷50《五行志一》，第1080页）《太宗本纪》与此稍有不同：“是冬，帝至阿鲁兀忽可吾行宫。大风霾七昼夜。”（《元史》卷2《太宗本纪》，第33页）虽未明言风霾发生地，但据“帝至阿鲁兀忽可吾行宫”一语推测，风霾

黑城遗址北城墙外的滚滚流沙，位于内蒙古阿拉善盟额济纳旗

黑城古城西北角佛塔遗存，位于内蒙古阿拉善盟额济纳旗

居延地区的戈壁胡杨，位于内蒙古阿拉善盟额济纳旗

唐代大同城遗址，位于内蒙古阿拉善盟额济纳旗

灾害应当发生在行宫所在的漠北草原。[1]此后有关蒙古草原上风霾灾害的记载就到了宪宗六年（1256年）春，史载当时“大风起北方，沙砾飞扬，白日晦冥”（《元史》卷3《宪宗本纪》，第49页），此条见载于《元史·宪宗本纪》之中，但在《元史·五行志》中却未见记载。从这条史料内容来看，草原地区的风霾灾主要特征包括“大风”与“沙尘蔽日”，也就是我们今天所说的“扬尘”“扬沙”或“沙尘暴”。此外，《元史·五行志》还记载了几条有关“雨土霾”灾害现象，以下一一进行分析考证。

至元二十四年（1287年），“诸王薛彻都部雨土七昼夜，没死牛畜”。（《元史》卷50《五行志一》，第1082页）关于这次雨土霾灾害事件，《本纪》中亦有记载，但内容要详于《五行志》：“十二月癸酉（十七日），诸王薛彻都等所驻之地，雨土七昼夜，羊畜死不可胜计，以钞暨币帛绵布杂给之，其直计钞万四百六十七锭。”（《元史》卷14《世祖本纪十一》，第303页）可见，《本纪》的内容已经涵盖了《五行志》所记，可以据此进一步了解这次雨土霾灾害的情况。由于《本纪》记载的时间是十二月十七日，加之灾害持续了七昼夜，故这次灾害的时间最晚发生在十二月初十，甚至要早于此。灾害的主要损失，《本纪》载为“羊畜”，《五行志》载为“牛畜”，稍有差异，推测应该既有牛，又有羊，因为灾害发生地一定是在草原地区，而草原地区牛、羊是主要财产。可见，雨土霾现象在北方草原地区是较为常见的，往往会对游牧生产生活造成很大的损害，故灾害现象应当成为考察草原蒙古诸部活动变化的一个因素。

1　关于阿鲁兀忽可吾行宫地望考证，见刘迎胜《〈元史·太宗纪〉太宗三年以后记事笺证》，刘迎胜著《蒙元史考论》上册，兰州大学出版社2014年，第48页。

大德十年（1306年）二月，“大同平地县雨沙黑霾，毙牛马二千”。（《元史》卷50《五行志一》，第1082页）这条史料所载内容亦见于《本纪》：“（大德十年）二月，大同路暴风大雪，坏民庐舍，明日雨沙阴霾，马牛多毙，人亦有死者。”（《元史》卷21《成宗本纪四》，第468页）元朝将西京路改为大同路，直隶中书省，下辖五县八州，其中有宣宁县（治所为凉城县淤泥滩古城）、平地县（治所为察哈尔右翼前旗三号地乡苏集古城）、丰州（治所为呼和浩特市东白塔村西南）、云内州（治所为托克托县古城乡东北古城）、东胜州（治所为托克托县城关大皇城古城）等，上述州县管辖地域绝大部分位于今内蒙古中西部地区，也就是阴山地区的中段。其中的平地县为今乌兰察布市地区，综合《本纪》《五行志》记载内容可对此次灾害有一个大致的认识：先是在大同路平地县境内发生了暴风大雪，损坏了百姓房屋，继而第二天又发生了雨沙黑霾，致使两千多牛马倒毙，亦有部分民众因此而死。

此后，在至治三年（1323年）二月丙戌（二十四日）、致和元年（1328年）三月壬申（初九）[1]、天历二年（1329年）三月丁亥（三十日）以及至顺二年三月丙戌（十一日）均发生了雨土霾灾害，且相关记载亦均见于相应的《本纪》当中。[2]其中天历二年的雨土霾灾害，在《明宗本纪》中记载为：“三月戊午朔（初一），次洁坚察罕之地。……丁

1　按，元朝在公元1328年先后更换过三个年号。二月庚申（二十七日），改元致和，是为致和元年；大约在七月，改元天顺，是为天顺元年；九月壬申（十三日），改元天历，是为天历元年。故本年的三月是在致和元年时期。

2　见《元史》卷28《英宗本纪二》，第629页；卷30《泰定帝本纪二》，第685页；卷31《明宗本纪》，第696页；卷35《文宗本纪四》，第779页。其中，至顺二年《五行志》记载的“雨土霾”，中华书局本《元史》点校者在《文宗本纪》中将“雨土”与“霾”中间点断为“雨土，霾”，而《五行志》中未点断。

亥（三十日），雨土，霾。”[1]据《本纪》所载分析，此次“雨土，霾”应发生在“洁坚察罕之地”，洁坚察罕，也作揭揭察哈、迦坚察寒（蒙古文 gegen-čaγan，意为“洁白”），陈得芝先生考证，其地筑有扫邻城，是蒙古大汗的春猎行宫之地，位于今天蒙古国鄂尔浑河上游之西有一条河名为吉尔马台河，此河下游为察罕泊，即为元代时期的 gegen-čaγan 之地。至于至治三年、致和元年和至顺二年的雨土霾发生地虽然不详，但根据上述发生地推测，很可能也都在北方地区，可以推测雨土霾多发生在北方草原蒙古地区。太宗五年、定宗三年与宪宗三年所载“大风霾”“大旱”等灾害，在北方草原地区最为常见，往往会对游牧生产生活造成很大的损害。因此，灾害现象应当成为考察草原蒙古诸部活动变化的一个因素。

陨霜、雪寒灾害

北方草原地区气候寒冷，发生陨霜、雪寒灾害的概率很大，而且往往对草原社会生产造成一定的危害，尤其是漠南阴山地区当时开垦有大量屯田，并有相当数量的居民，雪寒灾害造成农作物减产，同时对马牛羊等畜牧也造成影响。

王恽《乌台笔补·为春寒马牛损伤课程带纳马匹事状》记载：“伏见上都路今春雪寒，损伤马牛数多，其山东等处灾伤亦然。窃惟马牛耕战之本，会验明有条禁，马不得驾拽车碾，牛不得私下宰杀，随路有司奉行甚严。”王恽所上“春寒事状”具体时间虽然不

1 《元史》卷 31《明宗本纪》，第 696 页。关于“雨土霾”，中华书局本《元史》点校者在“雨土”与“霾”中间点断，而在《五行志》中未点断。

详，但据《本纪》与《五行志》所载灾害情况推测，至元六年、七年、八年这几年的时间内，北方各地发生各类灾害较多，且王恽于至元五年（1268 年）十月任监察御史，至元八年（1271 年）离任，《乌台笔补》撰于此时，故推测王恽此次所谈及的“春寒事状”应当指的是这几年间，在阴山中部地区气候发生不利于人类社会生产生活的变化，导致出现了诸多灾害。

众所周知，元代纳怜道是沟通大漠草原南北的一条重要驿道，延祐七年（1320 年）八月，纳怜道曾经遭受较大的雪灾，具体可见至治元年的一则上奏。英宗皇帝至治元年（1321 年）十一月二十九日，纳怜道哈剌兀孙脱脱禾孙客灭拙解上疏奏道：“哈剌温至哈必儿哈不剌一十四站，初无田土可耕。自薛禅皇帝时，官给马匹草料、站户口粮。延祐七年八月以来，雪重草死，官无刍粟，以致马匹瘦弱，迟误驿传。请接济事。”[1]可见，大雪重到将草压死的程度，以至于驿道缺乏刍粟，无法喂马，严重影响了驿站的正常运转，于是驿站管理人员上书请求接济。

文献中关于“陨霜杀禾”的记载亦较多。中统二年（1261 年）五月，“西京陨霜杀禾”。（《元史》卷 50《五行志一》，第 1059 页）中统年间所载之“西京”，当为今大同地区，大同在辽金时期被称为西京，广义的大同地区在当时应当包括内蒙古阴山东段，即乌兰察布南部一带。此次霜灾在《本纪》中亦有记载：“秋七月庚辰（二十日），西京、宣德陨霜杀稼。”（《元史》卷 4《世祖本纪一》，第 72 页）两相对比可知，《本纪》记载时间为七月，《五行志》记载时间为五月，时间稍有不同，且《本纪》所载地区多出“宣德”一地。在《元史・食货志》中

1　此事可参见《永乐大典》卷 19421 所引《元经世大典・站赤》的记载。

记载了“免西京、北京、燕京差发”一事，从时间上看《食货志》所记当为基于此次灾害所采取的救治措施。第二年（中统三年，1262 年）五月，“宣德、威宁等路陨霜”（《元史》卷 50《五行志一》，第 1059 页），可知大同北部地区再次发生陨霜灾害，此事亦见《本纪》：“八月戊申（二十四日），广宁、西京、宣德、北京陨霜害稼。”（《元史》卷 5《世祖本纪二》，第 86 页）可见，《本纪》所载灾害波及地域范围要广于《五行志》。关于灾害发生时间的记载，《五行志》与《本纪》记载多存在不一致之处，当是史料来源不同所致。

至元二十七年（1290 年）七月，“大同、平阳、太原陨霜杀禾”（《元史》卷 50《五行志一》，第 1059 页）；大德六年（1302 年）八月，“大同、太原霜杀禾”（《元史》卷 50《五行志一》，第 1059 页）；至大元年（1308 年）八月，“大同陨霜杀禾”[1]。关于这三次霜灾的详细情况或仅见于《五行志》，或《本纪》记载与其无异，而且记述较为笼统，只说“大同”等地，因大同路的北部包括今天内蒙古中南部部分地区，故不清楚是否波及阴山地区。至治三年（1323 年）七月，“冀宁阳曲县、大同路大同县、兴和路威宁县陨霜”。[2] 其中的威宁县治位于今内蒙古乌兰察布市兴和县台基庙古城，属于阴山地区南麓的东端。这一地区为蒙古高原南部边缘地区，地势较高，西伯利亚寒流极易迅速南下，造成陨霜、雪寒灾害。到了元朝末年，仍有关于大同地区陨霜灾害的

---

1 《元史》卷 50《五行志一》，第 1060 页。此事亦见于卷 22《武宗本纪一》：“八月己酉（二十三），大同陨霜杀禾。”（第 502 页）

2 《元史》卷 50《五行志一》，第 1060 页。此事亦见卷 28《英宗本纪二》：“秋七月，冀宁、兴和、大同三路属县陨霜。”（第 632 页）但《本纪》只说“属县”，略于《五行志》。

记载：至正二十七年（1367 年）五月辛巳（初六），“大同陨霜杀麦”[1]，从中可知大同地区当时种植有“麦”。不过此时已经是元朝灭亡的前夕，有关地方的灾害问题朝廷已无暇顾及，至于赈济则更谈不上了。

关于阴山地区南部州县的雪寒灾害记载较少，但也有一些零星痕迹可寻。如泰定二年（1325 年）三月，“云需府大雪，民饥”（《元史》卷 50《五行志一》，第 1060 页），此事仅见于《五行志》，信息极其有限。“云需府”当指的是“云需总管府”，《百官志》载：“云需总管府，秩正三品，掌守护察罕脑儿行宫，及行营供办之事。”（《元史》卷 90《百官志六》，第 2300 页）可知云需总管府当设置在察罕脑儿行宫处，而察罕脑儿行宫的地理位置，经陈得芝与尹自先二位先生考证，位于今河北省张家口市沽源县小红城遗址。[2] 据此可知，所谓“云需府大雪”指的当是今河北北部坝上地区。

第一，应明确的一点是，自然灾害最易引发的社会问题就是饥荒，文献中有关饥荒与赈济的记载比比皆是，实际上饥荒一般不太可能单独发生，多是由各类自然灾害所引发。在上述各类灾害中，多数会有饥荒伴随，政府会采取相应的赈恤措施以解决饥荒及其造成的一系列社会问题。有关阴山地区饥荒的记载亦有很多，限于篇幅不予以详述，饥荒与赈济问题往往还牵涉到政府政策、国家经济状况以及社会动乱等诸多复杂问题。

第二，通过梳理《元史》以及相关文献可知，有关阴山地区自然灾害的史料记载存在明显的取舍。记载较多的地方是中书省北部的

---

1 《元史》卷 51《五行志二》，第 1097 页，亦见卷 47《顺帝本纪十》：“夏五月辛巳，大同陨霜杀麦。”（第 978 页）

2 陈得芝《元察罕脑儿行宫今地考》，收入氏著《蒙元史研究丛稿》，人民出版社 2005 年，第 44—54 页。陈文附录中补充了河北省张北县地方文史学者尹自先先生最新的实地调查研究结论。

大同地区（今山西北部一带）和辽阳行省管辖地区。其次是上都及周边地区，包括兴和、宣德等地，造成这种记载不平衡的主要原因当是农业生产。灾害之所以成为灾害，是因为一些极端自然现象对人类的生产生活造成危害，而中书省北部、上都地区以及辽阳行省等地，在元代是重要的农业屯田区和政治中心（"腹里"），自然成为格外关注的对象。而绝大部分蒙古地区均为草原游牧区，主要是蒙古诸王生活之地，农业生产较少。此外，还有北方地区的重要驿站，元朝政府往往对北方重要线路的驿站进行赈济，或者有关这方面的记载比较多，不管怎样都表明了政府和统治者对这些地区的重视。上都是两都之一，自然是置于非常重要的地位，而驿站起着沟通、联络的作用，尤其是北方地区的驿站，连接两都、北控草原诸王诸部，干系非轻。此外，北方草原地区文字记载较少，信息传播渠道不如农耕区顺畅，这也在一定程度上影响着我们的认知。

第三，史料记载中往往对受灾的具体情况不甚清楚，比如受灾程度、受灾地理面积等。从《五行志》来看，直接针对蒙古地区灾害的记载总体较少，但这绝不能说明蒙古地区没有灾害，这一点从《元史》其他部分以及其他文献史料可以看出。关于受灾程度和受灾面积问题，实际上由于元代申报灾害制度的规定，各地方的受灾面积往往会记录在案，因为如果没有具体的数据，是无法申请到国家的受灾减免优惠政策的，尤其是无法计算减免税粮的数量，这一点从《元史》各卷中有许多减免税粮数量和赈济灾民钱粮数量记载可以得知。但由于各种原因，受灾情况的数据基本没有保留下来，给我们研究灾害情况造成了一定的困扰。这一点在北方草原地区尤其明显。

第四，《五行志》与《本纪》等记载多有不一致之处，有时间、地点和灾害种类及程度不同等多种情况。就时间来说，《五行志》记载较《本纪》简略，卷五十即元统元年以前的记载，时间基本上详细到月份，而卷五十一即元统元年以后，详细到某月某日，可见《五行志》卷五十与卷五十一所本史料来源明显不同。而《本纪》有关灾害的时间记载多数详细到某月某日，总体上较《五行志》详细。此外，《本纪》中往往有对灾害的赈恤内容，而《五行志》中则无。因此《本纪》中的赈恤史料，当与《食货志·赈恤》相互参照。

阴山地区原本就是脆弱地区，灾害多发当属正常，从而就给我们评价和认识这一区域的自然灾害状况带来一定的困难。当然，从现有史料中，我们也可以窥见这一地区的社会日常生活状况。

大宁路的地震及其应对

元代时期是地震的多发期，其中发生于至元二十七年（1290年）的大宁路（大宁路地名多次更改，先后以“北京”“武平”和“大宁”名之，全书在叙述的时候主要使用最后定名的“大宁”一名）地震是一次破坏性极大的地震，学界多从地震震级、波及范围等技术性角度对其进行研究。元代的大宁路为辽代的中京、金代的北京，是元代东北地区的重要路级建置，在沟通东北与中原方面具有重要的战略地位。大宁路地震造成了极大的破坏，影响到了元代政治走向和灾异观，同时地震发生时正值东道诸王乃颜叛乱，这给东北地区造成了较大的饥荒等灾害影响，元朝政府通过赈灾、平叛等多措并举，最终成功稳定了局势，加强了对东北地区的社会治理和军政管控，从而维护了大一统的局面。

元代地震较多，根据有关学者统计，有记载的有感地震总数160余次，而余震次数不胜计数。大宁路地震是元代地震中仅次于山西平阳和陕西会州地震的一次破坏性极强的地震灾害。[一般认为元代时期发生过的比较大的地震有三次，一是大德七年的平阳、太原大地震，二是至元二十七年辽阳行省大宁路地震，三是至正十二年（1352年）的陕西行省会州地震。根据现代地震测量分析，山西平阳和陕西会州地震的震级均达到了八级。]地震发生后不久，又发生了乃颜之乱。天灾与人祸并行，一度使东北地区社会动荡，甚至危及元朝政权。前人对元代大宁路地震关注不多，20世纪80年代，内蒙古赤峰市宁城县地震局曾经利用科技手段对此次地震进行过研究（胡廷荣《关于1290年武平路地震震级讨论》，《华北地震科学》1984年第1期）。薛磊在其专著《元代东北统治研究》一书中简要探讨了大宁路地震的政治影响（薛磊《元代东北统治研究》，社会科学文献出版社2012年，第169—172页）。另外，在地震史料的收集整理方面前辈学者做了不少工作，成为进一步深入研究的基础。目前关于元代大宁路地震及其救治情况及社会影响尚未有人予以探讨，笔者拟结合当时元朝的政局，对这次地震的过程及造成的影响等问题做一探讨，以深化对元代东北社会治理问题的认识。

大宁路地震的过程

大宁路行政建置沿革在元代发生多次变化，但从整体上看，大宁路统辖的地区包括今天内蒙古赤峰，辽宁朝阳、锦州的大部分地区，《大元一统志》记载武平路（大宁路）“临闾之西，海阳之北，地实冲要”（卷2《辽阳等处行中书省·大宁路》），可见其地理位置极为重要。

根据现有文献和学界研究，大宁路地区发生的地震有记载的是两次。第一次是至元二十五年（1288年），“戊子岁，地震北京”（袁桷《清容居士集》卷32《推诚保德功臣开府仪同三司太傅上柱国追封蓟国公谥忠哲梁公行状》，四部丛刊初编本）。但有关这次地震的记载过于简略，其中的许多细节现在很难得知。在袁桷撰写的这篇《梁公（德珪）行状》中，紧接着“地震北京”一语之后记载：“世祖问：‘今岁刑部所报囚徒何烦多？’公（梁德珪）对曰：‘囚非犯刑罪，特以征索罗织，无所从纳，故悉为囚在狱中。’上大感悟，乃悉赦天下逋负。”从《元史》纪传部分记载来看，元朝政府往往在发生灾害的时候会大赦天下，对在押囚犯或减刑，或赦免，以此作为一项宽恤政策以减轻灾害对社会民众造成的损害，稳固国家统治。因此这条史料当与其地发生地震有关，属于灾后朝廷采取的一项维护社会稳定的赈灾措施。

大宁路地区的第二次地震是至元二十七年（1290 年）的大地震，文献记载较多。《元史·世祖本纪》记载："八月癸巳，地大震，武平尤甚，压死按察司官及总管府官王连等及民七千二百二十人，坏仓库局四百八十间，民居不可胜计。己亥，帝闻武平地震，虑乃颜党入寇，遣平章政事铁木儿、枢密院官塔鲁忽带引兵五百人往视。"（《元史》卷 16《世祖本纪十三》，第 339 页）这次地震在其他一些文献中也有反映。下面综合史料，梳理这次地震的相关情况。

地震发生的时间

从《元史》本纪看，这次地震的时间是至元二十七年八月癸巳（二十三日）；袁桷《赵公行状》记载更为明确，"乃者庚寅岁，大雾四起，越翼日癸巳夜，地震"。（《清容居士集》卷 32）也就是说，在八月二十二日起大雾，到二十三日夜晚发生地震。此外，刘敏中在大德七年（1303 年）奉命宣抚山北辽东道所上奏疏中也记载："至元二十七年八月二十三日地震。"（刘敏中《刘敏中集》卷 15《奉使宣抚言地震九事》，吉林文史出版社 2008 年，第 184 页）但是，《元史·五行志》记载时间为"八月癸未"（卷 50《五行志一》，第 1082 页），即八月十三日，与《本纪》记载地震首发时间前后相差十天。因这次地震是持续性的，如首震时间发生在十三日，则二十三日时仍有可能还在地震。但如首震时间是二十三日，则十三日时是不可能有地震的。从《本纪》和袁桷《赵公行状》所载较详这一点来看，其所载二十三日准确性更高，

《五行志》很可能脱落“二”字。

地震规模与破坏程度

这次地震规模和破坏程度，《元史·五行志》称“武平路地大震”（《元史》卷50《五行志一》，第1082页），前引《元史·世祖本纪》称“地大震，武平尤甚”。通观《元史》有关地震灾害的记载，一般均称为“地震”，此次写作“地大震”，足见其规模非一般地震可比。同时从《本纪》的记载可知，此次地震的震中位置应在武平（大宁）路地区，地震强度大，周边地区均受到影响。有关部门据现代科技测量，将这次地震震级定为6级，震中烈度为9度（中央地震工作小组编《中国地震目录》，科学出版社1971年；国家地震局《中国地震简目》，地震出版社1977年），但是宁城县地震局胡廷荣先生研究认为，此次地震震级应为7级。

前引袁桷《赵公行状》称震前“大雾四起”，这是关于这次地震前征兆的明确记载。《元史·世祖本纪》载这次地震的死亡人数为7220人。《元史·地理志》记载了皇庆元年（1312年）大宁路的人口数量，“户四万六千六，口四十四万八千一百九十三”（《元史》卷59《地理志二》，第1397页），这虽然不是地震当时的人口数，但距离地震发生不过22年，也可作为参考。根据地震的一般情况，夜间发生地震时造成的人员伤亡数要大于白天，此次武平路地震发生在夜间，地震造成的人口死亡率自然比较高。利用地震科学的研究结论，将大大有助于结合文献史料，对此次地震的破坏程度作更进一步的了解。从事地震科学研究的胡廷荣先生总结认为，这次地震死亡人数大大超过了一般6又3/4级的地震，并且是东北地区有地震史料以来死亡人数最多的一次。胡先生根据大宁路人口数和地震烈度区等指标，推测了当时人口死亡的比例为平均每 8—9 人死亡 1 人。[1] 这个死亡率是相当高的，此次地震造成的损害由此可见一斑。

自然灾害最易引发的社会问题就是饥荒。梳理文献记载可知，大宁路地震造成的最严重的并发灾害当属饥荒。在此次地震发生前一年（至元二十六年，1289 年）的四月和闰十月，东北辽阳路与大宁路就已先后发生饥荒。而至地震发生之后的第二年九月份，大宁路一带仍然遭受着饥荒之苦。《元史·五行志》载："（至元）二十八年九月，武平路饥。"（《元史》卷 50《五行志一》，第 1076 页）可见，大宁路地区应该已经连续三年存在饥荒，但记载过于简略，饥荒的严重程度和造成的具体影响尚不得而知。

实际上饥荒往往是自然因素与人为因素交互作用的结果。王培华先生将连续出现两年以上的大众范围饥荒年定为特大饥荒期，元代北方地区曾经出现过 7 个特大饥荒期，第一个时期就是至元二十六年至二十八年（1289—1291 年）。集中检索相关的灾害史料可知，造成这一时期发生特大饥荒的主要原因，一是自然灾害的破坏，包括大宁路大地震及其他部分地区遭受的水灾、霜雹等灾害，二是东北乃颜之乱导致的战争破坏。

---

1 胡廷荣《关于 1290 年武平路地震震级讨论》，《华北地震科学》1984 年第 1 期。但是，胡先生在利用《元史·地理志》所载大宁路皇庆元年人口数的时候，无意忽略了《元史》所载的人口总数为"四十四万八千一百九十三"的记载，却根据户口数"四万六千六"自行推测了武平路人口总数为 20 万，造成判断失误。但是如果根据胡先生的科学推测过程，将其结论做一修改，则可以得出"4—5 人中死 1 人"的结论。

朝臣对此次地震的论述及其所体现的灾异观

大地震发生后，赵与票借机向忽必烈进言曰："地为臣道，臣强则震。"（袁桷《清容居士集》卷32《翰林学士嘉议大夫知制诰同修国史赵公行状》）刘敏中也对此次大地震的发生进行了解释。他说，世祖皇帝忽必烈自登基以来，采取了一系列政治政策，"亲择相臣，精选台官，蠲租宥过，赈乏恤孤，覆焘之恩，洋溢中外"，但是，由于"有司不能尽体上心，扩充至化"，臣僚不理解皇帝的良苦用心，加之至元年间尚属元朝"更张之始，宿弊革而尚存，新政郁而弗通"，于是导致"积阴凝结，阳气上行，不得宣达，而为此变也"。（刘敏中《刘敏中集》卷15《奉使宣抚言地震九事》）赵与票、刘敏中等士人均将大宁路大地震这一灾异现象出现的责任加在"臣"和"有司"的身上，认为皇帝行天子之道，而臣僚是地道，发生地震是由于臣僚变"强"，喧宾夺主，且"有司"未能宣达天子之意，使得新政"郁而弗通"。这是中国古代传统社会中典型的灾异观，即把王朝施政的好坏与天象的变化结合起来。政治清明则风调雨顺，政治昏暗则发生灾异。

平乱与震灾形势下大宁路地名的更改

关于元代大宁路的建置，《元史·地理志二》记载："元初为北京路总管府，领兴中府及义、瑞、兴、高、锦、利、惠、川、建、和十州。中统三年（1262年），割兴州及松山县属上都路。至元五年（1268年），并和州入利州为永和乡。七年（1270年），兴中府降为州，仍隶北京，改北京为大宁。二十五年（1288年），改为武平路，后复

辽中京遗址小塔，位于内蒙古赤峰市宁城县

辽中京大明塔，位于内蒙古赤峰市宁城县

为大宁。”(《元史》卷59《地理志二》，第1397页）根据《地理志》的记载，至元七年北京路改为大宁路，至元二十五年大宁路改为武平路，后又改回大宁路。

关于至元二十四年（或二十五年）之前的称呼，《地理志》明确记载至元七年就已由北京改为大宁，但是《本纪》记载却是由北京路改为武平路，《大元一统志》亦未提改为武平路之前是“大宁路”还是“北京路”。这里就出现了一个问题，即至元二十四年（或二十五年）之前武平路的行政名称是什么？检索至元七年至二十五年这段时间的相关文献发现，曾多次出现“北京路”一名，但却未见“大宁路”之名。[1] 此外，在王恽所撰《大元故昭勇大将军北京路总管兼本路诸军奥鲁总管王公神道碑铭》中也记载，至元十四年（1277年），王遵受命为“北京路总管兼大定府尹”。（王恽《王恽全集汇校》卷57，中华书局2013年，第2561页）可见，《元史·地理志》所载“至元七年改北京为大宁”的记载不准确。

《元史·世祖本纪》记载：“至元二十五年二月丙寅，改南京路为汴梁路，北京路为武平路，西京路为大同路，东京路为辽阳路，中兴路为宁夏府路。”(《元史》卷15《世祖本纪十二》，第309页）《大元一统

---

1 仅检索《元史》（中华书局1976年点校本）就已出现几十条“北京”之名，如至元八年春正月壬辰（第133页）、至元九年春正月庚辰（第140页）、至元十年九月壬辰（第151页）、至元十一年二月壬申（第154页）、至元十二年八月己亥朔（第169页）、至元十三年夏四月庚寅（第182页）、至元十四年春正月己未（第188页）、至元十五年夏四月壬午（第200页）、至元十六年二月丙午（第210页）、至元十七年二月丙子（第222页）、至元十八年三月丙申朔（第230页）、至元十九年夏四月丙辰（第242页）、至元二十年五月丙子（第254页）、至元二十一年十一月戊子（第270页）、至元二十三年秋七月己巳（第290页）、至元二十四年五月己亥（第298页）等。由此可见，几乎每年都有类似记载。薛磊《元代东北统治研究》（社会科学文献出版社2012年，第157页）一书也注意到了这个问题。

志》记载："至元二十四年改为武平路。"（《大元一统志》卷2《辽阳等处行中书省·大宁路·建置沿革》，第191页）据此可知，关于改名武平路的时间，《本纪》《地理志》载为"至元二十五年"，《大元一统志》载为"至元二十四年"，时间相差一年。《本纪》至元二十五年二月这次一并更改的地名均为原金朝时期的五京所在路级地区，其原有名称为南京、北京、西京和东京，以及西夏的中兴，这是一次统一的行政名称的更改，明显是将前代辽、金和西夏时期以"京""中"为名的都城旧名改为地方行政建置的举措，而北京路改名"武平"，则当与东北地区的乃颜之乱有很大关系，可能是取"以武力平定"之意，时间当在乃颜之乱发生之后，即至元二十五年。

"大宁"一名从辽代就已出现，《元史》中并未详载武平改为大宁的时间，只说"后复为大宁"，可能是为了迎合之前所载的"改北京为大宁"。《大元一统志》记载："二十九年九月改为大宁路"（《大元一统志》卷2《辽阳等处行中书省·大宁路·建置沿革》，第191页），这是目前可查找到的武平路改为大宁路的唯一确切记载，同时在《世祖本纪》至元二十九年（1292年）六月条中出现"大宁路"之名，且此后文献中均写作"大宁路"。（《元史》卷19《成宗本纪二》，第420页；卷20《成宗本纪三》，第435页）现存于辽宁省义县奉国寺大雄殿内佛坛前的《大元国大宁路义州重修大奉国寺碑》记载了奉国寺"又经庚寅地震，欹斜骞崩，殆不可支"。（张连义《解读〈大元国大宁路义州重修大奉国寺碑〉》，《北方文物》2007年第3期）庚寅年为至元二十七年。从此碑文可知，至元二十七年武平路地震导致原本就已破旧的奉国寺损坏严重，这才有了重修之举。从碑首所题"大元国大宁路义州"和碑末尾落款时间"大德癸卯岁秋九月吉日"可知，大德癸卯（七年，1303年）年间，已然称为大宁路。因此据此推测，改称大宁路的时间可能是至元二十九年的九月，或稍早于此前的某个时间点。

关于元代因地震而改名的问题，学界有所关注。因地震而更改地名，在元代主要有以下几例：大德九年（1305年），山西平阳路因为发生地震，改平阳路为晋宁，太原路为冀宁。后至元三年（1337年），上都路下辖的宣德府“以地震改顺宁府”，而宣德府下辖的奉圣州，也于同年改名为保安州。至正十二年（1352年），因陇西一带地震百余日，改定西为安定州，会州为会宁州。总结这几个事例发现，因地震而更改的地名中多有“宁”“定”和“安”等字，而路级建置所更改的名字中全部有“宁”字，如冀宁、晋宁、顺宁。大宁路地震发生于至元二十七年，如按《大元一统志》所载至元二十九年改为大宁路，当也是因地震而更改无疑，是因地震而改名的又一事例。然而改名丝毫不能阻止地震的持续，如冀宁、晋宁地区在改名之后的第二年（大德十年，1306年）正月，仍旧地震不止，应当是大地震之后的余震。至元二十七年之后，大宁路地震也并没有完全停止，依然是时时发生，例如延祐元年（1314年）二月戊辰、四月甲申、十一月戊辰，致和元年（1328年）七月己卯、十月壬寅，至顺四年（1333年）四月戊申等（均见于《元史》卷50《五行志》）。

从大宁路地震看元朝对东北地区的管控

大宁路在发生大地震之前就已出现饥荒，如至元二十五年二月，“辽阳、武平等处饥，除今年租赋及岁课貂皮”。（《元史》卷15《世祖本纪十二》，第309页）然而五月，朝廷又下令敕武平路括（征调）马千匹，这无疑加重了大宁路地区百姓的负担。至元二十六年闰十月、十一月、十二月，大宁路多次发生饥荒，朝廷曾拨给赈济粮，减免赋税。地震后，元朝采取了一系列措施。稳定社会秩序、抗震救灾，是历代政府一贯的灾后应对措施。

地震发生，一般会对受灾地区造成粮食减产、人员伤亡、房屋毁坏等财产损失，由此引发社会动荡。至元二十七年九月，大宁路“盗贼乘隙剽劫，民愈忧恐”，平章政事铁木儿立即采取措施，“以便宜蠲租赋，罢商税，弛酒禁，斩为盗者”，同时“发钞八百四十锭，转海运米万石以赈之”（《元史》卷16《世祖本纪十三》，第340页），以此来稳定地方社会。第二年，元朝政府采取更为具体的赈恤政策来解决地震造成的各种损失，尤其是困扰受灾区最大的问题——饥荒。三月，为了缓解饥荒，使百姓免于盗贼和军旅的困扰，朝廷下令“凡州郡田尝被灾者悉免其租，不被灾者免十之五”，同时赈济武平地区的饥民，允许百姓上山捕猎，继而在四月，对侍卫兵中籍贯为武平之人的今年的徭役，予以免除。至元二十九年春正月，“以武平地震，全免去年税四千五百三十六锭，今年量输之，止征二千五百六十九锭”。（《元史》卷17《世祖本纪十四》，第357—358页）

至元二十四年，宗王乃颜叛乱。乃颜之乱对东北地区的影响甚巨，至元二十七年春正月，“辽阳自乃颜之叛，民甚疲敝，发钞五千八十锭赈之”。（《元史》卷16《世祖本纪十三》，第333页）随后，元朝政府接连对东北地区进行赈济。在发生大地震和乃颜之乱前后，文献中有关大宁地区的饥荒和赈济的记载比比皆是，如至元二十七年，“大都、辽阳被灾，免其包银、俸钞”（《元史》卷96《食货志四·赈恤》，第2473页）；至元二十八年（1291年）五月，“赈上都、桓州、榆林、昌平、武平、宽河、宣德、西站、女直等站饥民”（《元史》卷16《世祖本纪十三》，第348页）；同年十月，“武平路饥，免今岁田租”。（《元史》卷16《世祖本纪十三》，第352页）至元二十八年，朝廷下诏继续免武平、辽阳等十路的丝线交纳。此外辽阳等地受灾百姓，税粮均予以免征，其余受灾稍轻之地酌情量征其半。同年七月，“辽阳诸路连岁荒，加以军旅，民苦饥，发米二万石赈之”。(《元史》卷16《世祖本纪十三》，第349页）文献记载真切地反映了当时因地震和叛乱造成的连年饥荒情况及政府的赈济措施。

乃颜之乱持续多年，给当地社会造成很大的破坏。元朝政府为平叛并加强控制，不断调遣各路军队开赴东北实施镇压，并增加了对辽阳行省一带的戍守。这使得当时东北地区“民废耕作”，大量百姓流离失所，社会动荡，给地震之后的灾后救治工作增加了非常大的难度。

为了有效保障平叛军队的补给，元朝政府还在东北地区实施屯田与营建仓储。如为了解决懿州等地驻军的粮饷问题，至元二十六年，爱牙合赤以所部军屯田咸平、懿州。至元二十八年，营建了“懿州仓”。但从后来的饥荒情况看，仓储和屯田并未很好地解决大地震和战乱造成的动荡局面。

乃颜之乱平定以后，元朝政府在东北设置了辽阳行省，成为元朝中后期东北地区最高的军政建置，由此加强了东北地区的行政管控，也更有利于处理东北地区的社会经济事宜，对于进一步稳定灾害带来的社会动荡，恢复百姓生产生活，都是有利的。叛乱之后，东道诸王部民和领地均大幅度缩小，权力也受到很大的限制，元朝在辽阳行省设置了东路蒙古军上万户府，长期驻守。这一系列的政治军事上的管控举措，使得东北地区社会局势大大稳定，对于处理灾害等社会生产事务是极为有利的。

大宁路因在前代曾作为辽、金两个政权的都城（或陪都），故其地的社会经济基础与东北其他地区相比较，应该是比较发达的，而且

元代“兵农运粮百户印”矩钮方形铜印
（底部）

元代“兵农运粮百户印”
矩钮方形铜印（顶部）

元代“兵农运粮百户印”矩钮方形铜印
（全景）

此处作为东北与中原华北尤其是大都交通往来要道上的节点，战略地位非常重要。此处发生地震灾害，造成社会动荡，更加受到政府的高度重视。地震前后，元朝发动了征日本的军事行动，在东北设立东京行省，又发生乃颜叛乱，后设立辽阳行省，这些在东北地区发生的重大事件均紧密相连，可以说每一件事都可能动摇元朝统治，影响东北地区的稳定。而其中的大宁路地震原本是天灾，却因为发生在这些事件的中间，也由此成为震荡东北社会的人祸。但由于元朝政府及时采取了多项举措，最终使得这一地区在至元时期的后半叶趋于稳定，从而巩固了元朝对东北地区的控制，维护了全国大一统的政治局面。

元代蒙古人与汉人的社会关系

蒙元时期，蒙古贵族成为统治民族，但人数相对较少，文化相对单一，生活在中国大地上的数量最多的民族群体是汉人。元朝统治者是以蒙古贵族为主体并联合汉、色目等其他群体的贵族为统治阶层，因此蒙古族是占有重要政治和社会地位的部族群体。在中国古代历代民族关系中，北方草原民族与中原汉人的关系始终是民族关系史的重要内容。在由以军事征战为主要特征的大蒙古国向以王朝治理为统治方式的元朝政权转变的过程中，和谐融洽的蒙汉关系保持了交往交流交融，对元朝实现全国大一统，奠定辽阔疆域、统合多民族、融合多元文化奠定了良好的基础。而且，在元朝建立以后，汉人依然是当时人数最多的民族，无论是在国家政治、生产建设，还是社会治理、文化传承等方面，都发挥了不可替代的作用。

大蒙古国时期一直处在对中原的征服战争进程中，到了忽必烈总领漠南汉地军国重事以后，蒙古族才逐渐开始了与汉族广泛接触和交融的时期。建立元朝以后，蒙古统治者逐渐从草原本位政策向中原汉地倾斜，其统治重心南移至中原汉地，当然始终是在中国的北方。此后，蒙古族大量内徙，同时也有很多汉族人口因各种原因迁移至北方地区，与蒙古民族杂居在一起。

隋唐以后的五代辽宋夏金时期，中国境内长期存在着多个分立政权，朝代的更迭也非常频繁，这对中原传统汉族士人的观念影响很大。到了蒙元时期，他们认为，“今日能用士，而能行中国之道，则中国之主也”（郝经《陵川集》卷37《使宋文移·与宋国两淮制置使书》，第439页），成为元代蒙汉民族关系思想认识上的新转变。对于蒙古统治者来说，只要重用汉族士人，实行中国之道，就可以成为所谓“中国”之主。对于汉族士人来说，不应否定汉族以外的民族所建立的政权，只要他们实行中国之道，就应该成为正统之主。中原士人们不应有华夷隔阂，他们的责任是“致君行道”，积极入仕参与蒙古政权对国家和百姓的管辖治理，才能更好地改变夷狄之俗，发展社会经济。公元1230年，大蒙古国开始在中原地区设置十路课税所，每路正副课税使共二人，全是汉族儒士，如燕京课税使为儒士陈时可、赵昉，宣德课税使为儒士刘中、刘桓等，这是蒙古统治者开始大批任用汉族士人的开始。汉族士人从此逐渐改善了地位，并在蒙古政权中占有一席之地。公元1235年，窝阔台之子阔出率军攻打南宋，汉人杨惟中、姚枢随军出发，在被占领的地区召集了数十名儒士带回北方，加以优待和重用。这些儒士中就包括经学家赵复以及后来的名臣窦默、王磐等人。他们在北方兴办学校、收集图书、教授生徒，传承并发展了儒家传统文化，同时也在一定程度上促进了蒙古、契丹等北方游牧民族接受、学习中原文化。

公元1247年，张德辉受召北上，觐见忽必烈。在回答忽必烈的询问时，他极力推崇传统儒家文化，同时还向忽必烈举荐了魏璠、元好问、李冶等二十多位汉族士人。为使忽必烈尊崇孔孟之道，他和元好问联袂恭奉忽必烈为“儒教大宗师”。这一切使忽必烈很早就了解了中原文化，为其将来建立以中原王朝为治理模式的大一统国家打下了基础。忽必烈总领漠南军国重事以后，汉族儒士很快将以忽必烈为代表的蒙古统治者视为他们政治利益的代表而加以拥戴。而忽必烈等趋向于汉地治理模式的蒙古贵族，在汉族士人刘秉忠、赵璧、郝经、张文谦、姚枢、许衡等“藩府旧臣”的影响下，逐渐认识到“北方之有中夏者，必行汉法，乃可长久”。(《元史》卷158《许衡传》，第3718页)在这个基础上，蒙汉两族的上层人士接触越来越频繁。

大蒙古国及元朝初期，北方汉人世侯群体开始大规模入仕，为蒙古统治者服务，他们在这里看到了一展抱负的机会。据分析，入仕汉人的籍贯绝大多数是辽金时期的燕云十六州及其附近地区。这一地带自唐五代以后，先后由契丹、女真统治长达二百多年，当地汉人早已开始与北方游牧民族进行交往，彼此间的文化融合时时发生。到了蒙元时期，他们自然就能够在此基础上对蒙古人产生认同感和亲和力。由于汉族士人的华夷观念在蒙元初期有了进一步的发展和演进，由此引起大量士人仕蒙，从蒙元初期开始便建立了以蒙古上层统治者为核心的蒙汉联合政治文化体制，在政治上体现了有元一代的民族关系格局。元明鼎革之际，一大批汉族士大夫甘愿为元朝政权捐躯，表明他们在一定程度上认同了蒙元政权。

蒙元时期，蒙汉两族普通民众的交往与融合的规模也是空前的。蒙汉民族融合的主要方式是移民迁徙，大体上分为两种。第一种为离开蒙古本土前往汉地的蒙古人汉化；第二种为离开汉地前往蒙古高原的汉人蒙古化。

蒙古攻灭金、夏之际，由于金、夏统治的河北、山东、山西、河南、陕西、甘肃一带多为汉人聚居地区，许多汉人在金、夏覆亡之际被大批掳往北方。战争虽然残酷无情，但从历史上来看，战争冲突在客观上促进了各民族、各地区间的大融合。公元1213年，蒙古军队向中原北方地区大举进攻，“凡破九十余郡，所过无不残灭。两河、山东数千里，人民杀戮几尽，金帛、子女、牛羊、马畜皆席卷而去，屋庐焚毁，城郭丘墟矣”(《建炎以来朝野杂记·乙集》卷19“鞑靼

大成至圣文宣王画像

元代献文庙铜爵祭器

元代献文庙铜爵祭器（局部）

款塞”，第 850 页），被掳掠走的人民之中不乏契丹人、女真人等，但多数均为汉人。在当时战乱频繁的情况下，许多生活在金朝统治区的汉人被迫移民，有的迁往南宋境内，有的则被蒙古掳至北方草原地区。例如，河北世侯史秉直投降蒙古以后，蒙古将汉人十余万户迁徙至漠北地区，编入蒙古军队并与各部族的士兵共同作战。在蒙古攻金、灭宋的几十年中，汉人陆续被掳往北方草原地区。当时，在大蒙古国统帅木华黎所属的军队中，就有 3 万多汉军。据 1254 年出使至当时大蒙古国首都哈剌和林城的法国传教士卢布鲁克的记述，哈剌和林城内有一个以契丹人为主的聚居区，主要生活着汉人工匠，应当多数都是通过战争和抢掠而来。

元朝一直遵从北人犯罪迁往南海、南人犯罪远徙北方草原的制度。蒙古、汉两族的各阶层人们生活在一起，定会出现互相通婚的现象，蒙古人娶汉人女子为妻、妾的事例不胜枚举。他们在蒙古地区经过几代繁衍、生活，逐渐适应了蒙古地区的生活方式而蒙古化了。

蒙古向来有收养他族幼儿的习俗，尤其是被征服部族或国家。在早期被掳掠的汉人当中，有许多幼童，他们较早地掌握了蒙古语言文字。公元 1214 年，12 岁的汉人刘敏随家人被俘，随即编入军中。后因偶然机会为成吉思汗所赏识，调至成吉思汗斡耳朵，充任宿卫，“不三四年，诸部译语无不娴习，稍得供奉于上前……进退应对，无不曲中圣意”。（元好问《元好问全集》卷 28《大丞相刘氏先茔神道碑》）可见，刘敏经过几年的训练，不仅熟知了蒙古语，还能进行流利的翻译和御前奏对。还有“九岁而孤”的王德真，在蒙古攻金的野狐岭战役中被俘，被成吉思汗抚养，很快掌握了蒙古语，后来充当了怯薛“奉御”，并掌管二皇后宫政。此外，还有 9 岁被俘的郝和尚拔都、14 岁被俘至杭海入为忽必烈藩臣的张惠以及 14 岁充任窝阔台宿卫的石天麟等，均熟练地掌握了蒙古语，不同程度地开始了蒙古化倾向。

至元六年（1269年），忽必烈命八思巴创制了蒙古新字，颁行天下，要求官方文书必须用蒙古新字书写，再辅以汉文或藏文等当地文字。同时，元朝政府在各地设置蒙古字学进行教授推广。在国家政策的推动下，汉族士人为了获得进身之阶，不得不去学习这种文字，与“以儒学文史”晋升的普通士人相比，掌握蒙古语的士人显得官运亨通得多，由此驱使许多汉人主动学习并掌握蒙古语。一些著名的儒士，如许衡、程钜夫、吴澄等人也较早地认识了八思巴字蒙古语，并替蒙古统治者大力宣传、支持八思巴字的推广。同时，相当数量的汉人改用蒙古名字，使其原有的民族文化心态发生了变化，产生蒙古化倾向。据研究，元代入充怯薛近侍和位至宰相、枢密院官等的汉人，几乎没有例外地具备掌握蒙古语言或使用蒙古名字等资质条件。虽然，八思巴字蒙古语甚至连原有的畏兀儿字蒙古语也未能取代，但是以八思巴字为注音字母拼写汉字，暂时代替了传统的反切法，在元明汉语乃至当今普通话的推广过程中一度发挥了很大的作用。这应该算是元代蒙汉关系中，族际文化交互影响最显著的事例。此外，汉人用蒙古名的情况也很多。蒙元初期，汉人采用蒙古名多为朝廷“赐名”。清人赵翼指出：“如贾塔剌浑本冀州人。张拔都本平昌人。刘哈剌不花本江西人。杨朵儿只及迈里古思，皆宁夏人。崔彧弘州人，而小字拜帖木儿，贾塔剌浑之孙又名六十一。高寅子名塔失不花。皆习蒙古俗也”（赵翼《廿二史札记》卷30“元汉人多作蒙古名”条，中华书局1984年，第701页），元代时期这种汉人获赐蒙古名的情况有许多。如元世祖对南人儒士燕公楠赐名“赛因囊加带”，对张惠赐名“兀鲁忽讷特”。到了元朝后期，汉人接受蒙古名字已经习以为常，甚至以此为荣。有的虽没有赏赐之名，却也争相效仿，成为一

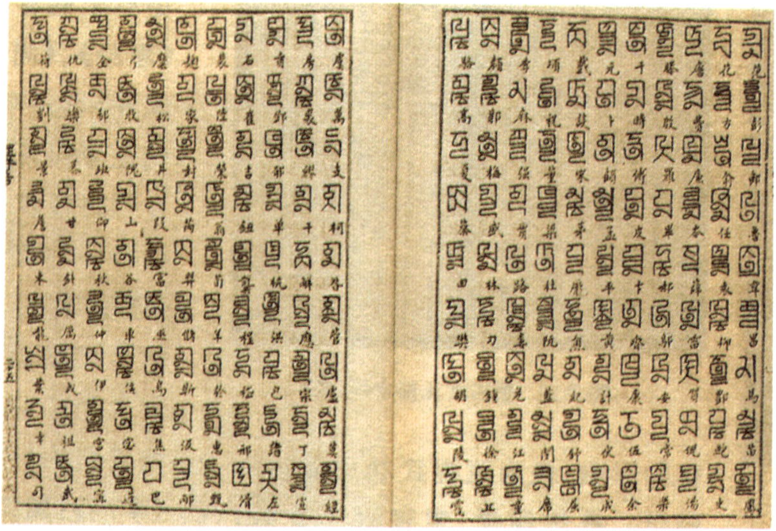

八思巴文，清抄本《译语·八思巴字汇》

元代八思巴文铜印，内蒙古赤峰市阿鲁科尔沁博物馆藏

元代八思巴文铜印（局部），内蒙古赤峰市阿鲁科尔沁博物馆藏

种风气。

蒙元时期，民族间的通婚已较为频繁。据洪金富先生统计元代文献，元代汉族女子嫁给蒙古人计 52 例，蒙古女子嫁给汉人计 30 例。有人通过对元统元年（1333 年）得中进士者进行统计，发现在 19 个蒙古进士中，有 11 人的母亲为汉人，14 人的妻子为汉人[1]。汉人与蒙古人相互通婚，对于蒙汉两族的融合影响很大。元代后期，汉族士人娶蒙古等少数民族女性成为非常普遍的现象。汉人受到蒙古文化影响的主要表现形式是开始实行收继婚。至元八年（1271 年），元朝政府颁布了“小娘根底，阿嫂根底收者”（《元典章》卷 18《户部四・收继・收小娘阿嫂例》）的诏令，容许汉人也实行收继婚，导致汉人社会中收继婚有所增加。

两族通婚本没什么，但是两族的婚俗却有一个大大不同。蒙古族在早期由于生产力落后，战事频繁，为了保障女性的生活，蒙古族实行收继婚制，意思就是妻子的丈夫去世了，需要嫁给丈夫的弟弟，而这等事情在汉族人看来，是有悖人伦、大逆不道的，特别是宋代以后，妇女守节成为一种社会道德规范，怎么可以再嫁给小叔子呢？那么，在元代两族通婚以谁为准呢？元朝法律规定，各民族通婚，要以男方婚俗为准，但是蒙古女子嫁别的民族，则不必以男方婚俗为准。这也就意味着，娶了蒙古族女子的汉族家庭，可以且应该实行收继婚。于是忽必烈颁布圣旨“小娘根底，阿嫂根底收者”这句话的意思是允许汉族实行收继婚，兄死收嫂，弟死收弟媳，“小娘”指的是弟媳妇，“阿嫂”指的是嫂子。

1　洪金富《元代汉人与非汉人通婚问题初探》（一、二），《食货月刊》1976 年 6 月 12 日，《食货月刊》1977 年 7 月 1 日。

但是，随着蒙古族对汉文化的不断认可和接受，元朝皇帝觉得收继婚的问题还是比较大的，因为中原地区是以汉文化为主体的，如果全部实行收继婚，一是会给一些别有用心的人造成可乘之机，比如弟弟喜欢嫂子，便创造条件强行与嫂子结婚，而不考虑嫂子的意愿；二是这种法律上承认的婚姻制度，时常遭到社会道德的谴责，给百姓造成了一定的思想混乱。于是，元朝政府在公元1330年又颁布了一条法令："诸人非其本俗，敢有弟收其嫂、子收庶母者，坐罪！"意思是非蒙古族的其他各族人，如果有兄弟收了嫂子，儿子娶了父亲的其他妻子，是要犯罪的，意思就是不要再搞收继婚了！

事实上政府和社会对于守节的鼓励，使得汉人的婚俗得到更快、更多的认可。《刘敏中集》中有一首《贞妇火雷诗》，诗的序言记载了这样一个故事，故事的主角是一个叫作火雷的蒙古族妇女，她居住在"滨之渤海"这个地方，她的丈夫幢兀带早年从军，后来在战争中阵亡，于是火雷便发誓："丈夫乃是我的天，我怎么可能会背叛天呢？"于是，她毅然把养姑抚子之事都承担了下来，这一坚持就是四十年。这件事惊动了官府，并为其作了表彰。汉族士人刘敏中听说了这件事，特意以这件事为引子，作了一首诗，从而流传下来。所以，在元代多数时候，嫂子只能是嫂子，而不能是妻子。可见，蒙古人在风俗习惯等方面也逐渐受到汉人的影响。《刘敏中集》中的这首《贞妇火雷诗》的序言所载之事，就是个典型例证。

元亡以后，《明太祖实录》的撰者曾评述蒙元时期的汉人蒙古化现象："初元世祖起自朔漠，以有天下，悉以胡俗变易中国之制。士庶咸辫发椎髻，深詹胡俗。衣服则为裤褶窄袖及辫线腰褶，妇女衣窄袖短衣，下服裙裳，无复中国衣冠之旧。甚者易其姓氏，为胡名，习胡语，俗化既久，恬不知怪。""悉以胡俗变易中国之制"一语虽有言过其实之嫌，但至少说明在蒙元时代，蒙汉两族的相互影响之深。

蒙古人没有肉身崇拜的传统，向来推行薄葬简丧的丧葬习俗，目前我国历史上保存下来元代的砖构地上建筑大多是塔幢等宗教建筑。河北省沽源县现存有一座元代贵族墓，其地面建筑是一座享堂，名为梳妆楼，有人考订“梳妆”为“树葬”的谐音，其建筑形式兼具西域、蒙古、汉族的建筑文化特征，体现了蒙汉等民族文化习俗的交流与融合。

蒙元时期，蒙汉两族的交往与文化融合是北方民族关系中的重要内容。当时，蒙汉二元文化长期并存，蒙古族与汉族在受到对方文化影响的过程中，其主要特征表现为两种文化因素兼容并包，体用结合，对于他族文化既吸收，又抗拒，并保留自身文化。当然，由于汉族文化传统历史悠久，蒙古不过是刚刚诞生的新兴民族，双方之间的影响上，还是汉人对蒙古的影响大于蒙古对汉人的影响。不过总体来说，汉人对蒙古文化的接受持较为积极的态度，使得两族文化可以在共存中互相交融，在交流中共同发展，最终形成“你中有我，我中有你”的局面，增强了蒙汉民族之间的凝聚力和归属感，促使民族融合向纵深方向发展。

经济社会生活

中国古代传统社会中的经济，与今天有很大不同。今天是市场经济，古代的经济主要地涉及贸易交换，商业经济也是与当时的社会状况、政治制度、交通状况、思想观念息息相关。围绕贸易往来和日常社会需求，元代时期的经济社会生活也呈现出迥异于前代和后世的独特之处，其中最为显著的一个变化就是草原丝绸之路的繁荣昌盛。元代时期疆域辽阔，成吉思汗及其继承者们东征西讨，打通了欧亚大陆东西方之间的交通往来，使得欧亚大陆上的各地区、各政权之间，人群往来、商业贸易和文化交流都极为频繁。

元朝统治者为了加强对各地区的统治，便利地方与中央的信息沟通、使者往来，建立了畅通欧亚大陆的驿站体系，也相应地带来与其相关的一系列制度、生活方式，同时在一定程度上更加便利了各地之间的交流往来，从而进一步繁荣发展了社会经济。在驿站交通中，最重要的工具是马。马是北方草原游牧民族最重要的伙伴，游牧民族骑着马，从事征战、放牧，用作交通工具，形成了蔚为大观的马文化。马为游牧民族的兴盛、发展做出了重要贡献。元代的饮食文化也颇具特色，因为元朝时期既有西来的色目人，也有江南水乡的饮食，更有蒙古民族自身的草原饮食文化，多种不同地域的饮食汇聚在一起，使得元朝时期的饮食文化多姿多彩。

草原丝绸之路

丝绸之路在中国历史上赫赫有名。“丝绸之路”的本义是指在中国古代把织成的丝织品运往地中海沿岸及周边诸地区的、横断欧亚的古代贸易之路，最早为德国学者李希霍芬（Ferdinandvon Richthofen）正式提出，后经阿尔伯特·赫尔曼等学者论证，“丝绸之路”这一概念被用于泛指古代连接东西方世界的贸易之路。目前，学术界普遍认可的丝绸之路交通路线包括“两大类、三大干线”，即“陆上丝绸之路”和“海上丝绸之路”两大类；“草原之路”“绿洲之路”和“海上丝路”三大干线，其中“绿洲之路”的主要路段目前已于2014年6月22日以“丝绸之路：长安—天山廊道的路网”为名成功申报为世界文化遗产[1]，本书重点关注的是草原之路。

亚洲内陆的中心部分，东起大兴安岭，西至里海，北起西伯利亚原始森林，西南至昆仑、喜马拉雅山一带，东南至中国历代修筑

1　2014年6月22日，在卡塔尔多哈举行的联合国教科文组织第38届世界遗产大会上，由中国、哈萨克斯坦、吉尔吉斯斯坦跨国联合申报的丝绸之路项目通过审议，被列入《世界遗产名录》，成为中国第33项世界文化遗产。此次申报为世界遗产的丝绸之路路线长度大约8700公里，包括各类遗迹33处，申报的遗产区面积为42668.16公顷，缓冲区面积为189963.13公顷。其中属于中国境内的丝绸之路遗迹共有22处，包括河南省4处、陕西省7处、甘肃省5处、新疆维吾尔自治区6处，遗产区总面积为29825.69公顷，缓冲区面积为176526.03公顷。哈萨克斯坦境内有遗迹8处，吉尔吉斯斯坦境内有遗迹3处。(《大运河丝绸之路双入世遗名录》,《中国文物报》2014年6月25日第1版；《史无前例的文化遗产保护国家行动——童明康谈大运河与丝绸之路申遗》,《中国文物报》2014年6月25日第1、2版；陈同滨《“丝绸之路：起始段和天山廊道的路网”遗产解读》,《中国文化遗产》2014年第3期）

的万里长城一线，这一地域范围内分布着一片广袤的草原地区。草原地区的东南部是蒙古高原，蒙古高原南部是中国北方草原地带。这个草原地带，东起兴安岭，西至帕米尔高原，北自中蒙交界，南至明代的万里长城。从中国今天的行政区划看，大约包括内蒙古、宁夏、青海、甘肃、新疆、西藏以及毗邻的地区。这一区域自古以来便是欧亚大陆上的草原游牧诸部族活动的重要舞台。

契丹人建立辽朝之前，北方草原地区先后出现过许多游牧政权，如匈奴、鲜卑、柔然、突厥、回鹘等，他们在广阔的蒙古高原上开辟了沟通欧亚大陆东西交往的广阔通道。这些通道是东起黑龙江、额尔古纳河中上游外兴安岭，经西伯利亚贝加尔湖、蒙古草原，沿萨彦岭、唐努山脉、阿尔泰山脉西行，经过叶尼塞河、额尔齐斯河、巴尔喀什湖北岸的哈萨克草原，到达伏尔加河、乌拉尔河、黑海、里海、咸海北岸的俄罗斯南部第聂伯河等流域草原，最终抵达东欧的捷克、匈牙利等草原地带的横跨欧亚大陆的通道。卢明辉先生认为有两条“草原丝绸之路”，除漠北草原丝绸之路以外，还有一条为漠南蒙古“草原丝绸之路”，位于阴山一带，东起辽东，向西经阴山一线，过居延海、河西走廊，西至西藏、青海，北至阿尔金山脉，南达西藏地区，出新疆地区至中亚哈萨克草原，与漠北草原丝绸之路的西半段相交。（卢明辉《13世纪以后亚欧大陆“草原丝绸之路”与蒙古游牧文化的变迁》，《内蒙古社会科学》1997年第6期）笔者以为对于草原丝绸之路，可不必划分为南、北两条，因为在广阔的北方草原上活动着的游牧—狩猎民族纵横驰骋，其势力往往不局限于大漠南北，而且在历代草原民族兴盛的时代，漠南与漠北始终保持着畅通，密切往来，并有相当一部分时间是统一于某一个草原游牧政权之下的。同时，通观文献记载的历代草原丝绸之路交通路线可知，多条路线均是广泛涉及漠南、漠北各地区。因此在本书的概念中，草原丝绸之路并非是一条或几条具体的路线，而是一个横贯内陆欧亚草原的条状地带，丝绸之路在这个条状地带中发挥着沟通东西方的巨大作用。

辽代以前的东西文化交流足迹

欧亚间草原民族东西交通的路线很早就已经存在，这是研究草原丝绸之路渊源时不可回避的问题。考古资料表明，史前时期草原诸先民之间就存在着频繁往来。在今天内蒙古地区的红山等文化遗址中出土的石器、陶制女神像等物，在同时期的中原地区中较为罕见，但却与中亚、西亚和欧洲同时期的发现物有相似特征。如红山文化的彩陶中明显包含有中亚地区同时期陶器纹饰图案，在欧洲出土的陶器文物也有红山文化纹饰。在旧石器时代晚期至新石器时代，常见有一些石制、陶制及骨、牙、泥制的雕塑人像出土，且多有鲜明的女性特征。在欧洲、中亚等地，雕塑人像多为旧石器时代晚期出土，而在中国北方地区则仅见于新石器时代，而这种文化现象目前在中原仍然找不到类似的踪迹。可见北方草原地区在人类文明初始阶段通过欧亚大陆与中亚、欧洲等西方世界保持密切的交流往来。中国社会科学院考古研究所郭物先生指出："比如乌拉尔山东南麓草原上的辛塔什塔文化、南西伯利亚的奥库涅夫文化、甘青地区的四坝文化和齐家文化、陕西北部的石峁文化、山西南部的陶寺遗址、内蒙古东南部的夏家店下层文化等。大量考古发现显示，这些看似彼此遥远的文明古国以及文化中心可能通过欧亚草原存在着直接或间接的互动。我们从这些文化出土的典型文物就能清晰地看到这一点。"（郭物《文明的交流互鉴从未停止》，《人民日报》2019 年 5 月 25 日）正是这种东与西、南与北交

女神彩陶头像，出土于辽宁省牛河梁红山文化遗址中

流的畅通无阻，所以中国的北方从远古时期开始就形成了一个交互、开放的社会。中亚、西亚的文化不断进入我国北方草原地区，并与草原上的原生文化相融合之后，将这一影响传入中原地区。同样地，来自中原的文化也经过草原地区文化的消化与吸收，通过草原输出到中亚、西亚，乃至全世界。

距今4000年前，自今内蒙古地区东部向西延伸至欧亚草原地带，在多处文化遗址中均出土有长条形细石器，这种细石器文化在当时曾广泛分布在欧亚大陆北部草原地带，说明当时欧亚草原东、西两端是相互连通的，生活于此的先民保持着交流往来。希腊作家希罗多德（Herodotus）的《历史》记载了欧亚草原上的游牧民族的历史，如斯基泰人、马萨革泰人等，认为他们相互之间往来的通道便构成了所谓的“斯基泰贸易之路”，即早期的草原之路。斯基泰文化的影响范围可以说是草原丝绸之路形成初期最为明显的特征，斯基泰文化的文物在鄂尔多斯高原、新疆以及蒙古国境内、西伯利亚等地都能见到。特别是位于阿尔泰山麓的巴泽雷克墓中，除了斯基泰风格的文物外，还发现了大量从中国内地输入当地的丝绸和漆器文物。这表明丝绸已在当时通过草原丝绸之路向外传播，其中一支重要的媒介就是沿阿尔泰山脉生活和活动的斯基泰人。

由于文献缺乏，目前仅能从考古学文化上对史前时期的草原丝绸之路上的东西方交流进行分析，虽然具体路线难以确定，但无疑分布在欧亚草原地区。从后来草原民族的迁移历史分析，史前时期的路线基本为后世所继承。由此可见，在很早的时候先人就对东西交流的历史产生了关注，而丝绸之路的正式提出，恰好回应了在其之前的历史，也使得后世对这一具有相通文化情境的历史有了更为准确和总体的认知。

相对史前时期文化的碰撞，我国北方游牧民族兴起后，草原地带作为中原与中亚、西亚交流中间地带的作用越发明显。不同文化间不免由于生活习俗、文化传统的不同，难于被其他文明所接受，而广阔的草原则成为文化“演化”的熔炉与平台。因此，很多文化或文明成果经历了草原地区的“演化”之后反而走得更远。草原以它广阔的胸怀和开放的姿态，使其成为中国走向世界、世界通往中国的中间地带。自东胡、匈奴等游牧民族进入史家视野以来，草原地区的历史便成为游牧民族兴衰交替的发展史。这一时期，欧亚草原地区先后繁衍生息过许多游牧民族，他们纷纷建立政权，有些曾一度统一草原地区，并频繁南下与中原王朝形成对峙局面。同时，一些古族还不断从蒙古高原向西迁徙，如丁零、匈奴、铁勒、鲜卑、柔然、突厥等族，从而沟通了欧亚草原各族经济、文化交流的线路。从学界对丝绸之路经济交流作用的定位来讲，把游牧民族踏出的草原东西交往之路称为“草原丝绸之路”是符合历史实际的。这些古族往来于欧亚之间的历史，也印证了草原交通线路的基本作用。

丁零人向北、向西迁徙，与南西伯利亚、中亚等地的卡拉苏克文化有密切的关系。卡拉苏克文化产生于约公元前1500年至公元前800年间，为青铜时代晚期考古学文化，与中国的殷商、西周处于同一时期，分布于南西伯利亚、鄂毕河上游和哈萨克斯坦等地。卡拉苏克文化遗迹遗存也见于今内蒙古地区中部和华北等地区。（王治来《中亚通史》古代卷（上），新疆人民出版社2007年，第19—20页）吉谢列夫认为，是中国史书所记载的丁零人携带着新的卡拉苏克文化从中国北方来到西伯利亚南部，并与原有的安德罗诺沃人融合。

公元前209年，匈奴强盛，其统治疆域扩展到北至贝加尔湖、叶尼塞河流域，西至葱岭，东至东海，南接黄河、长城的广大区域，由此贯通草原丝绸之路。匈奴通过与汉朝和亲、互市，获得大量丝绸、金帛等物品，他们将这些大宗物品部分留作己用，其余通过草原丝绸之路销往中亚、西亚，从而利用地缘之便沟通了东西经济文化交流。

公元前 138 年，西汉张骞率领使团从长安出发，出使西域大月氏国，刚刚离开陇西（今甘肃临洮）不远即被匈奴捉住，押往漠北的匈奴单于庭（大约在今蒙古国乌兰巴托一带），扣留长达十年。后张骞趁机逃走，向西来到西域大宛（今费尔干纳盆地）的都城贵山（今乌兹别克斯坦卡桑赛），他走的正是草原丝绸之路的西行路线。此路线文献失载，但经学者考证有两条路线可供商讨。一是从蒙古高原径直向西翻过阿尔泰山，沿额尔齐斯河继续西进，经巴尔喀什湖北岸南下通向大宛所在的费尔干纳盆地；二是出蒙古草原后南折内蒙古额济纳旗的居延海向西南斜穿甘肃河西走廊，然后沿天山南麓一直向西行至喀什绿洲，最后翻越帕米尔高原来到费尔干纳盆地。这两条路线均是当时草原上较为畅通的交通路线，而前者则是草原丝绸之路的主干通道。后者南折居延地区的“居延道”在后世成为沟通草原之路与绿洲之路的中转线，常常成为游牧民族和中原王朝反复争夺的对象。如果说张骞出使西域开创了绿洲之路，那么在张骞之前，中原地区的经济文化早已通过匈奴向西传播。所以，不仅绿洲之路的开通有古代游牧民族的因素，草原之路实际是早于绿洲之路在发挥作用。

东汉建武二十四年（48 年），匈奴分裂为南、北两部。公元 91 年，东汉大破北匈奴，余部向西北迁徙，后又遭鲜卑人逼迫，于是转向康居、奄蔡迁移。北匈奴在南匈奴、丁零、鲜卑及西域诸国围攻下，越过阿尔泰山进入乌孙，然后到达康居，最终抵达欧洲，其所经西迁路线疏通并拓展了草原之路。匈奴人循着草原丝绸之路向中

匈奴贵族鹰形金冠饰

北魏壁画《出行图》，出土于内蒙古呼和浩特市和林格尔县鸡鸣驿村北魏墓葬

亚和欧洲扩张，他们很快击灭了顿河流域的阿兰聊国，震撼了西方世界。

3至6世纪的魏晋南北朝时期，北方游牧民族纷纷南下，在黄河流域和今内蒙古地区先后建立多个地区政权，但草原丝绸之路并未中断。经考证，这一时期草原之路的起点自内蒙古东北、赤峰南部以及辽宁朝阳等地向西经七老图山、燕山到达今山西大同、呼和浩特一带，由此沿黄河北岸、阴山南麓向西至河套一带，再向南至甘肃武威与绿洲之路汇合。其证据主要是先后在银川、呼和浩特、大同等地发现了东罗马帝国的金币；在宁夏固原、呼和浩特和大同一带出土有产自西亚的金银器等。这证明在4至5世纪逐渐形成了一条以北魏都城平城（今山西省大同市）为中心，西接伊吾（今新疆哈密），东至辽东（今辽宁辽阳）的贯通中国北方草原地带的东西国际交通路线，在东面还与朝鲜、日本连接。（徐苹芳《考古学上所见中国境内的丝绸之路》，《燕京学报》新1期，北京大学出版社1995年）

北朝时期，崛起于北方草原地区的柔然人很快占据西域，控制了草原之路。突厥兴起后与西魏联盟共抗柔然。柔然为与突厥争雄，约于大统十二年（546年）派遣虞弘出使波斯，太原市王郭村出土的《虞弘墓志》载："茹茹国王，邻情未协"，（虞弘）"年十三，任莫贺弗，衔命波斯、吐谷浑"。（山西省考古研究所等《太原隋代虞弘墓清理简报》，《文物》2001年第1期）说明当时占据草原地区的柔然与波斯保持着交通往来。

公元552年，突厥首领阿史那土门大败柔然，自称伊利可汗，占领天山南北地带，建立了突厥汗国，旋即控制了汉代开通的河西走廊通西域的绿洲之路中段及欧亚草原地带交通道的枢纽地段。关于隋唐时期草原丝绸之路，《隋书·裴矩传》有记载："发自敦煌，至

突厥石人像，发现于蒙古国扎布汗省的雅如河地区

突厥汗国时期的骑兵征战岩画，发现于蒙古国科布多省的琴巴嘎日瓦一带

于西海，凡为三道，各有襟带。北道从伊吾，经蒲类海、铁勒部、突厥可汗庭，度北流河水，至拂菻国，达于西海。”文中所说的“北道”就是隋唐时期的草原之路。北道路线所谓“从伊吾，经蒲类海”即由今哈密越过天山，到巴里坤湖及铁勒部。由突厥可汗庭西进，所经扎布噶河、伊格尔河、斋桑河北段额尔齐斯河，以及依希姆河、托博尔河系北流河水，然后再经乌拉尔山、伏尔加河流域等草原地带，到达拂菻国和西海（即今之地中海）。

控制草原丝绸之路的突厥汗国先后与北周、隋唐开展边境贸易，又与高昌、焉耆、龟兹、疏勒、于阗、坚昆、康国及波斯、东罗马等西域诸国保持密切交往。当时突厥汗国与波斯萨珊王朝在连通两国的草原通道上，设立了一系列用以开展商业贸易的驿站。北周对突厥“岁给缯絮锦彩十万段。突厥在京师者又待以优礼，衣锦食肉者，常以千数。齐人惧其寇掠，亦倾府藏以给之”。（《周书》卷50《异域传》“突厥”条）这一系列举措保证了草原丝绸之路的畅通，大批货物商品和人员通过突厥地带实现中转。

唐代前期，李世民被草原诸部尊称为“天可汗”，诸部首领赴中原参拜，多走“参天可汗道”，即魏晋南北朝时期的阴山河套一线，从而进一步加强了北方草原地区与中原地区及西域各地的联系。唐朝还在北方地区设立五都护府（安西、安北、安东、单于、北庭都护府），控制了从西域至辽东一带的草原通道。其中单于都护府（位于今呼和浩特和林格尔县土城子古城）占有重要的政治、交通地位。在今内蒙古呼和浩特及周边地区，文物部门发现许多源自西域、中亚和欧洲的文物遗存，如出土于呼和浩特的东罗马帝国金币和萨珊王朝银币，在土默特左旗水磨沟出土了弯月形金冠饰片及东罗马商人的墓葬，在阴山地带发现有突厥人的石人墓等。

8 世纪中叶，吐蕃占据西域、河西地区，绿洲之路受到阻滞。当时占据地缘优势的回鹘与唐朝关系密切，中原和西域商人大都改道回鹘进行交易。于是东起蒙古高原，西至黑海沿岸，横贯欧亚北方的草原通道的重要性就更加突出。当时线路是从长安向北进入内蒙古阴山河套地区，再北至蒙古高原中部鄂尔浑河上游，折向西过杭爱山，越阿尔泰山，经北庭向西至中亚、西亚等地。9 世纪时，阿拉伯旅行家塔米姆·伊本·巴赫尔（Tamin Ibn Bahr）曾行至漠北回鹘地区，他在游记中提到回鹘的都城哈喇巴喇哈逊是一个大城镇，人口众多，聚落稠密，有集市，且经营各种商业贸易。（米诺尔斯基著，王小甫译《塔米姆·伊本·巴赫尔回鹘游记》，《中亚研究资料》1983 年第 3 期，第 62—64 页）

这成为后来的契丹人耶律大石率部西迁的前导。这些草原游牧民族尽管先后建立政权，经过东征西讨，国力强盛、疆域辽阔，但由于经济形式以游牧为主，类型相对单一，虽然实现了东西方交流的沟通往来，使得草原丝绸之路得以形成、发展和壮大。但毕竟由于游牧政权的更迭频繁，使得草原上的东西交流始终处于不稳定或变动不居的状态。到了契丹建立辽朝以后，草原丝绸之路的发展状况才有了明显的改观和进步。

辽夏金时期的草原丝绸之路

回鹘汗国被黠戛斯灭掉以后，回鹘人西迁天山。9 世纪后半叶至 10 世纪（晚唐至宋初）时期，河西走廊处于一片混乱当中，诸政权林立。公元 1038 年，党项人建立西夏政权，控制了河西地区，导致线路一度中断。与此同时，契丹人建立的辽朝逐渐崛起。辽朝的活动中心在内蒙古赤峰地区，辽朝历代皇帝非常重视与西域、中亚地区的联系。辽太祖耶律阿保机曾先后两次率军西征，征服了诸回鹘政权，将统治势力向西南扩展到河西走廊地带，北方扩展到漠北地区，打通了传统的河西走廊丝绸之路和草原丝绸之路。《辽史·部族表》中说道：“辽氏与诸部相通，往来朝贡。”(《辽史》卷69《部族表》)

辽夏金时代的时间上限为公元10世纪前后，契丹贵族耶律阿保机建立辽朝并开始在北方草原地区兴盛，1125年由兴起于东北白山黑水之间的女真人建立的金朝灭掉辽朝并占领其大部分领土。不久蒙古族兴起，1206年成吉思汗建立大蒙古国，1234年灭掉金朝统一北方草原和淮河以北地区。1038年西夏建国，直至1227年为蒙古所灭。

公元10世纪初契丹兴起，创建了一个囊括今天的东北、华北和整个中国北方草原的辽朝政权，把中国北方地区的政治、经济和文化等方面推向了一个前所未有的高度。辽朝建立起拥有五京、六府、“州、军、城百五十有五，县二百有九，部族五十有二，属国六十”规模的强大政权，其疆域范围“东至于海，西至金山，暨于流沙，北至胪朐河，南至白沟，幅员万里”。(《辽史》卷37《地理志》)《辽史·属国表》曾评价道：“辽居松漠，最为强盛”，辽朝政权国力强盛，其“命将出师，臣服诸国。人民皆入版籍，贡赋悉输内帑。东西朔南，何啻万里”。

辽朝作为北方地区的主要政权，从东西交流的视角上来说，在一定程度上代表了当时的中国，其与外部世界的交往主要是通过草原丝绸之路实现的。辽朝的活动中心在今天内蒙古赤峰地区，辽朝历代皇帝非常重视与西域、中亚地区的联系，辽太祖耶律阿保机曾先后两次率军西征，征服了诸回鹘政权，将统治势力向西南扩展到河西走廊地带，北方扩展到漠北地区，打通了传统的河西走廊丝绸之路和草原丝绸之路，将陆上丝绸之路的诸通道都纳入一个政权统辖之下。《辽史·部族表》中说道："辽氏与诸部相通，往来朝贡。"辽朝统治者非常重视与草原丝绸之路地区开展贸易往来。"（契丹）征商之法，则自太祖置羊城于炭山北，起榷务以通诸道市易……雄州、高昌、渤海亦立互市，以通南宋、西北诸部、高丽之货……来易于辽者，道路襁属"（《辽史》卷60《食货志下》），辽朝与西域、中亚的许多国家、地区和部族都保持着贸易往来，"高昌，龟兹，于阗，大、小食，甘州人时以物货至其国交易而去"。（马端临《文献通考》卷346《四裔考二十三·契丹下》，中华书局1986年）辽朝与西域、中亚诸国开展交易的规模、数量和品种均较为丰富，且朝贡贸易的时间、规模均已形成定制，"高昌国、龟兹国、于阗国、大食国、小食国、甘州、沙州、凉州以上诸国三年一次遣使，约四百余人，至契丹朝贡。（贡）玉、珠、犀、乳香、琥珀、硇砂、玛瑙器、宾铁兵器、斜合黑皮、褐黑丝、门得丝、怕里阿、褐里丝"。（叶隆礼撰，贾敬颜、林荣贵校注《契丹国志》卷21《外国贡进礼物》，中华书局1985年）

关于辽代的草原丝绸之路交通路线，学界多有考证研究。总的来说，辽代草原丝绸之路有南、北两线。自西向东叙述，北线是由葱岭经塔克拉玛干沙漠南缘进入河西走廊和蒙古草原的路线。南线与唐代略同，自漠北南下经过阴山至丰州（今呼和浩特），东行至辽西京（今山西大同），再东行至归化州（今河北宣化），又分为两路，一路正东行翻越七老图山至辽中京（今内蒙古赤峰市宁城县）；另一路东南行至辽南京（今北京市）。

根据《属国表》的记载，天赞二年（923年），波斯国来贡。次年（924年），又有大食国来贡。这里所谓"贡"不一定是真正的朝贡，《辽史》作者将其归入《属国表》中，是汉文史家的一种传统撰史笔

辽代和田白玉雕卧熊，出土于内蒙古赤峰市巴林右旗

辽代玉马，出土于内蒙古赤峰市

宣化古城——昌平门，位于河北省张家口市宣化区

辽代河清军旧址——巨河滩古城，位于内蒙古鄂尔多斯市

法，因为辽朝再强大，也不会大到能够控制远在西亚阿拉伯地区的国家，因此多为民间贸易或非正式的官方往来。文中的“波斯国”应即伊朗古代的萨曼王朝，“大食”则是阿拉伯地区在马赫穆德统治时期的伽色尼王朝。可见，契丹建立政权不久，便与远在西亚地区的诸国建立了联系，通使往来并开展商业贸易。

从西域诸国来辽朝境内从事贸易和朝贡的商人、使团，每三年来上京一次，使团的人数都在400人以上，均携带有大量西方珍奇物品进献，根据文献记载和考古发掘可知，带来的西方物品主要有马球、金银器、玻璃器以及驯狮、驯象、乐舞、猎豹、瓜果、蔬菜等。维吾尔诗人玉素甫·哈斯·哈吉甫的《福乐智慧》中有这样一句诗：“大地铺上绿毯，契丹商队运来中国的商品。”（玉素甫·哈斯·哈吉甫《福乐智慧》，民族出版社1984年）阿拉伯人自公元10世纪起，开始将中国称为Kata（契丹）。即使辽国灭亡以后，阿拉伯语中仍将中国称为契丹，可见契丹辽政权在欧亚大陆上的影响，而这种广泛而深刻的影响正是通过草原丝绸之路实现的。13世纪，蒙古军队西征欧亚各地，将中国的火药和火器传入阿拉伯国家。阿拉伯文献中仍将火药称为“契丹花”，将火器称为“契丹火枪”“契丹火箭”，可见契丹及当时繁盛一时的草原丝绸之路在东西交流史上的重要影响和作用。

耶律阿保机建立辽朝之初，即太祖元年（907年）和七年（913年），和州回鹘便从西域之地来到辽国朝贡。辽上京汉城中设有“回鹘营”，专门接待从漠北、中亚地区沿着草原丝绸之路来到辽朝政治中心上京城的回鹘商人。此外，中京大定府、南京析津府中很多回鹘商人都从事朝贡和互市，往来频繁。从最近几年内蒙古地区考古调查和发掘的契丹贵族墓中，出土了许多玉、琥珀、琉璃、突厥钻石等随葬品，这些器物大多是产自西方的宝石类工艺品，推测很可能

辽上京遗址航拍图

为回鹘商人带来的贡物和贸易品。

西瓜这种水果现在非常普遍，但在古代可并非本土产物，而是来自中亚，经新疆地区传入中原。胡峤《陷辽记》记载："明日东行……遂入平川，多草木，始食西瓜，云契丹破回纥始得此种，以牛粪覆棚而种，大如中国冬瓜而味甘。"（贾敬颜《五代宋金元人边疆行记十三种疏证稿》，中华书局 2004 年）此外还记载，在上京城外有西瓜摊贩。这一切说明西瓜是由契丹人通过回纥（回鹘）将其传到中国北方。女真人灭辽以后，又将其传到了黄河流域。南宋诗人范成大出使金国时在河南见到了西瓜，其诗《西瓜园》注云："味淡而多液，本燕北种，今河南皆种之。"（范成大《石湖居士诗集》卷 12，上海古籍出版社 1981 年）此后，被金朝扣留了十五年的南宋使者洪皓回到南宋后，将西瓜种子带了回去，"予携（瓜种）以归，今禁圃乡圃皆有，亦可留数月，但不能经岁"。（洪皓《松漠纪闻》，吉林文史出版社 1986 年）而内蒙古文物工作者也在赤峰敖汉旗羊山辽墓中发现了绘有西瓜等水果的壁画，是为草原丝绸之路交流往来的物证。

辽朝灭亡之际，契丹皇族耶律大石率领所部军兵，度过阴山向北行进至漠北地区，会聚各部力量之后率师西进，直到起儿漫之地，建立了西辽政权，定都虎思斡耳朵（今吉尔吉斯斯坦境内托克马克附近）。耶律大石西行所走的便是草原丝绸之路，可见这在当时是非常畅通的。西辽建立以后，在草原丝绸之路上进一步沟通东西交流发挥了重要的中介作用。西辽政权不仅保持了传统的草原游牧文化，还将立足中国北方草原长达 200 余年的辽朝吸收的中国传统文化所包含的儒家思想、语言文字、典章制度及生产方式带到中亚地区，并与当地的文化有机融合，对中亚地区的社会、经济、文化多方面的发展产生了深远影响。

辽上京南塔

辽上京北塔

兴起于白山黑水之间的女真人于1115年建立金朝，经过十年的征战，金朝首领完颜阿骨打于1125年灭亡辽朝，1127年灭亡北宋。金朝多沿袭辽朝旧制，在北方立国长达120年，后于1234年为大蒙古国所灭。纵观辽朝灭亡（1125年）以后、大蒙古国建立（1206年）之前的北方草原地区的形势，金朝领有北至外兴安岭，西至额尔古纳河、克鲁伦河以东地区，东至鞑靼海峡、日本海，西南至白鞑靼部（即阴山地区的汪古部）居地和东胜州、丰州（今呼和浩特地区）一带并沿黄河与西夏相接，南至秦岭、渭水和淮水一线与南宋相接。漠北地区主要为蒙古、克烈、蔑儿乞、乃蛮及林木中百姓等诸部活动，天山南北地带和阿尔泰山以西至中亚两河流域为西辽统辖之地。

金朝统治时期的草原丝绸之路在辽代开创的基础上继续保持着畅通。金朝在与西夏接壤的地区设置榷场，开展贸易往来。1141年（金皇统元年），金夏在边境开展榷场贸易，主要地点先后有兰州、保安、东胜、绥德、环州等地，其中东胜位于今内蒙古呼和浩特市托克托县。金朝从西夏市马，西夏以马匹、珠玉等换取金国的丝绸、绢帛等物品，大定十二年（1172年），金世宗曾说："夏国以珠玉易我丝帛，是以无用易我有用也。"（《金史》卷134《夏国传》）金朝希望得到西夏的马匹，西夏却常以金朝所不需要的珠、玉之类与金朝交易。这是在政权林立的局势下仍然保持贸易往来的例证。但是，金朝对此很不满意，曾因此一度关闭若干榷场。而西夏希望获得金朝的丝、帛等物品，于是金朝反复置废榷场，将其作为调整双方政治关系的经济手段。但由于双方关系变化无常，这种贸易通道时罢时复。

西夏建立以前，党项首领李继迁于986年臣属于辽朝，曾对辽"入贡"。西夏建立以后，仍继续向辽朝入贡。辽朝的上京城、中京城均设有接待西夏使臣的馆驿。双方的政治馈赠物资成为经济交往的重要组成部分。西夏进贡辽朝的物品，牲畜有马、驼、牛、羊、兔、鹘、犬，制成品有沙狐皮、锦绮、被褥，物产有苁蓉、矸石、井盐等。辽朝回赠的物品主要有金带、细衣、金涂鞍辔马、素鞍辔马、散马、弓箭器仗、细绵绮罗绫、衣著绢、酒果等。双方朝廷还会格外赏赐礼物给前来朝贡的使者。

由于这一时期蒙古诸部逐渐兴起，文献中关于蒙古诸部与中亚穆斯林和金朝、西夏境内的女真、契丹、党项诸族交流往来的记载逐渐增多。

蒙元时期的草原丝绸之路

蒙元时期，蒙古骑兵在成吉思汗及其子孙的率领下横扫欧亚大陆，建立了地域辽阔的庞大帝国。忽必烈时期又将中原汉地纳入大一统帝国之内，传统的几条丝绸之路全部被纳入整个帝国的管理体系，使得东西文化交流非常活跃，丝绸之路呈现空前繁荣的景象。

蒙古统治者从多年的征战中认识到，要想使这个横跨欧亚的庞大帝国保持正常运转，交通运输的便捷和信息传递的快速畅通是必不可少的。成吉思汗时期，“乃为地方行旅谋安，转诸大道中置卫士”，以保护往来商贾贸易畅通和财物的安全。公元 1203 年，有阿三等穆斯林商人，自汪古部处携有羯羊一千、白驼一个，来额尔古纳河蒙古部易貂鼠、青鼠（皮）。公元 1217 年，来自中亚花剌子模城“有摩诃末臣民三人，皆穆斯林，运载绢布入蒙古境”，贸易后，待其将返回时“成吉思汗令其诸王、诸那颜、诸将等各出私货，遣信仆一两辈，随以往，购易花剌子模珍产”。他组织的商队“有约四百五十人，皆穆斯林也”，前往中亚地区为其进行交易。

欧亚草原丝绸之路上的商人驼队

阿拉伯宫廷宴会中使用的中国瓷器

蒙元帝国在欧亚草原上设立了大量的驿站，“北方立站，帖里干、木林、纳怜等一百一十九站”，其目的是“盖以通达边情，布宣号令”，但在客观上却对古已有之的草原丝绸之路起到加强联系、促进沟通的重要作用。四通八达的驿站极大地促进了东西陆路交通的发展，保证了丝绸之路的畅通。有元一代，各路驿站始终处于政府的有效管辖之下，政府对驿站和驿道时时维护，并提供充足的财力、人力保障，使往来的行人安全得到保证。正如《元史·兵志》“站赤”条所说：“于是往来之使，止则有馆舍，顿则有供帐，饥则有饮食。”从中亚、欧洲来到中国的漫长路途上，使者和商人日夜通行都能够保证安全，这在许多中外游记文献中均有记述。

蒙元时代草原丝绸之路路线主要有如下几条：以大都（今北京市）为起点，向北至上都（今内蒙古锡林郭勒盟正蓝旗境内），从上都分出三条道路，一条向东北至辽阳行省各地；一条向西经过丰州、东胜州，沿黄河河套折向南至甘肃河西走廊；一条从上都或经亦集乃路折向北进入漠北戈壁，或自丰州地区向北过汪古部地界进入漠北戈壁，这两条路均直达岭北行省哈剌和林城，从哈剌和林城继续向西经过天山以北，通往中亚、西亚和欧洲。

蒙元帝国的上都和大都，成为各国使者、商队往来会聚之地，极为繁华。公元1245年，罗马教皇英诺森四世（Innocent Ⅳ）派遣以方济各会修士约翰·普兰诺·加宾尼（John of Plano Carpini）为首的使团，出使蒙古汗廷。加宾尼一行人于1246年进入钦察草原，首先来到了钦察汗国拔都的营帐，之后穿过钦察草原，从里海、咸海北面的也的里河（今伏尔加河）、押亦河（乌拉尔河）流域通过中亚，穿过锡尔河北部、巴尔喀什湖南部、察合台汗国辖地，向东翻越阿尔泰山，到达大蒙古国当时的都城哈剌和林。此外，1253年自东罗马帝国出发的方济各会士卢布鲁克和不久之后欲到东方觐见蒙古大汗的小亚美尼亚国王海屯均沿着草原丝绸之路的北线来到了蒙古草原中心的哈剌和林城。

蒙元时期的草原丝绸之路交通路线可以通过当时著名的旅行家马可·波罗的来华路线得到很好的证明。公元1271年，马可·波罗及其父亲、叔父一行三人从意大利威尼斯出发，进入中亚以后，转经丝绸之路的南道进入河西走廊，考察了亦集乃路（今内蒙古额济纳旗黑城遗址），又折回，转经河套进入天德（今呼和浩特）并继续向东行进，于1275年到达上都觐见了元世祖忽必烈。公元1295年，马可·波罗返回威尼斯，后著《马可·波罗行纪》，此书详细记载了马可·波罗入华的情况，尤其是对草原丝绸之路沿线的风土人情、历史地理等情况进行了详细的记述。

公元1318年，意大利圣方济各会修士鄂多立克离开欧洲向东行，花费了十余年游历了东方诸国，回去以后将自己的经历与见闻口述，由一位叫作威廉的教士笔录下来，书名为《鄂多立克东游录》。他首先从威尼斯乘船过黑海海峡游历西亚、南亚诸国，辗转于1328年来到中国南海广州登陆，然后他一路北上到达大都，三年后启程归国。其归国行程从大都出发，向西北经过上都地区进入东胜州，沿着黄河一线折向西南，从中兴府（今银川）进入河西走廊，经新疆、青藏高原地区，最后通过中亚、波斯回到意大利，可见其回程部分路线走的是草原丝绸之路。

当时不仅有从欧洲来华的外国旅行家，中国这边也有不少西行之人，较为著名并留下文字记载的主要有耶律楚材、丘处机、乌古孙仲端、常德、列班·扫马等。

耶律楚材是蒙元时代非常著名的契丹族政治家、文士。公元

蒙元时期的金质十字架，内蒙古锡林郭勒盟恩格尔河墓地出土，
锡林郭勒盟文物站藏品

元上都大安阁出土的景教墓顶石，墓顶石上面刻有古阿拉伯文字，是东西文化交流的典型见证

元代景教墓葬——梳妆楼，位于河北省张家口市沽源县

梳妆楼墓葬保存现状，这几副棺木是典型的独木棺葬式，可与文献相互印证

1218 年，成吉思汗将其请至漠北行宫，处之左右以备顾问。公元 1219 年，成吉思汗西征，耶律楚材奉命跟从，后又随之东归。此次西行，耶律楚材在中亚留居长达六年，行程六万里。自 1218 年 3 月始，耶律楚材的行程路线大致如下：自永安出发，过居庸关，经武川，出云中（今大同），向北行进到达天山北面的成吉思汗营地。第二年（1219 年）随军西进越过阿尔泰山，过瀚海，经轮台、和州（即古高昌），更西行经阿里马、虎思斡耳朵、塔剌思、讹答剌、撒马尔罕，到达花剌子模国首府今布哈拉。耶律楚材返回中原后写成《西游录》，记录了西行沿途的路线、地理风物等情况。

金元之际道教的丘处机曾受成吉思汗的邀请，自中原远赴西域，为成吉思汗讲经说法。《长春真人西游记》上卷写丘处机一行西行至撒马尔罕，再上兴都库什山西北坡之成吉思汗行宫觐见，然后又回至撒马尔罕，等候正式讲道。下卷则记丘处机一行东归的行程，并对沿途居民生活习俗多有记述。丘处机一行的往返路线，基本是沿着草原丝绸之路。其西行路线如下：从今山东蓬莱出发，至北京，出居庸关，北上至克鲁伦河畔折向西行，至今蒙古国的哈拉乌斯及哈拉湖南岸，再向西南过阿尔泰山，越过准噶尔盆地，至赛里木湖东岸，再南下经过中亚，到达兴都库什山西北坡之八鲁湾。东归时，经新疆霍城县，向东至昌吉，经吉木萨尔北上，过乌伦古河，至镇海城。此后，再向东至阴山丰州城，过大同，到达河北宣化。《长春真人西游记》翔实地记录了从山东登州直至阿富汗兴都库什山的沿途见闻，对于途经的山川道里记载很是详细。

成吉思汗西征时，木华黎率军继续进攻金朝。金兴定四年（1220 年），金宣宗派安延珍与乌古孙仲端出使蒙古求和。二人来到木华黎处，安延珍留驻，乌古孙仲端继续西行至中亚谒见成吉思汗，结果求和未成，乌古孙仲端于第二年（1221年）返回中原汴京。乌古孙仲端回来以后，将远赴中亚的见闻口述给太学生刘祁，撰成《北使记》。

常德，字仁卿，生平无详载。他曾于1259年奉蒙哥汗之命从漠北哈剌和林城出发，远赴西亚觐见旭烈兀。次年（1260年）冬返回哈剌和林城复命，往返共花费14个月。他此次西行的沿途见闻由河北真定人刘郁记录成书，即《西使记》。常德所走路线大致是从哈剌和林城向西越过杭爱山、阿尔泰山，再经新疆境内进入中亚地区，然后再至西亚，同样是沿着草原丝绸之路而行。

大都人列班·扫马是景教徒（聂思脱里教）在大都附近山中隐居时，有一位东胜州（今内蒙古托克托县）同为景教徒的马忽思前来找他，邀约一同赴耶路撒冷朝圣。公元1278年，两人从大都出发，沿大都至上都的主干驿道西行至东胜州，沿黄河河套一带折向西南经过中兴府（今银川）进入河西走廊，再向西进入西域、中亚地区，辗转伊利汗国最后来到耶路撒冷。

蒙元时期通过草原丝绸之路开展的东西经济文化交流的实物证据非常丰富，例如：在亦集乃路故址额济纳旗黑城南墙外侧，保存有元代礼拜寺遗址；在包头明水墓地中，出土有纳石失辫线锦袍和绣有狮身人面像的刺绣图案；在赤峰地区发现元代伊斯兰教墓顶石和景教徒瓷质墓碑；在包头燕家梁遗址、赤峰翁牛特旗等地发现的元代青花瓷器，所使用的青花颜料为西方产品。蒙古时代的四大汗国中的钦察汗国、伊利汗国均位于中西亚和东欧，在那里进行的考古发掘也能够证明当时存在着非常频繁的物质文化交流。例如，从俄罗斯考古学家在钦察汗国境内的考古发掘来看，在新、老萨莱城曾有大量中国商品，如绸缎服装、经过装饰加工的青铜器、古钱币、青花瓷器、磁州

黑城遗址城外的礼拜寺建筑，位于内蒙古阿拉善盟额济
纳旗

元代白釉褐彩景教徽记瓷碑

元代缂丝紫汤荷花纹靴套，内蒙古包头市达尔罕茂明安联合旗大苏吉台乡明水墓地出土

元代四合花纹“纳石失”辫线锦袍，内蒙古包头市达尔罕茂明安联合旗大苏吉台乡明水墓地出土

元代织金锦辫线袍人面狮身图案，内蒙古包头市达尔罕茂明安联合旗大苏吉台乡明水墓地出土

窑系褐瓷器等。

元上都城内的西关，是各国商人进行交易的地方，也是当时北方草原地区的商业中心。虞集《贺丞相墓志铭》中记载了上都的繁荣景象："（上都）自谷粟布帛。以至纤靡奇异之物，皆自远至。宫府需用百端，而吏得以取具无阙者，则商贾之资也。"元朝初期，统治者曾多次对上都实行轻税或免税政策。为了保障商旅往来的安全，元朝政府采取种种安全措施，在商旅往来的水陆交通要道上置兵防卫。政府对商人采取优惠政策，再加上高额利润的诱惑，大批蒙古贵族、大小官员、色目商人以及寺院僧侣纷纷来上都从事商业活动。马可·波罗父子就是来自意大利威尼斯的商人。周伯琦在上都看到"诸部与汉人杂处，颇类市井，因商而致富者甚多。有市酒家，资至巨万而连姻贵戚者"。（周伯琦《扈从诗后序》，贾敬颜《五代宋金元人边疆行记十三种疏证稿》，中华书局 2004 年，第 368 页）上都西门外的西关厢是专门的商业区，有官署、粮仓、店铺、民居等 10 多处，分布密集。对于这种店铺林立、商贾云集的繁盛景象，元代文人曾赋诗予以描绘："西关轮舆多似雨，东关帐房乱似云"（《永乐大典》卷 7702《上京杂诗》）；"滦水桥边御道西，酒旗闲挂暮檐低"［《皇元风雅》卷 14《次马伯庸韵二首》（曹元用），元建阳张氏梅溪书院刻本］；"滦河美酒斗十千，下马饮者不计钱"（马祖常《石田文集》卷 5《车簇簇行》，元至元五年扬州路儒学刻本）等。这里是各族各地商人进行商品交易的地方，也是当时北方草原地区的民间商业中心。这里的各色商品来自中原、西域和草原地区，经各路商人转运至此，进行交易。元代实行和买之法，上都也不例外，意即凡官府所需之物，出钱购买。但也存在官府仗势欺压商民之举，权豪和寺院亦依仗特权经营商业。故元朝政府出台政策，加强管理，设置上都宣课提举司，强化税收征管。

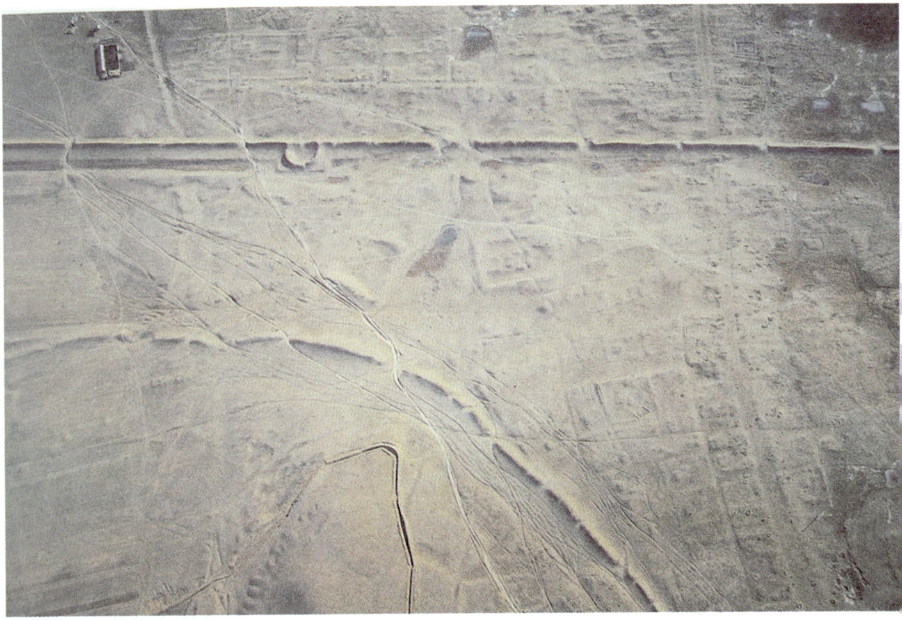

元上都西关街区及铁幡竿渠航拍图

在元朝，外国使者、旅行家、商人、教士等经常来中国访问，草原上的上都城留下了他们的足迹。如发郎国（中世纪近东人对欧洲人的称呼）的使者于中统二年（1261年）在开平（上都前身）朝见忽必烈；元惠宗时期，发郎国人再次到达上都；后至元二年（1336年），元惠宗派遣发郎国人安德烈及其他十五人出使欧洲，致书罗马教皇，教皇又派遣马黎诺里等人到元上都谒见元惠宗，并呈献罗马教皇的回信和礼物。

明初，北元—蒙古诸部虽退居北方草原，但部分蒙古部落与西域的帖木儿汗国仍保持着联系。帖木儿汗国商人经常来到漠北地区经商，也有蒙古贵族迁往帖木儿汗国的撒马尔罕居住。如洪武二十一年（1388年），明军在捕鱼儿海战役中俘获的撒马尔罕商人就有数百名，后遣官护归撒马尔罕。《明太祖实录》记载明太祖朱元璋遣官致书晓谕别失八里王黑的儿火者曰："……惟元臣蛮子、哈喇章等尚率残兵于近塞生衅寇边为生民之巨害，遣兵致讨，势不容已。兵至捕鱼儿海，故元诸王、驸马及其部属悉来降附，其间有称自撒马尔罕等处来贸易者，凡数百人，遣使送归本国，今三年矣。使者归尔别失八里，王即遣使来贡，朕甚嘉焉。"洪武二十三年（1390年），"遣鞑靼亲王六十户，住居撒马尔罕之地，给钞为道里费，五口以上五十锭，三口、四口三十锭，一口、二口二十锭"。洪武二十四年（1391年），"又有故元鞑靼王子伯颜忽都十九人，自西域撒马尔罕来朝，贡马五十二匹"。

可见，从契丹兴起、统治北方草原开始，历经辽夏金易代和蒙古兴起，蒙古征服中亚并在中国实现大一统、建立蒙元帝国并随之解体，历时400多年，这是草原丝绸之路规模最大、最为繁荣的一个时期，草原丝绸之路上的政治格局、经济文化交流都达到了一个空前境况。契丹、女真以一个北方小部族起家，建立统治北方草原的强大政权，保持了草原丝绸之路的畅通和持续。契丹灭亡以后，耶律大石率部西迁中亚建立西辽是草原丝绸之路促进草原民族政治进程向前发展的典型事例。而在蒙元时期，以教会和宫廷使节、商人为主的旅行者不仅像征战的蒙古军队一样，不断证实和探索丝绸之路更便捷的路线，而且大大加强了东西方国家与人民的相互联系、相互沟通和相互了解，有力地促进了它们之间的经济与文化交流。因此蒙古统治亚欧大陆期间，既是丝绸之路探索旅行的高峰期，也是沿丝绸之路开展的东西方交流的一个高峰期。正如法国史学家格鲁塞在《蒙古帝国史》中说："蒙古人几乎将亚洲全部联合起来，开辟了洲际的通路，便利了中国和波斯的接触，以及基督教和远东的接触。中国的绘画和波斯的绘画彼此相识并交流。马可·波罗得知了释迦牟尼这个名字，北京有了天主教的总教主。……从蒙古人的传播文化这一点说，差不多和罗马人传播文化一样有益。对于世界的贡献，只有好望角的发现和美洲的发现，才能够在这一点上与之比拟。……在蒙古人造成的废墟上，通过了蒙古人的道路。"

畅通欧亚的驿站

蒙古骑兵纵横驰骋草原陆地，占据了大半个欧亚大陆，疆域广袤，但当时的通信交通和现在没法相比，从蒙古帝国的东端走到西端，有人说需要一年，有人说需要三年。那么如何管理这么庞大的帝国呢？那就是建立一套完备的运转有序的驿站体系。驿站在当时的作用，正如元朝文人所说的那样：

> 国家疆理之大，极天所覆，广袤数万里，自畿甸而要荒，如腹心手足联合一体，内外使者往来于道，若血脉之流通，此驿所由置也。（陶安《陶学士集》卷17《驿户余粮应役记》）

作者将驿站比作人体的血脉，其重要性由此可见一斑。驿站的设置，开始于成吉思汗时期。志费尼在《世界征服者史》中说：

> 他（成吉思汗）的领土日广，重要事件时有发生，因此了解敌人的活动变得重要起来，而且把货物从西方运到东方，或从远东运到西方，也是必需的。为此，他们在国土上遍设驿站，给每处驿站的费用和供应作好安排，配给驿站一定数量的人和兽，以及食物、饮料等必需品。这一切，他们都交给土绵分摊，每两土绵供应一处驿站。如此一来，他们按户籍分摊、征索，使臣用不着为获得新骑乘而长途迂回；另一方面，农夫、军队免遭不时的干扰。更有甚者，使臣每年要经过检查，如有缺损，

必须由农民补偿。([波斯]志费尼撰，何高济译，翁独健校订《世界征服者史》，江苏教育出版社2005年，第一部第二章“成吉思汗制定的律令和他兴起后颁布的札撒”，第34页)

成吉思汗建立驿站，既有军事目的，也有经济目的。前者为了提高预警、传递军情的效率，后者是为了运输货物，便于各地的互通有无。成吉思汗命令属民供给驿站物资：

他们是农夫式的军队，负担各类赋役(mu'an)，缴纳分摊的一切东西，无论是忽卜绰儿(qupchur)、杂税('avāriẓāt)、行旅费用(ikhrājāt)，还是供给驿站(yam)、马匹(ulagh)和粮食('ulūfāt)，从无怨言……从十八般武器一直到旗帜、针钉、绳索、马匹及驴、驼等负载的动物，人人必须按所属的十户或百户供应摊派给他的那一份。(《世界征服者史》，第30页)

可见，最初是由普通人户来承担赋税，以供应驿站所需，这与后来出现专门的站户有所不同。虽然没有明确的文献记载，但是从一些有关的游记、正史的记录中能够零星地看到关于驿站的内容。比如说，公元1219年，成吉思汗曾经派遣刘仲禄到山东请全真教的道人名士丘处机，就曾利用过驿站体系，这从后来丘处机的弟子李志常撰写的《长春真人西游记》中就能够看到相关的记载。

公元1220年秋，丘处机率领弟子从山东莱州动身出发，沿途历经艰险，先后经过了野狐岭(今河北省张家口市张北县境内)，向东北行到呼伦贝尔，再沿着怯绿连河西行，穿越蒙古高原、金山，经过别十八里、阿力麻里、塔剌思河、撒马尔罕等地，越阿姆河而南。1222年初夏，丘处机历经长途跋涉，在大雪山(今阿富汗兴都库什山)

与成吉思汗会见，向其提出“敬天爱民为本”“清心寡欲为要”等治国修身箴言，受到成吉思汗的尊重，被称为“神仙”。这一途中，丘处机一行人多亏了当时的驿站体系，才能处处行走方便。南宋赵珙的《蒙鞑备录》也记录了一些有关大蒙古国早期驿站的情况：

> 彼奉使曰宣差，自皇帝或国王处来者，所过州县及管兵头目处，悉来尊敬，不问官之高卑，皆分庭抗礼，穿戟门，坐于州郡设厅之上，太守亲跪以郊劳，宿于黄堂厅事之内，鼓吹旗帜妓乐郊外送迎之。凡见马则换易，并一行人从悉可换马，谓之乘铺马，亦古乘传之意。

文中所指的“皇帝或国王”，分别指的是“成吉思汗”和“木华黎”。当时，成吉思汗命木华黎进攻金朝，驻守北方，封其为“太师国王”，所以这一时期的文献中出现的“国王”均指木华黎。

等到了太宗窝阔台时期，驿站体系就更为完善了，文献明确记载窝阔台汗建立了完备的驿站制度，并在成吉思汗时期的基础上进一步扩大规模，从蒙古本土经察合台汗国到欧洲各地，均设立有驿道，驿道上在各个节点设立驿站，极大地便利了通行，传递信息。大汗的圣旨都得通过驿站传达，否则一道圣旨下来，还不知道要驴年马月才能传到有关人士或地区呢！根据文献资料和前辈学者的研究显示，全国各类驿站有1500多处，在驿站服役的驿户达二三十万。而且，驿站配备有各类牌符，作为传递信息、接待各类使者和大臣官员的凭证，有些牌符流传到今天，作为珍贵的文物保存起来，它们见证着当时的交通方式和物流、人力资源的传播途径。

驿站分为陆站、水站两种。陆站的交通工具主要是马，这既与蒙古民族传统的重视马、以马为主要生活辅助手段的方式有关，又因为

成吉思汗圣旨金牌，现收藏于内蒙古大学民族博物馆

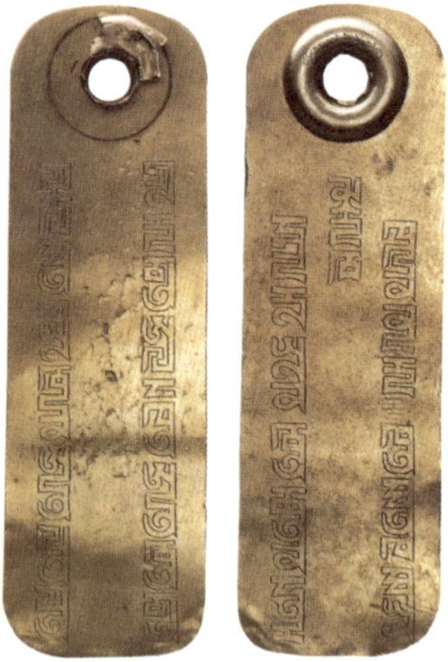

八思巴文圣旨金牌，征集于内蒙古兴安盟，现收藏于内蒙古大学民族博物馆

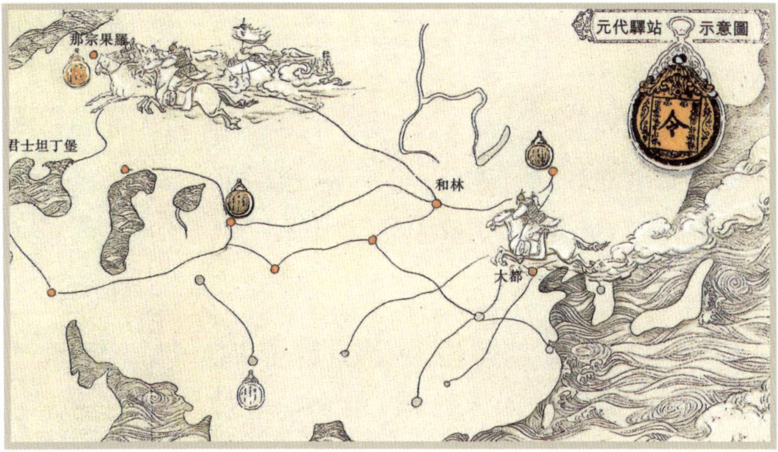

元代驿站示意图

驿站中的一幕

马是传统的驿站主要交通工具，有些地方也会用牛、车、轿子等。水站的主要工具是船。

元代的驿站制度完善而发达，通过驿站制度加强了中央与地方的联系。元朝两都之一的上都位于今内蒙古地区的中部，是沟通北方草原与中原、联系中外的交通枢纽。元朝时期，今内蒙古地区的主要交通路线以上都（今锡林郭勒盟正蓝旗境内）为起始点，有向东南至大都（今北京市）的若干条道路。

一是以运送货物为主的“孛老站道”，主要从上都西南行，经南坡店（今正蓝旗西）、六十里店（上都城南六十里）、双庙儿、泥河儿、郑谷店、盖里泊（今锡林郭勒盟太仆寺旗西南巴彦查干诺尔）、遮里哈喇（即鸳鸯泊，今河北省西北安固里淖尔）、苦水河儿、回回柴、忽察秃（今河北省张北县西）、兴和路（今河北省张家口市张北县），再转东南过野狐岭（今河北省张家口市西北），离开内蒙古高原，经宣化、怀来到达大都。二是两都之间最重要的“望云驿道”，也是大都通往漠北的帖里干（帖里干，蒙古语“tergen”，意为“车”）站道的第一段，路线为：出上都经望都铺（今内蒙古锡林郭勒盟正蓝旗西）、桓州（正蓝旗西南）、李陵台驿（正蓝旗西南黑城子古城）、明安（河北省张家口市沽源县东北）、察罕脑儿（沽源县北小宏城古城），过牛群头驿（沽源县南）、越偏岭（沽源县长梁），离开内蒙古草原抵大都。此外，还有“黑谷口路”和“古北口路”，前者是元朝皇帝两都巡幸时的专用道路。

漠北地区在元朝时期为岭北行省，元朝设置了交通驿道，以便于加强管理和联系。以上都为中心，向北至岭北行省哈剌和林城的驿道有三条。一是向东行经应昌城（今赤峰市克什克腾旗达里诺尔应昌古城）折向东北克鲁伦河至漠北。二是自上都向西经集宁（今乌兰察布市集宁区土城子古城）、丰州（今呼和浩特市东南丰州古城），向北经汪古部领

元代古船（复原），内蒙古博物院“元代精品文物展览”展出

元代五体文夜巡铜牌

地至漠北。第二条道路中的驿站在今内蒙古地区的主要有兴和路境内的苦盐泊站、扎哈站，丰州故城东百里的燕只赤斤站、阿察火都站、宽迭怜不剌站、丰州站、净州七里村驿、沙井驿等。三是从上都向西至亦集乃路（在城站）折向北进入漠北戈壁，并直通鄂尔浑河谷地带。此外，大宁、东胜州、亦集乃等地也有数条通往中原内地的道路。

上述这些道路纵横交错，在以上都等地为中心的今内蒙古及其周边地区，共同构成了一个畅达南北、沟通中外的道路交通网络。

此外，黄河流经内蒙古的地段，还有一段水运路线。西夏时期的黄河水路运输，主要依靠一种重要的运输工具——“浑脱”。黄河流经今宁夏，向北进入内蒙古地区以后，有的地区水急滩险，行船危险，当地居民就利用牛羊皮制成袋子，充气后浮于水面，或连接数只以至数十只拼成皮筏，用以渡河或运送物资，当地人称为“浑脱”，是一种十分便利的水上交通工具。元朝初年，世祖忽必烈命水利专家郭守敬考察黄河，重点对从宁夏向北进入内蒙古河套，再向东至东胜（今呼和浩特市托克托县东胜古城）的黄河河段进行详细调查。随后，元世祖于1267年（至元四年）下令“自中兴路至西京之东胜立水驿十”（《元史》卷6《世祖本纪三》，第115页），其中位于今内蒙古地区的水站有五处，即只达温站、白崖子站、九花站、怯竹里站、梧桐站。每一处水路驿站配置水手240人，驿船60艘，由专门的站户负责，保证着黄河运输和声讯传递等。可见，这一时期的黄河流域内蒙古段也是沟通南北的物资运输通道。

黄河岸边的水陆驿站——燕家梁遗址

燕家梁遗址位于包头市九原区麻池镇燕家梁自然村南侧的台地

上，遗址大体呈南北稍长、东西略窄的长方形，面积较大，南北长700米，东西宽570米。经过多年考古调查和发掘可知，燕家梁遗址是一处蒙元时期的大型聚落遗址。

燕家梁遗址在20世纪50年代，由内蒙古文物考古工作者开展文物普查时发现。1998年，包头市文物管理处曾经对燕家梁遗址进行小规模试掘。2006年，内蒙古文物考古研究所和包头市文物管理处对这处遗址进行了大面积考古发掘，共发现灰坑517个、灰沟36条、房址222座、窖藏29个、窖址4座、地炉32座、灶4个、墓葬2个、乱葬坑4个、道路7条、铜钱约4万枚，出土元代瓷、铜、铁、陶、骨、玉等不同质地的各类器物万余件。考古工作者经过发掘和研究一致认为，燕家梁遗址是蒙元时期的一处繁华的市镇，也可能是元代连接漠北地区与中原和南方的一处重要的水陆驿站。

燕家梁遗址位于黄河流域内蒙古段的核心地带，是沿黄河交通要道上的一处非常重要的节点，这一地区在元代以前就是一处繁华的交通要道，也是东西南北人员往来、物资聚集、文化交汇之地。距离燕家梁不远处的麻池古城，经过考证认为是战国、秦朝时期的九原郡，也是秦朝时期著名的“高速公路”秦直道的起点，还是汉代五原郡郡治。可见，这一地区自古以来就是沟通东西南北的十字路口，到了元代依然保持了繁华的市镇和驿站规模。这一地带从地理上来说，地势平坦、道路便利畅达，靠近黄河，水源充足，非常适宜人类形成较大的聚落在此繁衍生息，同时也更加适合在此地开展商贸往来，进行物资交流。同时在大一统的王朝时代，比如秦汉时期和蒙元时期，这里作为大一统王朝有效控制的区域，中央政府会采取有力的措施加强这一地区与中原、首都等核心地区的交流和联系，尤其是秦朝修建了“直道”，秦汉在此设置郡县。蒙元时期这一带更是有着畅通的驿路系统，同时蒙元时期这一地区是当时的“腹里”地区，元朝政府在这一带开展屯田，建设驿路、水旱码头等，都非常发达。清代民国以来，包头作为一个近代新型化商贸和工业城市，逐渐兴起，这里仍然是其经济社会发展的核心地区。

燕家梁遗址在1995年被公布为包头市第一批文物保护单位，2006年被公布为第四批内蒙古自治区文物保护单位，2013年5月3日被国务院公布为第七批全国重点文物保护单位。

北方游牧生活中的马

北方草原是中国古代北方游牧民族生存和发展的主要活动地域，北方游牧民族多以“随畜牧而转移”“逐水草迁徙”等游牧、狩猎方式为主要生产形态和生活方式，马在游牧民族的生产生活中具有不可替代的巨大作用。从春秋战国时期的林胡、楼烦，以至秦汉魏晋时期的匈奴、东胡、乌桓、鲜卑、柔然，到后来的突厥、回鹘、契丹、蒙古等民族，无一不是依靠马驰骋在广阔无边的草原上，建立了一个又一个强大的游牧政权，并依靠马支撑起游牧民族的社会生产和日常生活。早在战国时期，赵国为了打败北方的林胡、楼烦等游牧民族，不得不发动一场改革，叫作胡服骑射，专门去学习游牧民族的骑马、装束和射箭技术，以适应马上作战，最终学得了一整套机动灵活的战术，从而击败北方部族。到了蒙元时代，壮健的蒙古马忠诚地跟随着蒙古战士在辽阔的草原大漠之中驰骋，勇闯欧亚大陆，为蒙古民族的崛起、强大立下不可磨灭的功绩。在历代北方游牧民族中，马的拥有量和品种的优劣往往对这个民族的兴衰强弱起到非常关键的作用。可以说是马驮着北方民族从远古走到了今天，从传统社会迈向现代文明。

美丽的金莲川是蒙古高原上广阔草原的典型缩影，草原拥有蓝天、白云、绿草、毡帐、群马和孤独的游牧人，无边无际的草原历来是北方民族雄健的战马驰骋的优良场所。金莲川草原涵盖今内蒙古锡林郭勒盟正蓝旗、多伦县、太仆寺旗等一带，以及河北省张家口北部的坝上草原。

北方民族的马文化源远流长，著名的北方岩画中绘有大量有关马题材的作品，从先秦至明清均有大量围猎、骑马、驭马、驯马等题材的作品。如在内蒙古阿拉善盟阿拉善右旗曼德拉山一带发现了大量各历史时期的岩画，所示狩猎场景中刻画有骑马放牧和狩猎的骑手，有山羊、盘角羊、鹿等动物，是北方草原上的游牧生产生活的典型反映。

围猎图，发现于内蒙古阿拉善盟阿拉善右旗曼德拉山

中国北方草原地区所见较早的有关马形象的文物是马形金饰牌，出土于内蒙古赤峰地区，为夏家店上层文化时期的作品。据学者推测，夏家店上层文化可能与文献记载的“东胡”“山戎”或更早以前的北方民族有关。

马形金饰牌

这件马形金饰牌出土于内蒙古赤峰地区，为夏家店上层文化时期（春秋时期）的用品，可能是东胡、山戎等早期北方游牧民族所使用的饰品。这件马形金饰牌通长 4.6 厘米，宽 4.5 厘米，厚 0.1 厘米，重 28.9 克。马形金饰牌中的马呈伏卧形，回首竖耳，圆目成孔。饰牌正面凸起，背凹，有两个桥形穿钮，可系挂佩戴。

2010 年 9 月 8 日，内蒙古文物工作者在乌兰察布市察哈尔工业园区白家湾村发现了一批珍贵的窖藏金器，其中有一件虎咬马饰牌。

虎咬马饰牌

虎咬马饰牌的虎头反向，嘴咬马背。这些金饰品级别很高，时代在公元前2世纪左右，具有浓郁的北方民族特色，推测可能为匈奴贵族所用之重器。从饰品中均雕刻有马的形象看，在匈奴人的生产生活中马占有非常重要的地位。

鲜卑源于东胡，同样以游牧为主要生产方式，在其南下的过程中，不断与周边游牧部族融合、交流，创造了灿烂的鲜卑文化，其中马文化占有较大的分量，他们号称“兵利马疾，过于匈奴”(《后汉书·鲜卑传》)。以下几幅图所示便为鲜卑人所遗留与马关系密切的文物。

瑞兽纹金饰牌

这件瑞兽纹金饰牌，在内蒙古通辽市科尔沁左翼中旗希伯花苏木六家子墓出土，长8.1厘米，宽5.4厘米，此件金饰牌为佩戴之物，根据《魏书》记载，鲜卑始祖率领部族南迁，“有神兽，其形似马，其声类牛，先行引导，历年乃出，始居匈奴故地”。此件应为文献中所提之“神兽”，因此金饰牌的时代大概是东汉魏晋时期。

卧马形带链金挂饰

这件卧马形带链金挂饰是在内蒙古通辽市科尔沁左翼中旗希伯花苏木六家子墓出土，时代是东汉时期。规格：长 8 厘米，宽 5 厘米。纯金铸造，造型中马呈四肢屈曲的卧姿，马首垂至地面，头顶及臀部各突出一小环，上连金链，应为佩戴之物。

双马纹金饰牌，出土于内蒙古通辽市开鲁县，规格：长 5.6 厘米，宽 6.8 厘米

《牧马图》局部，出土于内蒙古呼和浩特市和林格尔县东汉护乌桓校尉壁画墓

步摇是簪钗上饰以金玉的垂挂装饰，可插于妇女发髻的前后左右。这两件金步摇冠饰为北朝时期鲜卑贵族妇女所特有的头上装饰。马头鹿角金步摇冠饰，其底部形制为马头形，马头上长有鹿角，上部呈树状分叉枝干，每个枝梢上挂有活动的叶片，当佩戴者走动时，叶片随之颤动，发出悦耳的声音，以显示富贵。鹿角形象反映了鲜卑民族对其远祖所居之地——森林的怀念，而马头形象则是鲜卑人骑马、用马的文化象征。

马头鹿角、牛头鹿角金步摇冠饰

北魏时期的牵马陶俑，出土于内蒙古呼和浩特市城区大学路，
现收藏于内蒙古博物院

这件牵马陶俑高 19.5 厘米，马长 30 厘米。陶马俯首直立，背上披甲备鞍，鞍上系有马镫，脖上挂铃，陶俑头戴风帽，身穿窄袖长衣，腰束带，足穿靴，作持缰慢行状。北方民族的牛羊均圈养于居地旁边，入圈后的畜群不宜惊动，所以在接近居地时，无论骑马还是驾车都忌讳快行。奔驰过后的马需要拴系，草原上树木稀少，贵族家庭都有牵马人为系马之桩，既方便出行，又显示自己的高贵。此陶马装饰华丽，应是贵族家庭使用的坐骑，造型雄健朴拙，为北魏时少见的彩绘陶塑精品。

辽是契丹民族在北方草原地区建立的一个强大的政权，契丹人将本民族游牧文化与中原汉文化有机融合，创造了独具特色的契丹文化，其“骑射文化”始终是契丹文化的核心内容。契丹人有一个习俗，就是契丹贵族死后往往杀马殉葬。但马在契丹人的生产生活中实在占有重要地位，如果大量用来殉葬，势必会影响正常的军事行动和经济状况。为了保护战马，辽圣宗曾下诏禁止。其后契丹贵族逐渐以马具代替杀马习俗。

胡瓌《番骑图》

金朝杨微《二骏图》(局部)，现收藏于辽宁省博物馆

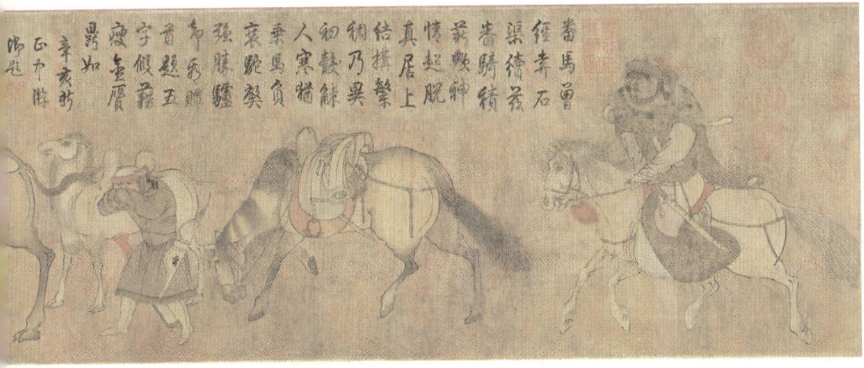

《侍从牵马图》（摹本）

契丹画家耶律倍所绘骑射图，是契丹马文化的真实反映。耶律倍是辽太祖耶律阿保机长子，自幼聪颖好学，深得耶律阿保机的喜爱和器重，公元916年被立为皇太子。公元926年，受封为东丹国王，称“人皇王”。此外还有胡瓌《番骑图》、金朝杨微《二骏图》等都是当时较为著名的绘画作品。

辽代镶玉银马络头，1986年内蒙古通辽市奈曼旗青龙山镇陈国公主墓出土

马络头即马笼头，由项带、额带、颊带、咽带、鼻带组成，长50厘米，宽30厘米，各条带均由薄银片制作。带上缀圆雕马形、狻猊形玉饰。络头的组装方法是：先将每条小带部件做好，然后按部位连接起来，最后钉缀玉饰件。陈国公主驸马合葬墓出土2套18副完备的马具，包括络头、衔镳、缰、胸带（也叫攀胸）、鞍、韂（障泥）、镫、蹀躞带、鞧带等，相当精美、完备。

著名的《元人秋猎图》集中体现了蒙元时代繁荣的马文化，其中绘制了多姿多彩的马及骑马之人的形态、姿势，惟妙惟肖，艺术价值极高。此外，还有《蒙古射猎图》《元世祖出猎图》等古画作品均形象逼真地再现了蒙元时期与马有关的日常社会生活，生动地保留了马的艺术形象及其文化内涵。《石渠宝笈》对《元人秋猎图》画卷规格的介绍如下：“（本幅）绢本，纵一尺九寸，横三丈八尺五寸，设色画秋原行猎，人骑诸景，无名款。”《黑鞑事略》讲到，凡其主打围，必大会众人，在一二百里的大范围挑土为坑，插木为表，系挂毳索，挂起毡羽，风吹时毡羽飞起，野兽就不敢往外逃奔，然后合围追击。《元人秋猎图》再现了庞大的围猎场景。

《元世祖出猎图》（局部），元代刘贯道绘制，现收藏于台北故宫博物院

《元人秋猎图》(局部)

《元人秋猎图》（局部）——备马鞍

《元人秋猎图》（局部）——牧马奔驰

《元人秋猎图》(局部)——侧跨飞骑 遣鹰捉兔

《元人秋猎图》(局部)——骑马持叉捕猎

《元人秋猎图》（局部）——牵马

《元人秋猎图》（局部）——套马的汉子

《元人秋猎图》(局部)——下马拾兔

《元人秋猎图》(局部)——扬马弯弓射猎

《骑马的蒙古贵族》，14 世纪伊朗古画

《骏马图》，元人赵雍绘制，现收藏于台北故宫博物院

蒙元时期马文化蔚为大观，考古出土的与马有关的文物有马鞍、马饰件等。在锡林郭勒盟苏尼特左旗恩格尔元代墓葬中出土了一批金饰件。下图所示马具饰件，主图案运用锤揲工艺，饰莲花纹，边缘饰连珠纹，是元代蒙古族马具金饰品中的精品。

花卉纹马具饰件

元代卧鹿纹金马鞍

这件金马鞍前鞍鞒通高 20.8 厘米，前鞍翅 2 件，长 32.7 厘米，宽 10.6 厘米，前鞍鞒主体图案为八曲海棠形框内浮雕卧鹿纹，框内外以牡丹花卉纹装饰。前鞍翅主体图案为缠枝牡丹纹，边饰莲瓣及草叶纹，造型非常精美，体现了蒙元时代高超的造型和雕刻艺术，同时也表明蒙元时期是北方民族马文化的高峰期。只有北方游牧民族才能够对马鞍如此钟情，因为那是马背上最重要的器具，也是最精美的装饰品。

龙凤纹金马鞍饰

龙凤纹金马鞍饰前鞒饰长 12.5 厘米，宽 5.2 厘米，后鞒饰长 9.2—14 厘米，宽 2.7—7.7 厘米，整体由薄金片錾刻而成，由前后鞍鞒、前后鞍翅组成，鞍鞒图案为镂空錾龙纹，双龙之间有莲花图案。

马具中，随着骑兵的发展而出现并不断完善的是鞍具和镫，这是骑马装备中最为重要的工具。当人与驯马相处时，便会试着去骑马。起初没有马鞍，骑的是光背马，这种骑法称为“驴座”。经历一个时期以后开始在马背上加鞯，后又设鞍。在中国，带有鞍鞒的马鞍始见于西汉末年，公元 3 世纪末至 5 世纪初已广泛流行。

清代时期，内蒙古地区实行盟旗制度，蒙古诸部在各自分地内生活，依然实行着游牧生产方式。清代长城内外实现一统，内蒙古地区保持了长久的和平稳定的局面，蒙古诸部的社会生产得到较大的发展，马文化持续繁荣。自清代以来至近现代，内蒙古地区遗留了丰富的有关马文化的文物资料，进一步展现了繁荣的马文化，体现了马在满、蒙等民族社会生产生活中占有的重要地位。

清代蒙古族大尾式马鞍

战马需要良好的装备，而骑马的士兵同样如此。以下为蒙古骑兵所穿锁子甲，是与战马相配套的军备设施。

13 世纪蒙古军锁子甲

蒙古人中长期流传着把自己心爱的马献给神祇的习俗，“温都根查干”意为溜圆白骏，是成吉思汗陵的神马。民间传说成吉思汗五十岁那年，突然身体不适，生了两个多月的病才康复，为了庆祝身体康复，成吉思汗下令下属用九十九匹白马的鲜奶进行祭祀，同时也对温都根查干进行专门祭祀。

成吉思汗陵，位于内蒙古鄂尔多斯市伊金霍洛旗

套马杆对于大家来说都不陌生，有流行歌曲《套马杆》，有白酒品牌“套马杆”。套马杆就是游牧民从马群中抓骑乘的马匹时所用的套马工具，由主杆和套索两部分组成。但有了套马杆并不代表能够套住你想要的骏马，还需要骑手具备娴熟技巧，这是一项需要长期训练的技术，展示了游牧人的智慧和勇敢，更重要的是要有一种爱马、与马心灵相通的感觉。

马文化发展史就是一部中国古代北方民族的成长、发展和变迁史。无论是马产业发展还是文化事业建设，都秉持着我们追溯历史、传承文化并继往开来的精神。内蒙古地区作为北方草原文化的集成区，拥有几千年草原文化发展的传统历史，我们要留住北方民族记忆的背影并在此基础上把传承至今的马文化发扬光大，这是今天内蒙古人的使命，更是马文化的精髓所在，也是新时代内蒙古各族人民大力弘扬蒙古马精神的深厚历史基础。

多元的饮食文化

这一节，要讲一下元代时期的传统饮食文化。这个时期是一个多民族交融汇聚的时代，不同的民族和不同的文化汇聚在一起，在饮食文化上的表现就更为明显。

元朝建立以前，作为统治民族的蒙古族以畜牧业和狩猎业为主，因为他们当时的饮食种类也是以肉类为主。家畜中有羊、牛，狩猎的捕获物中以兔、鹿、野猪、黄鼠、野马以及河水里面能够捕获的各种鱼类为主要的食物来源。等到忽必烈统一全国，蒙古民族从“食肉而不粒”的单纯的草原游牧民族，逐渐发展到具有多元的饮食文化特色，既有传统的游牧民族特色，同时吸收中亚、西亚等域外的饮食风格，又接受中原汉地的传统饮食文化，丰富了中国传统社会的饮食文化，而且蒙古民族也把草原上的饮食带到了中原地区。所以，从饮食文化的角度来看，这也是中华民族大家庭融合发展的一个侧面。

元代流行一句饮食养生名言：“五谷为食，五果为助，五肉为益，五菜为充。”这句话出自忽思慧的《饮膳正要》。这句饮食养生的名言，很有道理，以谷物为代表的粮食是主要的食物，水果是辅助食品，肉类吃一些有很大的益处，而蔬菜是必要的补充，从字面意思来理解基本是这样的意思，但是其实这句话说的是“谷物”“水果”“肉类”和“蔬菜”这几样是人饮食结构中都必不可少的，所谓的“五”只是一个约数，形容各种食物的种类而已。

元代时期最有特色的就是荤菜的烹饪。首先来说，常见的肉食食材并不多，主要是羊、猪、鸡、鸭、鹅和鱼虾等，但是做法和风格却非常有特色。蒙古族饮食中最善于制作的肉食就是羊肉，烹烤煮炒炖蒸都能够做出美味的羊肉。当时比较流行的羊肉吃法主要有：炙羊心、炙羊腰、带花羊头、熬羊胃子、羊肉饼儿，等等。元朝的皇帝都非常喜欢吃羊肉，江南士人杨允孚写的《滦京杂咏》诗歌有一句："内人调膳侍君王，玉仗平明出建章。宰辅乍临阊阖表，小臣传旨赐汤羊。"说的就是在宫廷活动中，皇帝给大臣赏赐"汤羊"这种食品。不仅作为蒙古统治者的皇室喜欢吃羊肉，就是被俘虏到元朝的南宋皇室的太后和嫔妃们，也是每天都吃羊肉，南宋士人汪元量的诗歌中有一句"日支羊肉一千六百斤"的记录，说的就是给南宋的太皇太后和嫔妃们的羊肉。

举个例子来说明羊肉的吃法，比如"羊肉饼儿"，具体做法是这样的：把羊肉去了脂（肥肉），去了膜（羊肉的一些黏膜皮），再去了筋，剩下的精羊肉切成碎末（说白了也可以叫作臊子，北宋时期用猪肉做成猪肉臊子很常见的），在碎末肉里面加上各种调料，比如芫荽末、胡椒、荜拨（也是一种调料，属于胡椒科）等，根据个人的口味而决定，再放入盐，然后再将肉末放到饼里面油炸。这个内容是文献记载的过程，细心的读者如果仔细阅读会发现，这个过程和现在做肉馅饼其实没有什么区别，只不过是使用的调料可能不太一样。

说完元代蒙古族肉食的特色羊肉，接下来就要谈到元代最著名的一套菜系，那就是迤北八珍，也叫作行厨八珍，这是元代最为名贵的美食，包括醍醐、麈沆、驼蹄羹、驼鹿唇、驼乳糜、天鹅炙、紫玉浆、玄玉浆。第一种醍醐，是由一种酥油加工提炼出来的油脂物，这种油脂物可以涂抹在酥饼、乳酪、羊肉等上面，吃起来会很香腻。

第二种麆沆，是元代的一种很名贵的马奶酒，铁木真受到追捕的时候，泰赤乌人去锁儿罕失剌家中搜索铁木真，正赶上锁儿罕失剌在做“马乳”，这个马乳如果继续发酵继续处理，就会变成马奶酒。但是由于文献记载不多，这种叫作“麆沆”的马奶酒是什么工艺、怎么做成的，不得而知，但就像今天的白酒、红酒和啤酒一样，虽然有很多的品种和口味，但是基本做法都差不多，关键环节就是“挏”，中国古代最经典的字典辞书《说文解字》中记载这个字：“挏，拥也。汉有挏马官，作马酒。”“拥”的意思就是必须使劲推拉拌动，做马奶酒就是使奶汁里的奶油分离出去，留下奶酪发酵才能做酒，所以马奶酒不单单是蒙古族的一种美酒，其实在汉代中原地区就有了。元代回回士人迺贤写诗赞颂酸马奶：“马乳新搁玉满瓶，沙羊黄鼠割来腥，蹋歌尽醉营盘晚，鞭鼓声中按海青。”耶律楚材有“天马西来酿玉浆，革囊倾处酒微香”“浅白痛思琼液冷，微甘酷爱蔗浆凉”等诗句。卢布鲁克在其著作《东游记》里写道：“在夏天，只要有忽迷思，即马奶子，他们就不在乎其他食物。”马可·波罗也有记录：“鞑靼人吃苦耐劳的精神极其顽强。不怕任何艰难困苦，甚至必要时，只用马奶就可以维持一个月的生活。”

第三、四种是驼蹄羹和驼鹿唇，前者是用野骆驼的蹄子熬制成的糊状食物，后者是用驼鹿的嘴唇做出来的菜肴，野骆驼和驼鹿都是生活在欧亚大陆内部大草原和森林中的动物，以这些动物的身体部位为食是符合蒙古族草原游牧生活特征的。元代的一个契丹族后裔士人耶律铸还有两首诗是描写这两种菜肴的美味的，诗歌的名字就叫《驼蹄羹》和《驼鹿唇》。还有的记载是“驼峰”，如周密《癸辛杂识》：

驼峰之隽，列于八珍。然驼之壮者两峰坚耸，其味甘脆，如熊白奶房而尤胜；若驼之老者两峰偏觯，其味淡韧，如嚼败絮。然所烹者皆老而不任负重者，而壮有力者未始以为馔也。（《癸辛杂识·续集上》“驼峰”条，吴企明点校本，中华书局1988年，第160页）

除此以外还有驼乳糜，是一种用骆驼奶、配料和谷物熬制成的粥；天鹅炙是一种天鹅经过烧烤而成的美食。这两种一看名字和做法就知道贵在食材，而不是做法，所以都属于贵族食品，一般老百姓很难吃得到。还有两种也是酒，紫玉浆指的是紫葡萄酒，玄玉浆指的是黑马奶酒。

元代扳耳金杯，出土于内蒙古锡林郭勒盟正蓝旗，现收藏于内蒙古博物院

元代荷花纹高足金杯，内蒙古包头市达尔罕茂明安联合旗大苏吉台乡明水墓地出土

下面介绍一下元代的国宴。国宴是中国古代王朝中皇帝请大臣吃饭的宴会，也不仅仅是为了吃饭，更是一种礼仪和政治活动。元代的翰林学士王恽就说过，国家大事有三件，一是征伐，二是蒐狩，三是宴飨。除了征战打仗，外出打猎和吃饭都是大事，因为这都属于政治活动，皇帝要在这个过程中处理国家大事。元朝的大型国家级宴会，一般叫作质孙宴，或者叫诈马宴。“质孙”是蒙古语“颜色”的意思，“诈马”是波斯语“衣服”的意思。在这个国宴活动上，所有的参加者都要穿同一种颜色的衣服，即质孙服。宴会上从皇帝到臣子都按照顺序坐好，桌子上摆满了各种肉类菜肴、菜蔬果品，尤其是肉类可以说是珍奇异兽什么都有。这也就是在当时，要是现在就不太可能了，因为很多动物都是濒危保护动物。宴会上还会有各种名贵的酒，主要是葡萄酒和马奶酒，这就说到了蒙古族和元代时期的酒文化了，前面已经介绍过行厨八珍里面的三种酒了。

《蒙古大帐备宴图》，14 世纪伊朗古画

《蒙古贵族宴会图》，14 世纪伊朗古画

在今天北京市的北海公园西侧的团城里，有一个大瓮，名字叫作“渎山大玉海”。这个大瓮就是元代遗留到今天的一个专门用来盛酒的器具，非常大。在元代贵族宴会中，大瓮、小瓮都放在宴会现场，然后用勺子从里面舀酒，还要有专门管酒的人，蒙古语叫作“答剌赤”。这些人都要经过专业训练，才能在宴会上做管酒的服务员。元代皇帝都很贪杯，最夸张的就是窝阔台汗，我们在“成吉思汗、窝阔台汗的画像”一节中谈到，通过画像能看到窝阔台的面容憔悴，身体状况不佳，因为他就是酗酒过度而去世的。还有后来的元成宗铁穆耳，从小就饮酒无节制，经常遭到祖父忽必烈的责打，他就到处躲，但仍然改不了喝酒无节制的毛病，还偷偷躲到浴室中，把酒灌到水管里继续喝。

元代酒器渎山大玉海，现置于北京团城内，是元代酒器的典型实物

元代的饮食文化蔚为大观，内容非常丰富，也很有特色，大家如果感兴趣可以去各地的博物馆参观，有很多元代留存下来的器物，比如瓮、坛、瓶、罐，还有一些古画，为赵孟𫖯等画家所绘制，还可以阅览相关的书籍。如果可能，还可以去内蒙古品尝蒙餐，虽然蒙餐里面有很多并非是元代的原貌，但仍然能够从中感受到元代多民族饮食文化的遗韵。

蒙古族传统奶食的制作现场

文化艺术及其他

元代的文化因其多民族而更显丰富多彩，多元文化交融汇聚是当时最大的特色。本部分依据笔者已有研究成果和多年的积累，同时结合元代社会日常生活之中的文化艺术内涵，选取了若干典型内容进行论述。

一是对元代颇具特色的蒙古族服饰文化进行了描述，尤其是重点介绍了蒙古族男性冠帽与发式，蒙古贵族女性的经典头饰——姑姑冠，都是蒙元时期蒙古人非常典型的服饰。这些服饰既是生活中的常见搭配，也是其独特服饰文化的典型代表。二是重点选择了元代医学名家朱震亨、著名医药卫生保健著作《饮膳正要》进行介绍，展示了元代不同医药技艺、思想的融汇贯通。三是重点介绍了北方草原上的游牧造型艺术。笔者没有完全局限于元朝时期，而是将时间范围扩展到了整个北方游牧民族的历史，重点介绍了北方游牧民族社会文化生活中比较典型的艺术，一个是有关羊的造型艺术，另一个是黄金饰品，这些都是典型体现以蒙古族为代表的北方游牧民族日常生活的艺术形式和经典器物。

男性冠帽与发式

元代蒙古族服饰文化的历史，总体包括两个发展阶段，由于元朝地跨欧亚，连通北方草原大漠、南部中原汉地和中亚及西欧，实现了广泛的经济文化交流。元朝时期，蒙古民族服饰在服饰种类、款式风格、面料色彩、缝制工艺以及服饰制度等方面，都出现了较大的发展、创新和变化，呈现出以草原游牧文化为主，兼容并包、推陈出新的服饰文化的特点。蒙古民族立国当初，由于军事上的胜利和版图的扩展，欧亚两洲的金银财宝、绫罗绸缎不断输入蒙古地区，这为蒙古民族服饰的发展变化，提供了有利条件。

元代时期，蒙古民族服饰中的前檐帽、钹笠帽、立领大襟袍、长比甲、短披肩、马褂、靴子、配饰等，都是在当时发展并创新的款式，这些服饰对后世蒙古族各部落服饰的影响极为深远，基本奠定了明清时期蒙古族服饰的基本风格。蒙古贵族们的服饰极为华丽、高贵，多用北方的稀有珍皮和南方的绫罗绸缎以及所获取的金银珠宝，制作各种华贵的服饰。元代一般百姓的服饰远不如贵族服饰，均以朴实、厚重和实用为特点，造价低廉，服饰原料多选取日常生活中易得到的物品，例如普通的羊、牛、马等家畜和一些野兽的皮毛等，颜色也多为灰白等淡色调。元朝入主中原，前期并未对百姓服饰作出规定，于是唐宋服饰、西域胡服以及众多民族的服饰并存，交流与融合，款式风格多样。后来，随着国力日盛，服饰制度也逐步完善。于是，朝廷禁止平民在服饰上使用龙凤纹、彩绸，只许以暗色丝、棉、革布、麻布做衣料，制成简朴棉布长袍，或至膝羊皮长袍，宽布腰带，毡靴。染工因之发展，有由银灰到黝黑数十种暗色织染方法。《南村辍耕录》所记褐色就有20余种，如砖褐、荆褐、艾褐、茶褐、鹰褐、银褐、珠子褐、藕丝褐、露褐、茶褐、麝香褐、檀褐、山谷褐、枯竹褐、湖水褐、葱白褐、棠梨褐、秋茶褐、鼠毛褐、葡萄褐、丁香褐等色。还有种种规定，例如："庶人除不得服赭黄，惟许服暗花纻丝绸绫罗毛毳，帽笠不许饰用金玉，靴不裁制花样。首饰许用翠花，并金钗俾一事，惟耳环用金珠碧甸，余并用银。"

元代蒙古族男性的冠帽，种类繁多，常见的有尖顶帽、平顶帽、圆顶帽、笠子帽、四方瓦楞帽等样式，在一些考古实物资料中时有出现。男性冬季戴的栖鹰冠有尖顶、圆顶两种，其样式基本相似于俄罗斯布里亚特地区的尤登帽。其实现在牧民冬季戴的尖顶和圆顶风雪帽，就是栖鹰冠的延续。当然，从现在遗留的实物、文献中所展示的冠帽来看，有些冠帽也不只有蒙古族男性佩戴，在多元文化多元民族交融汇聚的社会中，其他民族尤其是汉族与蒙古族在文化习俗等方面相互吸收、模仿和学习的实例非常多，因此也有很多其他民族的男性佩戴冠帽。

元代笠子帽也有大檐、小檐、圆形、方形几种，其样式基本类似于现在的太阳帽。据敦煌壁画和波斯画的描绘，男性的冠式还有几种，如圆顶立檐帽、卷云冠、插领冠等，其中圆顶立檐帽与现在牧民戴的圆帽基本相似，那时也有像清代蒙古族所戴的圆帽那样，其样式为前半檐可上下活动，从而起到遮光作用。

男性冠帽的装饰品种类繁多，有由金银珠宝组成的宝顶、耳环、项饰等装饰。元朝时期的贵族冠顶饰宝，皇冠用金银镶名贵珠宝，天子为九龙，正面一龙最大。贵族帽上饰金嵌宝，更用珠宝结串，

元宁宗懿璘质班画像，现收藏于台北故宫博物院

装饰佩物。《草木子》记述："元代官民皆戴帽，其檐或圆或前圆后方。"王公大臣所戴帽子的帽顶缀以大珠，视花样分等级。

元代蒙古族男性，经常戴一种用藤篾做成的"瓦楞帽"，有方、圆两种样式，帽顶中装饰有珠宝。四方形瓦楞帽，一般呈覆斗形，底宽顶窄，顶上缀有装饰品，比如各种珠宝、玉器等。鸟形精神饱满，生动活泼。瓦楞帽有的用细藤编制，外面为马尾或牛尾编成。此外，在元代的《饮宴图》中，绘有蒙古贵族并坐的形象，我们可以见到头戴瓦楞帽的人物形象。

暖帽、钹笠与贵族质孙服一般是配套的，分冬、夏两季。冬季有五种，即金锦暖帽、七宝重顶冠、红金达子暖帽、白金达子暖帽、银鼠暖帽。夏季有十三种，即宝顶金凤钹笠、珠子卷云冠、珠缘边钱笠、白藤宝贝帽、大红金凤顶笠、绿金凤顶笠、蓝金凤顶笠、银褐金凤顶笠、枣褐金凤顶笠、金凤顶笠、金凤顶漆纱冠、黄牙忽宝贝珠子带后檐帽、七宝漆纱带后檐帽等。其中"珠子卷云冠"，多见于西方史料波斯彩绘图中。暖帽一般以贵重皮毛制成，也有以金锦制成的。暖帽约有五种样式，即皮暖帽、后带帔皮暖帽、后带帔金锦金答子帽、钱笠冠、尖顶皮暖帽。其中的"钱笠"有四种样式，一为"钹笠冠"，二为"带续钹笠冠"，三为"后带帔钱笠冠"，四为"后带帔宽檐钱笠冠"。

蒙古族男子冬季戴暖帽。暖帽原料多为黑貂、青鼠等贵重皮毛，也有使用金锦制成。前文中展示的元世祖忽必烈像，头戴金答子皮暖帽，帽后垂有帔巾，耳后垂辫髻，身穿交领右衽袍。他的冠饰、发型和服装都与元代文献记载吻合。

此外，传世的元文宗与明宗并坐绣像中，二帝中元文宗头戴金答子皮暖帽，帽后垂有帔巾；元明宗头戴栖鹰冠，冠顶有宝石装饰。

元代立式灰陶胡人俑，内蒙古博物院藏品

元文宗与明宗皇帝并坐绣金织锦像

元代时期，以蒙古贵族的圆形钹笠帽和前檐帽最具特色。例如，元代皇帝成宗铁穆耳和武宗海山的画像中，二帝均头戴圆形钹笠帽。成宗铁穆耳的帽顶上缀以硕大的蓝宝石，宝石下的帽托上镶有白色的珍珠。武宗海山的帽顶上缀以硕大的黄宝石，宝石下的帽托上镶有白色的珍珠，在元朝皇帝的御容像上，还有多位皇帝戴有类似的冠帽，可以参见本书其他部分的插图。

元代贵族钹笠帽顶上面装饰的珠玉宝石，在当时被称为“回回石头”。元人陶宗仪在《南村辍耕录》卷7“回回石头条”（中华书局1959年，第84—85页）中记载：

回回石头，种类不一，其价亦不一。大德间，本土巨商中卖红剌一块于官，重一两三钱，估直中统钞一十四万锭，用嵌帽顶上。自后累朝皇帝相承宝重。凡正旦及天寿节大朝贺时则服用之，呼曰“剌”，亦方言也。今问得其种类之名，具记于后：

红石头（四种，同出一坑，俱无白水）

剌（淡红色，娇） 避者达（深红色，石薄方娇） 昔剌泥（黑红色）

苦木兰（红黑黄不正之色。块虽大，石至低者）

绿石头（三种，同出一坑）

助把避（上等暗深绿色） 助木剌（中等明绿色）

撒卜泥（下等带石，浅绿色）

鸦鹘

红亚姑（上有白水） 马思艮底（带石，无光，二种，同坑）

青亚姑（上等深青色） 你蓝（中等浅青色）

屋扑你蓝（下等如冰样，带石，浑青色） 黄亚姑 白亚姑

猫睛

猫睛（中含活光一缕） 走水石（新坑出者，似猫睛而无光）

甸子

你舍卜的（即回回甸子，文理细） 乞里马泥（即河西甸子，文理粗）

荆州石（即襄阳甸子，色变）

回回人与珠宝的密切关系，在元朝广为人知，以至于在坊间流传了一些有关回回杀人取珠的恐怖故事。周密《癸辛杂识》记载了一则“社公珠”：“近时社公多为回回所买。或言其胸中有珠，过二十以后则在膝，必凿之。过三十以往，则无之矣。此妄传也，纵有之，回客焉敢杀人而取珠乎！”（周密《癸辛杂识·别集上》“社公珠”条，吴企明点校本，中华书局1988年，第256页）从最后一句“杀人而取珠”可知，这条传闻所记载的“社公”指的应当是“生而眉发白、面颜赤的男子”。[1]

元代透雕玉帽顶饰，内蒙古呼和浩特艾博云集博物馆藏品

1 这个称呼的来历见宋人俞琰《席上腐谈》卷上：“又有头如雪而肌肉纯白者，或者以为社日受胎，故男曰社公，女曰社婆。”宋人郭彖的《睽车志》卷三：“知常（刘知常）始生，皓首赭面，里俗谓之社公儿。”

前檐帽为元世祖察必皇后所制，即《元史》中所称“昭睿顺圣皇后”。《元史》卷110《世祖昭睿顺圣皇后传》中记载：“胡帽旧无前檐，帝因射，曰色炫目，以语后，后即益前檐，帝大喜，遂命为式。”从这段文献记载可知，原来的帽子没有前檐，元世祖察必皇后增加了前檐，以挡日光射目，而便于骑射。后来遂命如式制之，亦为一般官吏所仿效。

纳石失风帽是元代蒙古人佩戴较为普遍的一种帽冠。下面左图这件风帽便是典型的纳石失风帽，其尺寸为：高46.5厘米，宽33厘米。该帽如同海青衣，也具有相当的灵活性。冬天该风帽可以将除了脸以外的头部以及颈部都包裹起来。天气较热的时候，风帽的两侧和背侧底部的三个襻又可以折起来，挂在帽后。左右各有一条黄绸带和一条紫罗带，前面开口处原先可能有羽毛镶边，但现在只剩下平纹绢了。该帽由七种不同的纳石失织金锦组成。其一是云鸟纹，鹰喙鸾身，可能是中亚风格和宋人风格的混合。其二以卷草纹作地，滴珠菱形作纹。其三为卷草纹地小团花纹，其四为菱形地上太极纹样，较为罕见。其余各类均因残存极小而无法看清纹样全貌。

元代纳石失风帽，内蒙古呼和浩特艾博云集博物馆藏品

元代对雕纹风帽，出土于内蒙古包头市达尔罕茂明安联合旗明水墓地

元朝以佛教为国教，因此在服饰上也多有体现。内蒙古乌兰察布市化德县出土一件迦陵频迦金帽顶，整体呈透雕不规则葫芦状，底为圆形，内空底边为一圈莲花饰，中段是一圈组合式的舞乐人形，最上是两个比例较大的迦陵频迦形象，其旁边是小型舞乐人。此物造型复杂，工艺难度很大，是蒙古皇家贵族帽顶饰中之精品。同时，这种代表佛教乐神的异域祇题材，作为蒙古贵族的冠饰，反映了当时人们对佛教的崇信和对外域文化的接受程度。

迦陵频迦金帽顶，出土于内蒙古乌兰察布市化德县

迦陵频迦金帽顶

古代蒙古男子的发式，是把前额的头发留得较短，两鬓的头发留得略长，并垂在肩上。这种发式，南宋使者有所记载，称为“婆焦”或者“跋焦”，指出其式样与汉族小孩儿头顶留的三搭头相似。而且，上自皇帝、贵族，下至普通百姓，均把头发剃成婆焦发式。下图左侧所示为元宝山墓壁画所绘两位男子形象。其发式为：将头顶四周一弯的头发剃去，留当前发而剪短散垂，将两旁头发绾作两髻，卷成三四环垂挂在两耳后，又在左右肩垂挂。

元代墓室壁画《墓主对坐图》，出土于内蒙古赤峰市元宝山区元代墓葬

关于男子的发型，在《出使蒙古记》中有所记载：“男人们在头顶上把头发剃光一方块，并从这个方块前面的左右两角继续往下剃，经过头部两侧，直至鬓角。他们也把两侧鬓角和颈后（剃至颈窝顶部）的头发剃光。此外，并把前额直至前额骨顶部的头发剃光，在前额

骨那里，留一簇头发，下垂直至眉毛。头部两侧和后面他们留着头发，把这些头发在头的周围编成辫子，下垂至耳。”下图所示为蒙古男子参加葬礼的情况，由于送葬的人要免去冠帽垂开头发，所以我们可以看到蒙古人不戴冠帽时头发的形象。

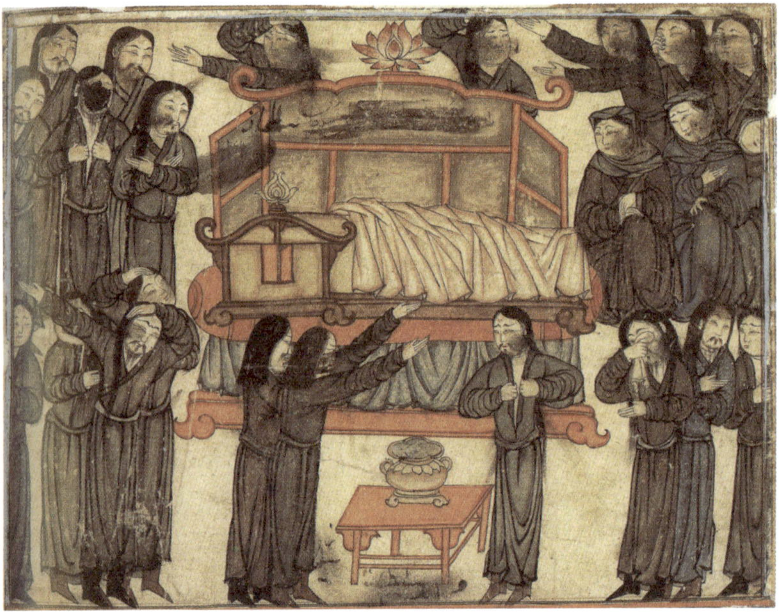

蒙元时期蒙古族葬礼图，现收藏于德国国家柏林图书馆

女性头饰姑姑冠

姑姑冠是古代蒙古贵妇所戴的一种高冠头饰，是蒙古族最为典型的服饰之一。姑姑冠在各种文献中的汉语写法有十多种，如罟罟、故姑、固姑、固顾、罛姑、括罟、罟姑、孛黑塔、孛哈、古库勒等，全书为了行文便利，统一使用“姑姑冠”。活动在阴山南北的草原部族——汪古部的妇女在蒙元时期与成吉思汗家族联姻，而由成吉思汗家族下嫁的公主将姑姑冠带到汪古部，并逐步传播开来。

姑姑冠的原料因地区的不同而有差异，往往以生活中易得的材料制成，最初以树木、桦树皮为骨架，后以铁丝制架，元朝统一以后则以竹为骨架，外包丝织物。姑姑冠上有各种不同的装饰，富者以宝石、珍珠、彩珠、琥珀、织锦、孔雀羽毛装饰，平民以青毡、黑毡、黑布、野鸡毛装饰。姑姑冠造型像颈部高耸的鹅鸭，所以具有仿生效果。文献中记载姑姑冠，最早见于李志常的《长春真人西游记》，成书在公元1221年左右，其书写道：

> 妇人冠以桦木，高二尺许，往往以皂褐笼之，富者以红绡，其末如鹅鸭，名曰“故故”，大忌人触，出入庐帐须低回。

由此说明，早在大蒙古国的早期就已经有了姑姑冠。南宋赵珙的《蒙鞑备录》中也有记载：

> 凡诸酋之妻，则有顾姑冠，用铁丝结成，形如竹夫人，长

三尺许，用红青锦绣或珠金饰之，其上又有杖一枝，用红青绒饰之。

另外一位南宋人彭大雅在《黑鞑事略》中亦载：

其冠，被发而椎髻，冬帽而夏笠，妇人顶故故。

徐霆为彭大雅《黑鞑事略》作疏注，写道：

霆见故故之制，用画木为骨，包以红绢金帛，顶之上用四直尺长柳枝或铁打成枝，包以青毡。其上人，则用我朝翠花或五采帛饰之，令其飞动。以下人则用野鸡毛。

姑姑冠一般以铁丝、桦木、柳枝为骨架，外裱绢布并装饰各种金箔珠花，冠顶插细枝若干，并饰有翠花、绒球、彩帛、珠串以及孔雀毛等，行则冠饰飘舞摇曳。西方传教士威廉·鲁布鲁乞在《出使蒙古记》中对大蒙古国时期姑姑冠的外形、构造和戴法有非常详细的描写：

妇女们也有一种头饰，她们称为孛哈，这是用树皮或她们能找到的任何其他相当轻的材料制成的。这种头饰很大，是圆的，有两只手能围过来那样粗，有一腕尺（18至22英寸）多高，其顶端呈四方形，像建筑物的一根圆柱的柱头那样。这种孛哈外面裹以贵重的丝织物，里面是空的。在头饰顶端的正中或旁边插着一束羽毛或细长的棒，同样也有一腕尺多高；这一束羽毛或细棒的顶端，饰以孔雀的羽毛，在它周围，则全部饰以野鸭尾部的小羽毛，并饰以宝石。富有贵妇们在头上戴这种头饰，并把它向下牢牢地系在一个兜帽上。这种帽子的顶端有一个洞，是专作此用的。她们把头发从后面挽到头顶上，束成一种发髻，把兜帽戴在头上，把发髻塞在兜帽里面，再把头饰戴在兜帽上，然后把兜帽牢牢地系在下巴上。因此，当几位贵妇骑马同行，从远处看时，她们仿佛是头戴钢盔手持长矛的兵士；因为头饰看来像是一顶钢盔，而头饰顶上的一束羽毛或细棒则像一支长矛。

文中所述姑姑冠顶部为四方形，现存姑姑冠的顶部也有椭圆形的。姑姑冠下的兜帽是蒙古族传统的一种帽饰，既可防风沙，还可以保持头部和后颈部的清洁。

从文献和出土实物中可基本了解 13 世纪时姑姑冠的大致情况：首先，以桦树皮或铁丝为骨架，外面包以黑布或红青锦绣，其上又插有柳枝、细铁丝或野鸡毛，并用孔雀毛和宝石装饰；其次，其形状呈下细上粗的圆柱形，顶上呈四方形，高度 2.6—3.4 尺；最后，蒙古已婚妇女普遍戴姑姑冠。

进入元代以后，蒙古族传统的姑姑冠，仍然在宫廷和蒙古贵族妇女中流行。叶子奇的《草木子》记载：

元朝后妃及大臣正室，皆戴姑姑，衣大袍。其次即戴皮帽。姑姑高圆二尺许，用红色罗盖，唐金步摇之遗制也。

叶子奇所称“唐金步摇之遗制”，指的是一种步摇冠。元代一些诗人也在诗中对姑姑冠进行描写，例如杨允孚《滦京杂咏》：“香车七宝固姑袍，旋摘修翎付女曹”，并作注释：“车中戴固姑，其上羽毛又尺许，拔付女侍，手持对坐车中，虽后妃驭象亦然。”从注释中可知，姑姑冠的冠顶有时要插上一根很长的装饰性羽毛，坐车时要将羽毛拔下，由侍女手持。可见，入元以后的姑姑冠比大蒙古国时期的装饰更加华丽。元人熊梦祥《析津志辑佚》对姑姑冠的描述如下：

> 罟罟，以大红罗幔之。胎以竹，凉胎者轻。上等大、次中、次小。用大珠穿结龙凤楼台之属，饰于其前后。复以珠缀长条，缘饰方弦，掩络其缝。又以小小花朵插戴，又以金累事件装嵌，极贵。宝石塔形，在其上。顶有金十字，用安翎筒以带鸡冠尾。出五台山，令正定人家养此鸡，以取其尾，甚贵。罟罟后，上插朵朵翎儿，染以五色，如飞扇样。先带上紫罗，脱木华以大珠穿成九珠方胜，或叠胜葵花之类，妆饰于上。与耳相连处安一小纽，以大珠环盖之，以掩其耳在内，自耳至颐下，光彩眩人。环多是大塔形葫芦环，或是天生葫芦，或四珠，或天生茄儿，或一珠。又有速霞真，以等四番纳失今为之。夏则单红梅花罗，冬以银鼠表纳失，今取其暖而贵重。然后以大长帛御罗手帕重系于额，像之以红罗束发。峨峨然者名罟罟。以金色罗拢髻，上缀大珠者，名脱木华。以红罗抹额中现花纹者，名速霞真也。

这段记载，较为详细地说明了姑姑冠的制作方法和纷繁复杂的装饰。台北故宫博物院有一幅元世祖察必皇后（彻伯尔皇后）画像，画中的她头戴大红锦姑姑冠，冠顶插朵朵翎，冠体装饰金箔珠花，从冠的两侧垂下珠串掩住耳朵，身上穿有纳石失织金锦宽边缘大红袍，是典型的元代贵族妇女礼仪服饰。不仅察必皇后的画像是姑姑冠头饰，台北故宫博物院保留的元朝历代皇帝后妃的画像，均着姑姑冠头饰。

传世的元代唐卡中，保留有元明宗、元文宗的皇后卜达失里和八布沙两位蒙古贵妇的画像。两位皇后所戴的大红锦姑姑冠，与叶子奇《草木子》中“元朝后妃及大臣正室，皆戴固固，衣大袍。其次即戴

世祖皇后彻伯尔画像，《元史》中称为察必皇后，现收藏于台北故宫博物院

元朝历代皇帝后妃画像（一），前者为仁宗皇帝后妃（不知姓名），后者为武宗皇帝后妃，为济雅图皇帝之母，现收藏于台北故宫博物院

元朝历代皇帝后妃画像（二），不知姓名，因其排在皇帝后妃画像的最后一位，推测至少为“纳罕”皇后之后，现收藏于台北故宫博物院

武宗皇帝的两位皇后，其中第二位名为“珍格”，第一位不知姓名，现收藏于台北故宫博物院

元代帝王唐卡，这幅画现收藏于美国大都会博物馆

元朝皇后卜达失里和八布沙，这幅画为元代帝王唐卡的局部，现收藏于美国大都会博物馆

皮帽。固固高圆二尺许，用红色罗盖”的记载基本上是一致的。

1974 年，内蒙古文物考古部门曾经在内蒙古乌兰察布市四子王旗乌兰花镇王墓梁元代汪古部贵族陵园中，挖掘出土了十几个姑姑冠，各墓中出土的姑姑冠的样式、尺寸、质量和外表包裹基本一致。一般用两块桦皮接起来缝在一起，再围合成圆筒，把接合处用彩线缝扎起来，线虽腐朽针孔犹存，筒外包裹着色泽艳丽、花纹精美的各类丝绸，其上连缀着各种各样的饰珠或其他装饰品。如十一号墓出土的一件姑姑冠，筒外包扎着一层黄纱布，其上有用纸和彩绸扎成的绿色花带，带上蔓、叶、花具备，还有包着孔雀毛的枣核形饰件，用彩线装饰连缀在黄纱布上。枣核形饰件间点缀以丝绸做成的涂着金边的云形装饰。在其中一个周围饰着纤细的富有绚丽色泽的孔雀毛花朵的花心，插着一个三寸多高的小木棍，棍顶连一圆木球，球顶连着一个基督教特有的象征物——木制十字架。这个姑姑冠上还插着许多蓝色的闪烁着光彩的孔雀毛。六号墓出土的姑姑冠，外面包着绚丽多彩的团花绸，上系一对有精美花纹的金筒以及铁制云形饰片和圆形铁十字架。

姑姑冠，出土于内蒙古乌兰察布市四子王旗元代净州路古城遗址内

这是内蒙古博物院2001年征集到一件在内蒙古乌兰察布市四子王旗元代净州路古城遗址附近古墓中出土的姑姑冠。这件姑姑冠的主体部分高34厘米、正面宽11.5厘米、底径9厘米、侧面宽22.5厘米，翎子残长17.5厘米。这件姑姑冠的兜帽没有保存下来。高冠用桦树皮制成，基本上由四部分组成，一块是中空的圆筒，圆筒上连双翅，双翅由下向上越来越宽，分别向前和向后敞开。前后双翅为独立的两块，姑姑冠顶端以四边形收口，顶盖又是一块。姑姑冠里面都用木条做支撑，圆筒里面从上到下有三道圆箍，双翅各有三根木条支撑。这四部分用针线缝合，做成胎骨，胎骨外面再包上印金锦，现在为褐色，印金图案为四瓣花图案。织物与胎骨已密不可分。在高冠底部连一块同样质地、同样花纹的印金锦，长7.2厘米、宽4.2厘米，织物上有两道盘扣，推测它应该与下面衣物相连。姑姑冠的翎子为木质，表面涂成朱红色，断成四段，三段为直木棍，上面捆着五道丝绳，另有一段共有六节，每节刻成上窄下宽的三角形阶梯状，还有一小圆木球应在冠顶。这件姑姑冠还有一个菱形木雕装饰物，长2.9厘米、宽2.5厘米，表面用减地法雕出婴孩持荷的图案，男孩肩上扛着荷叶，右手边有两朵半开的荷花，图案表面镏金，还缝缀着三颗蓝色料珠做点缀。这件装饰物背后戳印“韩宅”二字。这件菱形小木雕，不知装饰在何处。

这件姑姑冠为我们提供了一个极好的实物例证，有助于更深入开展有关研究。还有在今天蒙古国乌兰巴托附近的博格多乌拉山的岩画中有一幅刻着头戴姑姑冠的蒙古妇女像。她身穿蒙古长袍，脚登皮靴，头上戴着一顶奇高的姑姑冠，就像一顶略呈现弯形的高筒帽。上端侧面有一突起，上端中间竖有一根有枝杈的小树或是一根有四个杈的弯弯的树枝。这与普兰诺·加宾尼和威廉·鲁布鲁乞所提到的姑

头戴姑姑冠的蒙古妇女岩画

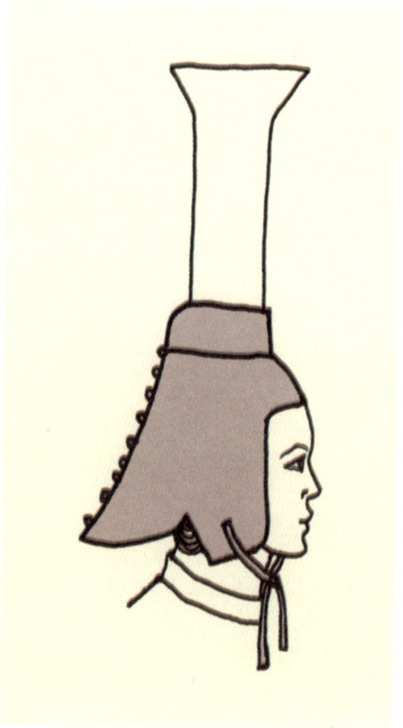

姑姑冠使用示意图

姑冠的顶呈四方形相符。

姑姑冠形制较为特殊，尤其是进入元代以后，其制作工艺日趋复杂，所需的原料都是富贵人家才拥有的珍贵物品，例如冠体之上装饰的华丽羽毛和名贵珠宝等，所以姑姑冠很自然便成为财富和地位的象征。另外，根据蒙古人的习俗，往往已婚妇女才会戴姑姑冠。因此，蒙元时期的姑姑冠便成为已婚贵族妇女的象征。姑姑冠作为蒙古民族服饰文化史上最为典型的冠饰之一，体现了蒙古人民高超的创造力和想象力，具有很高的艺术价值，值得后人继续深入研究和探讨。

医学名家朱震亨

宋元时期有四位医生很出名，因为他们杰出的学识和医术而闻名天下，被后人誉为“四大家”，朱震亨就是其中之一，在我国医学史上有着很重要的地位。

朱震亨，元朝至元十八年（1281年）生于婺州义乌（今浙江义乌市），汉族人，字彦修，名震亨，因为他常年居住的地方紧靠着一条叫作丹溪的小河旁边，在他去世以后，人们尊称他为丹溪翁。由于他医术高明，治病往往开一服药就见效，所以人们又称他为“朱一帖”“朱半仙”。

朱震亨从小就很聪明，长辈们对他很器重。长大以后，他开始崇尚侠气，不畏强暴。每当乡里那些名门望族仗势欺压平民百姓的时候，他必定是第一个站出来主持公道的。在朱震亨36岁那年，正赶上一位有名的儒士许谦在东阳八华山中开门讲学，各地的学生都闻名而来，上门求学的有上千人。朱震亨听说后也去投在许谦的门下学习，学业渐有所成。

有一天，地方官设宴招待当地这些有名气的读书人，朱震亨也要去参加，但是在半路上偶然碰到了一个算命先生。算命先生为他算了两卦，卦象都不太吉利。朱震亨居然就相信了，认为是天意如此，因此他干脆利落地弃儒从医。其实，朱震亨之所以决定学医，除了那个算命先生的一番话，更重要的是与他的亲身经历和他的老师许谦有很大的关系。朱震亨父亲去世得早，他从小与母亲相依为命，母子之间的感情非常深厚。在他30多岁时，母亲不幸患病，求医问药了很久，看过的医生对他母亲的病都束手无策，毫无办法，这就使得他产生了从医的想法。

于是，他开始仔细地研读经典的医学著作，过了三年就有所领悟。又过了两年之后，竟然可以自己开处方了，后来终于治愈了母亲的旧疾。此外还有一个原因，就是他的老师许谦从不追求名利，教导他的学生根据自己的才能来确定将来从事的工作，也就是我们今天说的因材施教，这对朱震亨是一个非常大的鼓励，使得他能够自由地思考和学习。许谦先生也是身体健康状况不佳，常年生病，一直没能够痊愈，于是他就对朱震亨说："我患病多年，除非有十分出色的医生，不然我的病是不会被治愈的。而你十分聪明，又决定不参加科举，为什么不去学医呢？"这番鼓励的话，既符合许谦先生因材施教的思想，又与朱震亨自己的想法不谋而合，于是他将以前所学的儒家经典之类的著作抛在一边，开始一心一意致力于医学事业了。

朱震亨开始从医的时候，已经40岁了。他一心扑在医学上，学业大有长进，两年之后他就治愈了老师许谦先生的顽疾。虽然他的医术已经很不错了，但他还是不满足，于是决定千里寻师。元朝泰定二年（1325年），朱震亨45岁，他渡过钱塘江，千里迢迢来到吴中（今江苏苏州），后来先后去过宛陵（今安徽宣城）、南徐（今江苏镇江）和建业（今江苏南京），但始终没有找到一位适合当他老师的人。这时有人告诉他，杭州的罗知悌先生医术高明、学问精湛，他就不顾夏日的炎热，日夜兼程，匆忙赶到杭州求教。罗知悌医术精湛，是金朝名医刘完素的二传弟子，也就是刘完素的徒弟的徒弟。罗知悌还曾给南宋皇帝理宗看过病，可见此人医术之高、名气之大。但是，罗知悌性格狭隘，自恃医技高明，很难让人接近。朱震亨先后几次登门拜访，连罗知悌的面都没有见到，就这样过去了三个多月。但是，朱震亨并没有放弃，始终保持着真心诚意，向人求教之心更加强烈。他每日拱手站在罗知悌门前，即使刮风下雨都不曾中断。恰在此时，有人也向罗先生介绍了朱震亨的为人与名声。于是，罗知悌终于被朱震亨的执着精神打动，这样二人才得以相见。二人一见如故，罗先生非常高兴地将自己的毕生所学都传授给了朱震亨。朱震亨如饥似渴地认真学习，再加上他自己总有一些独到见解，终于在医术上大获成功，并在日后创立了中国医学史上有名的“滋阴学说”。

朱震亨晚年的时候，开始整理自己的行医经验与心得，写成了许多著作，主要的有《格致余论》《局方发挥》《本草衍义补遗》《伤寒论辨》《外科精要发挥》等，仅有前三部书流传到今天。其中，《格致余论》是朱震亨医学著作中最重要的作品，这本书共收录有关医学方面的论文共计 42 篇，充分反映了朱震亨的学术思想，是他的代表作之一。这本书以《相火论》《阳有余阴不足论》两篇为中心内容，创立了“阳常有余，阴常不足”的论点，强调保护阴气的重要性，确立“滋阴降火”的治则，为倡导滋阴学说，打下了牢固的基础。

至正十八年（1358 年）夏天，一代医学宗师朱震亨与世长辞，终年 78 岁，他死后被葬在义乌。朱震亨提出的“滋阴学说”以及对火热证、杂病的证治经验，对明、清医学的发展有很深刻的影响。后世医家在养阴、治火、治痰、解郁等方面的成就，与他的启发是分不开的，他是一位杰出的医学家。

忽思慧与《饮膳正要》

元朝时期的饮食卫生健康有了进一步的发展，出现了中国历史上第一位专业的营养师，同时也是我国第一位蒙古族饮食文化专家——忽思慧，他最重要的作品就是《饮膳正要》。

忽思慧在元仁宗延祐年间（1314—1320 年）担任饮膳御医一职，专门负责宫廷中的饮食调理，负责皇帝及后宫的营养保健工作。他对各种食品的营养保健功能、滋补药品的作用、饮食卫生乃至食物的毒性等都有研究，因此他做出的御膳不仅有营养，还在保健和治疗疾病上有很大的帮助。

忽思慧将自己多年的研究与心得整理写作成书，这就是流传至今的《饮膳正要》，这是我国古代第一部比较系统地介绍饮食保健营养的专著，对今天的饮食搭配、合理进食及治疗慢性疾病等有很好的指导意义。《饮膳正要》共分三卷，第一卷分“养生避忌”“妊娠食忌”“饮酒避忌”“聚珍异馔”等六部分；第二卷分“诸般汤煎”“神仙服食”“食疗诸病”“食物利害”“食物相反”“食物中毒”等十一部分；第三卷分“米谷品”“兽品”“鱼品”“果品”“菜品”“料物性味”等七部分。其中包括药膳菜肴 94 种，汤粥类 35 种，抗衰老药膳方剂 29 种等，并配有插图。书中收集的各种食疗配方，集合了回族、蒙古族和汉族的饮食，对于研究各民族的饮食特点也非常有价值。如有将羊放在地坑中烤熟的“柳蒸羊”，是很有民族特色的食品。还有一些非常简单的食疗食品，如茄子、馒头等，在《饮膳正要》中还收

“春宜食麦”，出自《饮膳正要》，明景泰七年内府刊后印本

“夏宜食菽”，出自《饮膳正要》，明景泰七年内府刊后印本

“秋宜食麻”，出自《饮膳正要》，明景泰七年内府刊后印本

“冬宜食黍”，出自《饮膳正要》，明景泰七年内府刊后印本

录了一些如“回回豆子”“赤赤哈纳”等罕见的原料。

《饮膳正要》“四时所宜”部分提到一年四季因不同季节产生不同气候，因此提出了在不同季节主食不同的五谷杂粮的建议：

> 春三月，此谓“发陈”，天地俱生，万物以荣，夜卧早起，广步于庭，被发缓形，以使志生；生而勿杀，予而勿夺，赏而勿罚；此春气之应，养生之道也。逆之则伤肝，夏为寒变，奉长者少。
>
> 春气温，宜食麦，以凉之不可一于温也。禁温饮食及热衣服。
>
> 夏三月，此谓“蕃秀”，天地气交，万物华实，夜卧早起，无厌于日，使志无怒，使华英成秀，使气得泄，若所爱在外，此夏气之应，养长之道也。逆之则伤心，秋为痎（注：一种疟疾）虐，奉收者少，冬至重病。
>
> 夏气热，宜食菽，以寒之，不可一于热也。禁温饮食，饱食，湿地，濡衣服。
>
> 秋三月，此谓“容平”，天气以急，地气以明；早卧早起，与鸡俱兴；使志安宁，以缓秋形；收敛神气，使秋气平，无外其志，使肺气清。此秋气之应，养收之道也。逆之则伤肺，冬为飧泄，奉藏者少。
>
> 秋气燥，宜食麻，以润其燥。禁寒饮食，寒衣服。
>
> 冬三月，此谓“闭藏”。水冰地坼无扰乎阳，早卧晚起，必待日光；使志若伏若匿，若有私意；若已有得，去寒就温，无泄皮肤，使气亟夺。此冬气之应，养藏之道也。逆之则伤肾，春为痿厥，奉生者少。

冬气寒，宜食黍。以热性治其寒，禁热饮食，温炙衣服。

忽思慧《饮膳正要》的核心理论是“守中”，也就是适可而止，既不要过多，也不要过少。忽思慧还提倡饮食要有节制，要做到先感到饥饿再吃饭，吃饭不要吃十分饱；要先感到渴了再喝水，喝水也不要过饱；还要少吃多餐，不要一顿吃得过饱而管很久。这些理论对于我们今天的饮食养生都是很好的提示。忽思慧从营养卫生学的角度提出了一个预防为主的思想，即“治未病，不治已病”，也就是说要治未发生的病，而不是治疗已发生的病，其实就是一个预防的思想。在今天的蒙医学当中就有“未病科”，就是根据这个思想传承下来的。

忽思慧作为我国历史上一位著名的营养学家，在我国卫生健康和医药史上都占有重要地位。

北方游牧生活中羊的形象

每一特定时空范畴之内的生活主题和装饰艺术，都是当时当地人思想观念的反映和对美好生活的追求。在诸多美好吉祥的主题艺术中，不同时代和不同地域均有许多传统的吉祥之物，但有些意象却是许多地域和民族共同的东西，羊就是其中之一。羊是食草动物，与其他动物如凶猛的狮子、健壮的马等动物相比较，羊的性格善良、温顺。因此，羊历来被认为是祥和之物，是祥瑞的象征。此外，羊还是人们的主要食物，尤其是北方游牧民族，他们在草原上的生活须臾离不开羊。因此，历代北方游牧民族文化中，就出现了大量有关羊的艺术品和艺术形象。

对于中国北方草原游牧民族来说，羊作为一种膳食极为重要，羊群的肥壮表明人们的生活富足、财产的丰富，甚至在一定程度上象征着社会地位。在游牧人的眼里，拥有羊的数量往往被看成财富的象征。千百年来，羊作为吉祥和财富的象征，在北方草原地区逐渐产生了一种独特的以羊为意象的文化艺术形式。羊被历代草原游牧民族所推崇，并通过不同的艺术形式将其展现出来，羊的形象普遍存在，尤其是在独具草原特色的岩画、壁画、青铜器、金银器等几大门类中有多姿多彩的体现。

岩画中羊的形象

岩画是人类历史中非常重要的艺术形式，尤其是在中国北方的广大草原地区发现的岩画中，羊往往是动物形象的主角之一。从新时期时代开始，北方草原地区就出现了众多表现羊的岩画。自此以后，历经中国各个历史时期，都有不同形式和风格的岩画艺术作品，本书将选取其中典型的岩画加以论述。

在内蒙古阴山地区发现的羊交媾岩画，时代大约处于新石器时代。交媾图在原始艺术中是比较常见的，北方草原地区也不例外。但是，以羊为交媾图的艺术主题，可能只有在草原地区较为常见，这足以反映草原先民在游牧生活中对羊是非常了解的，将其交媾场面刻画记录下来，表现了羊的生产、繁殖对于草原游牧先民的生活至关重要，这足以体现羊在草原游牧社会中的重要地位。

新石器时代羊交媾岩画

内蒙古阿拉善右旗曼德拉山岩画内容极其丰富，其中内蒙古博物院收藏的元代狩猎纹岩画，其内容非常丰富，刻画有骑马放牧的骑手，有山羊、盘角羊、鹿等动物形象，反映的是草原上最重要的生产生活方式，即游牧与狩猎。内蒙古文物学者根据考古调查发现的周边痕迹和岩画质地以及制作工艺形式等认为，这幅岩画诞生于蒙元时期。画中满刻人物、动物形象，有身着长袍起舞的舞者，有骑马放

元代狩猎纹岩画（鹿、羊、骑者等），发现于内蒙古阿拉善盟阿拉善右旗曼德拉山

青铜时代的双盘羊岩画

牧的骑手，有引弓欲射的射手及山羊、盘角羊、猎犬、鹿等多种动物。岩画左上方是一光芒四射的太阳图样，展现的是一幅极为全面又丰富的草原狩猎生活画卷。众多的各类羊的艺术形象传达了这样一个信息：羊与草原人的生活息息相关，与游牧的历史密不可分。

包头博物馆藏青铜时代的双盘羊岩画，画面所示为两只上下排列的盘羊，羊的造型呈侧身站立，吻前伸，角盘呈旋涡纹状，作画采用线条式，身体用一条横线表示，两腿用竖线表示。这幅画采用简笔描绘，但总体抓住了盘羊的形象，即星游涡纹状的羊角，成为整只羊造型中最突出的部分。包头博物馆藏战国时期的北山羊群岩画，画面上方是横向排列的北山羊，头一致朝右，首尾相接，列队而行。羊的造型呈侧身行走状，身体肥壮，颈上挺，吻前伸，嘴张开作鸣叫状。右上角的一只北山羊以线条刻画出身体轮廓，中间填充一条刻线。从中可以看出作画的程序，即先以线条凿刻出身体轮廓，然后在轮廓内凿实。画面的左上角应是一只北山羊图案，羊的身体和两只腿都清晰可辨，其造型风格与前面成排的北山羊一致，应是一组图案。

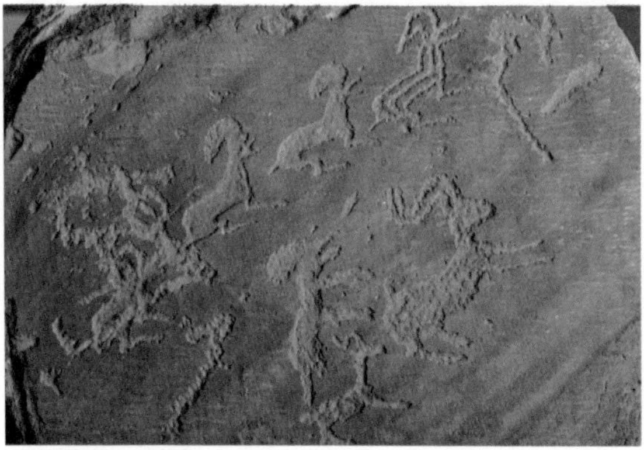

战国时期的北山羊群岩画

包头博物馆藏战国时期的马、羊岩画中，画面左侧为一匹马，右侧为一只简略化的北山羊。这幅画典型地反映了北方草原游牧民族最重要的两种动物，即马和羊。

战国时期的马、羊岩画，现收藏于包头博物馆

汉代时期的狼捕羊岩画，以凿刻而制作。画面所示为一只狼正在追捕羊的场面，左侧一只北山羊呈奔跑状，后面的狼紧追不舍，画面生动传神，反映了草原上弱肉强食的生态规律，也反映了北方草原上的日常生活画面。

汉代时期的狼捕羊岩画

在中国北方草原地区，内蒙古鄂尔多斯高原一带的岩画与其他地区相比较，在动物种类、狩猎、游牧等题材方面，趋于一致。鄂尔多斯市鄂托克旗乌仁都西的岩画，对于羊的刻画比较多，有盘羊、岩羊、北山羊、群羊等，画面内容丰富，有站立状、奔跑状、攀岩状、狼追羊等，反映了草原上多种畜群生活于其间的热闹场景。

青铜与早期铁器时代的群羊岩画，发现于内蒙古鄂尔多斯市鄂托克旗乌仁都西

考古工作者曾经在内蒙古赤峰市克什克腾旗的白岔河地区发现了有关羊的岩画，据学者推断，这幅岩画时代至迟不会晚于契丹建国之初（张松柏《赤峰市白岔河两岸的人物岩画》，《考古》1998 年第 2 期）。岩画采用线磨法制作，画面左侧为一头野山羊在拼命奔跑，右侧有一个猎手搭弓射箭呈蓄势待发状，猎手右手已松开紧绷的弓弦，描绘出箭离弦即发的场景。山羊的两角、四肢、短尾及猎人的弓箭、四肢、头部均有较为写实的刻画。

白岔河人物岩画

壁画及其他文物中羊的形象

由于中国北方草原地区干旱、地广人稀的地理特性，使大量历代墓葬得以较好地保存，在发掘出土的众多墓葬内，保存了许多风格各异、多姿多彩的壁画，它们是一幅幅丰富的草原生活画卷。其中有一些壁画中绘制有羊的艺术形象，可以算得上是草原绘画艺术中的精品。

在内蒙古呼和浩特市和林格尔县新店子发现的东汉墓葬中，墓室的壁、顶及甬道两侧都满绘壁画；画幅巨大，形象生动，内容丰富，其中有一幅牧羊图，绘于前室北耳室东壁。画面绘有驾车出行人员，牧羊人 4 个，形态各异的羊群，有的作奔跑状，有的在哺乳，还有奔驰狂吠的黑犬，应该是保护羊群免遭土狼袭击的场面，这些鲜活的场景反映了北方地区畜牧业的发达。

汉代牧羊图，发现于内蒙古呼和浩特市和林格尔县东汉墓葬中的壁画

在发现于内蒙古赤峰市阿鲁科尔沁旗东沙布日台乡宝山村的辽墓壁画中，绘有犬、羊两种动物，其中的山羊形象独特，长有长角，身体肥硕，尾巴短小上翘，显得非常活跃、惟妙惟肖。

辽代《犬羊图》（摹本），发现于内蒙古赤峰市阿鲁科尔沁旗东沙布日台乡宝山村的辽墓壁画

鄂尔多斯青铜艺术中羊的形象

青铜器是中国古代文化中的伟大发明，伴其相生的青铜艺术也为中国传统艺术增添了光彩，而北方草原地区自成一系的“鄂尔多斯青铜”艺术是其重要组成部分。“鄂尔多斯青铜器”形制多样，种类很多，按其用途大致包括兵器、生产和生活用具、装饰品和车马具。兽类纹饰中，羊的形象并不鲜见。从艺术风格来说，写实为主的同时追求神似。有的形象充满了草原社会对羊这种生产生活须臾不可离的动物的喜爱之情，有的形象展现了草原地区动物间的争斗厮杀，而这恰恰是草原游牧民族勇武好斗、充满力量的表现。

这件出土于内蒙古赤峰市巴林左旗林东镇塔子沟的商晚期的羊首青铜刀，刀柄端铸有羊首，双角盘曲，双目圆睁，口微张，颌下有一系穿。刀脊向内弯，刀柄饰凹线纹，内饰双排连珠纹。这件羊首

商晚期的羊首青铜刀，出土于赤峰市巴林左旗林东镇塔子沟，赤峰市巴林左旗博物馆藏

青铜刀的铸造工艺精致，纹饰繁而细腻，反映出北方民族独特的审美情趣。鄂尔多斯市博物院收藏的商晚期的羊首青铜刀，其形制为刀背弯弧，直刃，柄端为羊首，羊角弯曲，角尖极肥。刀柄饰凹线纹，内饰几何纹，横“一”形格。其形象逼真，造型别致，是一件精致的实用器，也是一件珍贵的青铜艺术品。鄂尔多斯青铜艺术中的羊形象的匕首，是青铜器中比较有特色的一种器皿，匕首整体细长，有的略呈弯曲，一般是在匕首柄装饰有羊头的形象，刃部多不锋利，应当是生活起居中使用的器具，类似于叉、匙等。

羊在匈奴文化中有吉祥之意，盘角羊更被视为神羊。战国时期的盘角羊首形青铜饰件，是车辆上的辕头饰件，显示出匈奴人出行时对吉祥平安的祈福。这件青铜盘角羊饰件是鄂尔多斯青铜器中的上品。

战国时期的盘角羊首形青铜辕头饰件，出土于内蒙古鄂尔多斯市准格尔旗速机沟，现收藏在内蒙古博物院

这件战国时期的立式羚羊形青铜饰件，保留了一只非常完整的羚羊形象，栩栩如生。羚羊呈站立状，目视前方，两只角微微上扬，有一种即将奋起前蹄向前冲去的态势，充满动感的造型活灵活现。

战国时期的立式羚羊形青铜饰件，出土于内蒙古鄂尔多斯市准格尔旗速机沟，现收藏于内蒙古博物院

金银器物对羊艺术形象的展示

内蒙古的古代先民把黄金视为珍宝，用它制造各种美丽华贵的饰物。由于黄金色泽美丽，耐腐蚀，又有良好的延展性（1 克黄金可拉成 2 公里长的金丝），又便于携带和长期储藏。自夏家店上层文化以后，生活在内蒙古的历代游牧民族，如东胡、匈奴、鲜卑、突厥、契丹、蒙古等，都生产和制作了大量的黄金制品。以成吉思汗为代表的蒙古贵族，还将其家族命名为“黄金家族”。在内蒙古地区多年的考古发掘中，发现了许多珍贵的黄金饰品，均各具特色。通过梳理草原地区发现的金银器，考古工作者发现了许多器物中有羊的艺术形象。

战国时期匈奴贵族使用的鹰形金冠饰，出土于内蒙古鄂尔多斯市杭锦旗阿鲁柴登墓葬，现收藏于中国国家博物馆

战国时期匈奴贵族使用的鹰形金冠饰（局部）

前页金冠饰出土于内蒙古鄂尔多斯市杭锦旗阿鲁柴登墓葬，重达1394克，由金鹰和金冠带两部分组成，上面浮雕有狼和羊的图案，雄鹰站在半球形的金冠顶上，俯视着狼与羊搏斗的场景。金冠饰以草原上生动逼真的动物形象为装饰题材。雄鹰采用圆雕工艺，以夸张的手法，极力突出钩状的鹰喙，以表现鹰的凶猛。根据金冠饰的风格和出土地相关资料分析证明，这件金冠饰是匈奴贵族所使用，极有可能属于匈奴单于或部落首领。这件金冠饰是罕见的艺术珍宝，被文物专家鉴定为“国宝级文物”，现收藏于中国国家博物馆。

下图这件战国时期的屈肢羚羊形金饰件，采用模铸錾刻而成，羚羊呈圆雕式，四肢内屈，双脚竖立，其间连线形成坠孔，便于垂挂。羊的双脚粗壮有力，指向苍天，可能与祭天有关，是匈奴造型艺术中的精品。

战国时期的屈肢羚羊形金饰件，出土于鄂尔多斯市杭锦旗阿鲁柴登墓葬，现收藏于内蒙古博物院

下图这件汉代包金卧羊带具，由带饰和带扣组成。带扣呈长方形，工艺采用高浮雕与圆雕相结合的造型技术，用金片锤揲成盘角羊形图案，在其周围衬托有花卉、草叶图案。带环上布满卷云纹图案。使用这套带具的时候，要将带扣背部的钩形钮搭入带环的口内，使得两羊首相对。这件饰品无论从图案装饰，还是造型艺术等方面，均体现出北方游牧民族文化的鲜明特征。

汉代包金卧羊带具，出土于内蒙古鄂尔多斯市准格尔旗西沟畔墓葬，收藏于鄂尔多斯市博物院

中国北方草原地区独特的地理、生态环境，决定了北方民族的生活方式与动物有着密切的联系。要想在北方草原过上很好的生活，就必须蓄养羊群，拥有了羊群，就拥有了财富。那首名垂千古、传唱至今的不朽诗篇《敕勒歌》，道出了羊与草原浑然天成的联系："敕勒川，阴山下。天似穹庐，笼盖四野。天苍苍，野茫茫，风吹草低见牛羊。"北方游牧民族把生产生活中常见的动物形象，加以艺术化造型，制作成各种能够使用的工具，并在工具中融合动物、草原上常见的景观、植物等艺术造型，制作出别具一格的器物，成为中华文化艺术宝库中的一个亮丽的瑰宝。

北方游牧生活中的黄金器具

在内蒙古，有一个古老的传说：在一万年前宇宙洪荒的时候，造物主背着他那装满奇珍异宝的口袋到处游逛，想把他的财宝分批藏起来。当他来到内蒙古高原的时候，立即被这里的奇异风光所吸引，便打开口袋把相当数量的财宝抛撒出来，使它们与大地山川融为一体。在这众多的宝贝当中，黄金就是其中的重要组成部分。内蒙古自治区以盛产黄金闻名于世，全区现有金矿床四十余处。内蒙古金矿的生成，确实是在洪荒的远古，矿床的成因与太古代——早元古代（距今30亿年）的绿岩带和岩浆活动密切相关。主要成矿类型为变质热液型和岩浆热液型。地质学家经过调查发现，地球上每300吨石头中，平均才含有1克金，当每吨矿石中含金3克以上（相当于1枚普通金戒指），就具有开采价值了。而内蒙古的金矿，平均每吨矿石含金为5—15克，在世界各国的金矿中属于富金矿，从某种意义上说，这确实是造物主的“恩赐”。

同世界上所有的民族一样，内蒙古的古代先民也把黄金视为珍宝，用它制造各种美丽华贵的饰物。据考古发现，中国最早制造和使用黄金饰品的，是生活在内蒙古赤峰地区的青铜时代（主要是夏家店上层文化时期）的先民。考古工作者在赤峰市宁城县小黑石沟发现了一批金饰品。出土的金饰品制作精巧，形象生动传神，其中较典型的为圆形雁纹镂空金饰牌和马形金饰牌。有学者考证认为，小黑石沟墓葬所处的年代，恰好与文献记载中的山戎、东胡等北方游牧民族出现的时间相符。而且，小黑石沟所在位置也刚好是战国晚期燕国设置的右北平郡中心地带，燕国长期与燕山以北的游牧民族对峙，保持频繁的交流往来。东胡主要活动在今内蒙古东部的呼伦湖以东、大兴安岭北段、西拉木伦河、老哈河、大凌河流域。为了抵御东胡等部族的南下，燕国还修建了长城、设置郡县予以管辖。因此，这一地区在战国晚期以前，长期生活着的北方游牧部族主要是东胡等。从出土墓葬中发现的众多黄金器物及其他相关文物，可以发现生活在这一地区的部族百姓和贵族，已经有了很先进的文化面貌，也与中原地区的交流往来非常频繁。

圆形雁纹镂空金饰牌，出土于内蒙古赤峰市宁城县小黑石沟墓葬，现收藏于内蒙古博物院

马形金饰牌，出土于内蒙古赤峰市宁城县小黑石沟墓葬，现收藏于内蒙古博物院

“野兽风”是北方游牧民族金饰品图案的一大特征，尤其是虎搏兽的造型，方寸之间表达的正是在北方草原严酷的生存环境之下，弱肉强食的生存之道和游牧民族的审美心理。草原上的生产生活环境与中原农耕、东北森林、内陆荒漠等地理地貌相比，具有鲜明的特性，草原上的动植物也都有鲜明的标示性。下面的一系列黄金饰件均为活动在北方草原地区的匈奴或与其关系密切的具有鲜明匈奴文化的典型金器。

战国时期的虎兽咬斗纹金饰牌，出土于内蒙古鄂尔多斯市东胜区

战国时期的刺猬形金饰件

战国时期的怪兽纹金饰片的规格是：长 12 厘米，宽 10.2 厘米；长 12 厘米，宽 10.2 厘米；长 19.6 厘米，宽 2.5 厘米。金饰片中有集鹰嘴、狼身、羊角于一体的怪兽，是欧亚内陆的阿尔泰地区游牧部族的神灵，谓之“看守黄金的格里芬”，说明当时的匈奴纹饰借鉴了外来艺术题材和风格。

战国时期的怪兽纹金饰片，出土于内蒙古鄂尔多斯市准格尔旗

战国时期的怪兽纹金饰片（细部），出土于内蒙古鄂尔多斯市准格尔旗

战国时期的虎形金饰牌的规格是：长 12.4 厘米，宽 6.2 厘米。图案主题为猛虎捕食野兔。这是一幅非常典型的游牧生产生活中常见的画面，老虎撕咬野兔是草原上常见的景象，体现了游牧民族在生产

生活中的所见所思，他们内心对草原上飞驰的猛兽非常崇拜，希望自己也能够像老虎等野兽一样，成为一个强大的英雄。

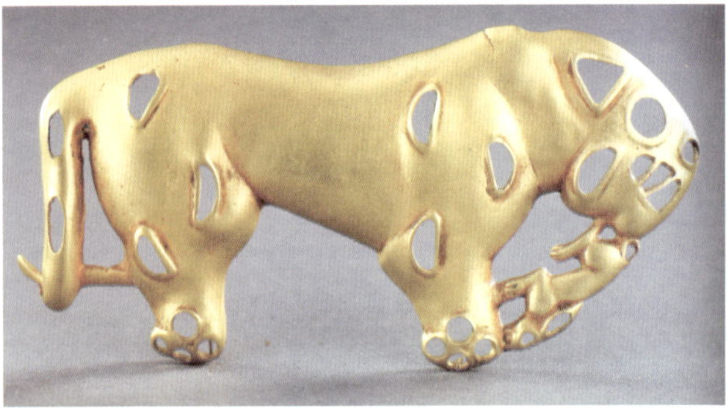

战国时期的虎形金饰牌，现收藏于鄂尔多斯博物院

2010年9月8日，内蒙古文物部门在乌兰察布市察哈尔工业园区白家湾村发掘了一批珍贵的窖藏金器，如下图所示：

虎咬鹰牌饰

虎咬马牌饰

前页所示的金饰牌中，两件虎咬鹰牌饰的大小大体相同，均为长方形，长 15 厘米，宽 10.1 厘米，厚 0.1—0.2 厘米，重量略有差异，分别为 431.24 克和 553.45 克。两牌正面为浮雕状，猛虎仰首咬住鹰的头部，纹饰有叶状、心纹、圆圈纹等，并镶嵌有绿松石和料石。虎咬马牌饰略小，虎头反向，嘴咬马背。这些金饰品的级别很高，时间在公元前 2 世纪左右，具有浓厚的北方游牧民族特色，推测可能为匈奴贵族所使用的重要器具。

鲜卑族继承了匈奴金饰牌的风格，并在造型、题材等方面有所创新。下图这件瑞兽纹金饰牌的规格是长 8.1 厘米，宽 5.4 厘米，此件金饰牌为佩戴之物。根据《魏书》记载，鲜卑始祖率领部族南迁，“圣武皇帝讳诘汾。献帝命南移，山谷高深，九难八阻，于是欲止。有神兽，其形似马，其声类牛，先行导引，历年乃出。始居匈奴之故地”。此件应为文献中所提之“神兽”。

瑞兽纹金饰牌，出土于内蒙古通辽市科尔沁左翼中旗希伯花苏木六家子墓葬

步摇是簪钗上饰以金玉的垂挂装饰，可插于妇女发髻的前后左右，汉唐时期在妇女中极为流行。中原地区的这种步摇冠饰，为北方游牧民族上层贵族广泛效仿，尤其是在北朝鲜卑人中使用效仿最盛。中原地区的步摇冠多以黄金屈曲成龙凤等形状，其上缀以珠玉，并常与钗钿相混杂，簪于发上。而北方游牧民族多以黄金制作成各种动物形步摇冠，其上镶嵌料石。鲜卑最初生活在东北大兴安岭一带，后不断南迁进入漠南地区：

> 昔黄帝有子二十五人，或内列诸华，或外分荒服，昌意少子，受封北土，国有大鲜卑山，因以为号。其后，世为君长，统幽都之北，广漠之野，畜牧迁徙，射猎为业，淳朴为俗，简易为化，不为文字，刻木纪契而已，世事远近，人相传授，如史官之纪录焉。……宣皇帝讳推寅立。南迁大泽，方千余里，厥土昏冥沮洳。谋更南徙，未行而崩。……献皇帝讳邻立。时有神人言于国曰："此土荒遐，未足以建都邑，宜复徙居。"帝时年衰老，乃以位授子。……圣武皇帝讳诘汾。献帝命南移，山谷高深，九难八阻，于是欲止。有神兽，其形似马，其声类牛，先行导引，历年乃出。始居匈奴之故地。(《魏书》卷1《序纪》)

在今大兴安岭深处的嘎仙洞发现的鲜卑旧墟石室，证明鲜卑人早期就生活在这一带，其后不断南迁。另外，在内蒙古通辽市征集的凤鸟形金步摇冠饰也比较典型。

2010年5月，在内蒙古锡林郭勒盟正镶白旗发现一座被毁的墓葬，根据墓葬形制和出土器物判定为北魏太和初年至迁洛以前（477—494年），其中出土的一批金器，为鲜卑女性贵族使用的饰品。

金饰珠、金铃饰，出土于内蒙古锡林郭勒盟正镶白旗北朝时期的墓葬中

金带、叶形金头饰件，出土于内蒙古锡林郭勒盟
正镶白旗北朝时期的墓葬中

辽朝是北方游牧民族——契丹人建立的政权，其政治、经济和文化均获得了较大的发展，辽代的金器制造业发达，制作的金器工艺高超，造型精美，堪称北方草原地区的金器精品。

辽代陈国公主金面具，出土于内蒙古通辽市奈曼旗陈国公主墓葬

辽代驸马金面具，出土于内蒙古通辽市奈曼旗陈国公主墓葬

上面这两幅金面具均出土于内蒙古通辽市奈曼旗陈国公主墓，为纯金片模压制成，均按照公主与驸马的脸型特制，公主面具丰润舒展，显示出青春女性特有的柔美。驸马面具颧骨微突，面庞清瘦，刚毅而沉稳。

辽代陈国公主金銙带，出土于内蒙古通辽市奈曼旗陈国公主墓葬

辽代陈国公主金针筒，出土于内蒙古通辽市奈曼旗陈国公主墓葬

辽代陈国公主龙纹金镯，出土于内蒙古通辽市奈曼旗陈国公主墓葬

饮酒之风在北方游牧民族中极为盛行，以下几件为内蒙古地区出土的契丹、蒙古贵族的饮酒用具。

辽代人物纹錾耳金杯

元代狮纹錾耳金杯

元代錾花高足金杯，出土于内蒙古锡林郭勒盟苏尼特左旗恩格尔河墓葬

元代高足金杯，出土于内蒙古乌兰察布市兴和县

元代的金饰品蔚为大观，种类繁多，不仅有本民族的显著特点，还吸收了中原汉地和欧亚外来文化因素，工艺水平高超，体现了元代多元文化、多民族兼容并包的开放特征。在内蒙古锡林郭勒盟苏尼特左旗恩格尔河元代墓葬中出土了一批金饰件。下图所示为两套马具饰件，主图案运用锤揲工艺，饰莲花纹，边缘饰连珠纹，是元代蒙古族马具金饰品中的精品。

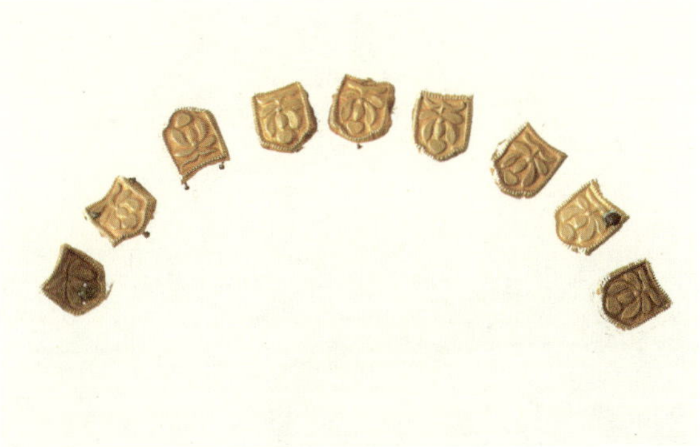

元代花卉纹马具饰，出土于内蒙古锡林郭勒盟苏尼特左旗恩格尔河墓葬

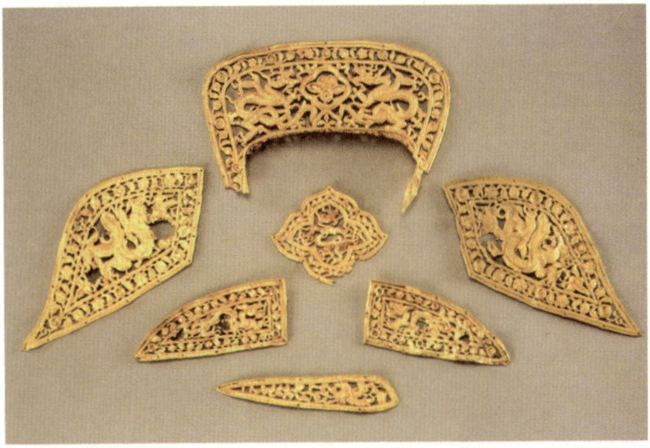

元代龙凤纹金马鞍饰，出土于内蒙古锡林郭勒盟苏尼特左旗恩格尔河墓葬

下面的系列图示为元代时期的各种装饰品。

元代掐丝金饰件，现收藏于锡林郭勒盟博物馆

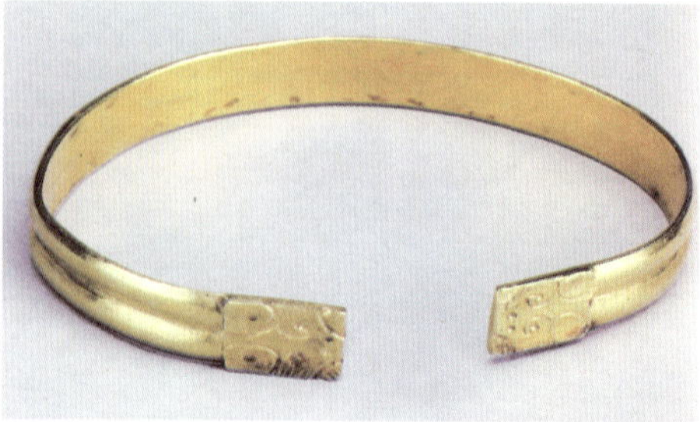

元代虎头纹金手镯，出土于内蒙古锡林郭勒盟苏尼特左旗恩格尔河墓葬

元代嵌宝石掐丝金饰，出土于内蒙古赤峰市敖汉旗朝阳沟

宝杵形花纹金饰

卷蔓花纹金饰

金佛像饰品

经过上述的叙述和展示，大家可以看到北方游牧民族使用的黄金器具具有鲜明的特征。北方游牧民族制造和使用金饰品的工艺时间长，早在夏家店时期就出土了大量金饰品，这在全国来看，是比较早的。当然，这些金饰品并非全部由北方游牧民族自己制造，从出土情况和学术界对金饰品的研究，认为有许多是通过中原地区运送而来，或者是由中原汉族工匠在草原地区完成。从几处集中出土地的金器来看，金饰品的器形大，规格高，工艺精湛，并且有相当一部分都是皇家贵族用品。种类繁多的金器，不仅具有礼仪性作用，还有很多实用器皿。金器纹饰具有北方游牧民族的特色。比如，辽代的金器是在继承唐代金器的基础上发展而来，比如云纹、鸳鸯、鹦鹉等纹饰，在此基础上，辽代金器增加了动物纹饰，减少了植物纹饰。

后 记

公元 1206 年，成吉思汗建立大蒙古国（Yeke Mongγul Ulus）。公元 1271 年元世祖忽必烈定国号“大元”，创建元朝。公元 1279 年元朝平定南宋，实现中国历史上第三次大一统。元朝的历史与前后相续的传统王朝、其他政权相比，具有不同的自身特点和历史地位。元朝疆域广大，民族众多，文化多元。元朝的疆域超越了秦、汉、隋、唐等以往的大一统王朝，甚至比后来的清朝疆域还广大。元朝时期是多民族、多元文化交融共生的一个时代。元朝统治者以蒙古族为主导，并联合了汉、契丹、女真、党项等族。

本书无意于全面系统地反映元代时期社会日常生活的各方面，而是将笔者多年研究和关注的与“社会日常生活”相关的论题重新整理、汇集于此。就笔者多年研究心得，向读者讲述元朝社会中的若干典型现象，既有对个别区域进行的专题研究，也有对某一特定阶层事迹的讲述，还有借助文物和遗存展开的历史文化描述。这些现象涉及元代的政治、家族、社会生产生活、文化现象等，希冀能够为广大读者提供一个了解、认识和体味元代社会历史文化的窗口。

元代虽然是中国历史中的一个重要时段，但是就目前情况来看，与其他时段的历史相比，元代历史为大众所了解和认识的程度还相对较浅，尤其是一些社会各阶层的日常生活细节，更是鲜为人知。主要存在两个方面的问题，一是了解得过少，二是误解较多。因此，笔者力图将本书的撰写风格界定在严肃学术和大众通俗之间，或可称为“软学术”“雅阅读”，力争使笔者多年来积累、关注的学术成果，通过平实流畅的叙述，讲述给广大读者。

关于注释和引文，本书总体上采取简约原则，在行文中引文，并简注其出处。但未能够做到全部统一，在部分篇目中也有一些说明性文字，做了脚注。有的篇目比较接近学术规范，有的比较简单，或没有注明资料来源，这与不同篇目的成文情况有关。笔者在书尾列有主要参考书目，可资借鉴。

关于插图，本书尽可能配有充足的图片，包括历史文化图片、遗址遗迹图片。部分图片是笔者个人拍摄，部分为同行、朋友提供，部分为相关文物部门（内蒙古文物局、内蒙古博物院、内蒙古文物考古研究院等）提供，特此致谢！

最后需要向读者说明一点，笔者年轻学浅，在元代社会日常生活领域仅仅是蜻蜓点水，所涉乃是冰山一角，错误、浅陋、不足之处在所难免，恳请读者和同行提出批评和指正，我将不胜感激！

翟　禹

2023 年 1 月 10 日

主要参考书目

本书编写组编：《中国北方民族关系史》，中国社会科学出版社1987年版。

本书编委会主编：《中国历史大辞典·辽夏金元史》，上海辞书出版社1986年版。

陈高华、史卫民著：《中国风俗通史·元代卷》，上海文艺出版社2001年版。

陈高华、张帆、刘晓点校：《元典章》，中华书局、天津古籍出版社2011年版。

楚石梵琦著，吴定中、鲍翔麟校注：《楚石北游诗》，浙江古籍出版社2010年版。

盖山林著：《丝绸之路草原文化研究》，新疆人民出版社2009年版。

韩儒林主编：《中国大百科全书·中国历史·元史》，中国大百科全书出版社1985年版。

韩儒林主编：《元朝史》，人民出版社2008年版。

韩志远著：《元代衣食住行》（插图珍藏本），中华书局2016年版。

忽思慧著，尚衍斌、孙立慧、林欢注释：《〈饮膳正要〉注释》，中央民族大学出版社2009年版。

拉施特主编，余大钧、周建奇译：《史集》第二卷，商务印书馆

1985 年第 1 版，2017 年第 5 次印刷。

马可 · 波罗撰，冯承钧译：《马可 · 波罗行纪》，江苏文艺出版社 2014 年版。

明锐主编：《中国蒙古族服饰》，远方出版社 2013 年版。

内蒙古自治区文物局、中国建筑设计研究院有限公司建筑历史研究所编《元上都遗址申报世界文化遗产提名文件》，文物出版社 2019 年版。

芮传明著：《丝绸之路研究入门》，复旦大学出版社 2009 年版。

史卫民著：《元代社会生活史》，中国社会科学出版社 2017 年版。

史卫民著：《都市中的游牧民：元代城市生活长卷》，湖南人民出版社 2006 年版。

宋濂等撰：《元史》，中华书局 1976 年版。

陶宗仪撰：《南村辍耕录》，中华书局 1959 年版。

虞云国著：《从陈桥到厓山》，九州出版社 2016 年版。

虞集撰，王颋校注：《虞集全集》，天津古籍出版社 2007 年版。

图书在版编目（CIP）数据

元代社会日常生活 / 翟禹著. —北京：中国工人出版社，2023.8
ISBN 978-7-5008-8086-8

Ⅰ. ①元… Ⅱ. ①翟… Ⅲ. ①社会生活—历史—中国—元代 Ⅳ. ①D691.93

中国国家版本馆CIP数据核字（2023）第132268号

元代社会日常生活

出 版 人 董 宽
责任编辑 傅 娉
责任校对 张 彦
责任印制 黄 丽
出版发行 中国工人出版社
地 址 北京市东城区鼓楼外大街45号 邮编：100120
网 址 http://www.wp-china.com
电 话 （010）62005043（总编室）
（010）62005039（印制管理中心）
（010）62379038（社科文艺分社）
发行热线 （010）82029051 62383056
经 销 各地书店
印 刷 三河市东方印刷有限公司
开 本 880毫米×1230毫米 1/32
印 张 13.75
字 数 330千字
版 次 2023年10月第1版 2023年10月第1次印刷
定 价 98.00元